高等院校财政金融专业应用型教材

金融工程及其 Python 应用

朱顺泉　编著

U0359983

清华大学出版社

北　京

内 容 简 介

本书的主要内容包括：金融工程导论；金融工程定价方法及其 Python 应用；远期合约及其 Python 应用；期货合约及其 Python 应用；期货套期保值及其 Python 应用；互换合约及其 Python 应用；期权合约及其策略；Black-Scholes 期权定价模型及其 Python 应用；期权定价的蒙特卡罗模拟法及其 Python 应用；二叉树法期权定价及其 Python 应用；期权定价的有限差分法及其 Python 应用；奇异期权及其 Python 应用；利率衍生证券及其 Python 应用；量化金融数据分析及其 Python 应用；以及关于 Python 的两个附录。

本书内容新颖、全面，实用性强，融理论、方法、应用于一体，是一部供金融工程、金融数学、计算金融、投资学、金融学、保险学、金融专业硕士、经济学、统计学、数量经济学、管理科学与工程、应用数学、计算数学、概率统计等专业的本科高年级学生与研究生使用的参考书。

图书在版编目(CIP)数据

金融工程及其 Python 应用/朱顺泉编著. —北京：清华大学出版社，2019(2024.8重印)
(高等院校财政金融专业应用型教材)
ISBN 978-7-302-51075-8

Ⅰ.①金… Ⅱ.①朱… Ⅲ.①金融工程—应用软件—高等学校—教材 Ⅳ.①F830.49

中国版本图书馆 CIP 数据核字(2018)第 195650 号

责任编辑：孟　攀
封面设计：杨玉兰
责任校对：周剑云
责任印制：丛怀宇
出版发行：清华大学出版社
　　　　网　　　址：https://www.tup.com.cn, https://www.wqxuetang.com
　　　　地　　　址：北京清华大学学研大厦 A 座　　　　邮　　编：100084
　　　　社 总 机：010-83470000　　　　邮　　购：010-62786544
　　　　投稿与读者服务：010-62776969, c-service@tup.tsinghua.edu.cn
　　　　质量反馈：010-62772015, zhiliang@tup.tsinghua.edu.cn
　　　　课件下载：https://www.tup.com.cn, 010-62791865
印 装 者：三河市君旺印务有限公司
经　　销：全国新华书店
开　　本：185mm×260mm　　　印　张：13.75　　　字　数：331 千字
版　　次：2019 年 1 月第 1 版　　　印　次：2024 年 8 月第 6 次印刷
定　　价：45.00 元

产品编号：076591-01

　　金融工程是以现代金融理论、数学、运筹学、统计学和计算机科学等为理论基础的新兴交叉金融学科。它运用工程技术的方法(如数学建模、数值计算、模拟仿真等技术)设计、开发和实施新型的衍生产品，创造性地解决金融问题。例如：期货的套期保值策略等要进行一系列的优化计算；期权定价计算要用到随机过程、偏微分方程和数值分析；期权定价的二项式模型要进行一系列的递推计算。金融工程模型的分析与计算不仅工作量大而且计算过程很复杂，利用人工计算显然是不现实的。因此，本书试图在现代金融理论的基础上，通过 Python 工具，对各种实用的金融工程模型进行计算，以供有志于从事金融工程、金融数学、计算金融、投资学、金融学、保险学、经济学、统计学、数量经济学、管理科学与工程、应用数学、计算数学、概率统计等专业研究和教学的读者参考。本书具有一定的深度和广度，可供金融工程、金融数学、计算金融、投资学、金融学、保险学、金融专业硕士、经济学、统计学、数量经济学、管理科学与工程、应用数学、计算数学、概率与数理统计等专业的本科高年级学生与研究生使用。本书实例与内容丰富，有很强的针对性，详细地介绍了各种金融工程实例的 Python 具体操作过程，读者只需按照书中介绍的步骤一步一步地实际操作，就能学会使用 Python 解决各种金融工程计算问题。

　　本书的内容安排如下：第 1 章介绍金融工程导论；第 2 章介绍金融工程定价方法及其 Python 应用；第 3 章介绍远期合约及其 Python 应用；第 4 章介绍期货合约及其 Python 应用；第 5 章介绍期货套期保值及其 Python 应用；第 6 章介绍互换合约及其 Python 应用；第 7 章介绍期权合约及其策略；第 8 章介绍 Black-Scholes 期权定价模型及其 Python 应用；第 9 章介绍期权定价的蒙特卡罗模拟法及其 Python 应用；第 10 章介绍二叉树法期权定价及其 Python 应用；第 11 章介绍期权定价的有限差分法及其 Python 应用；第 12 章介绍奇异期权及其 Python 应用；第 13 章介绍利率衍生证券及其 Python 应用；第 14 章介绍量化金融数据分析及其 Python 应用；书后提供了关于 Python 的两个附录。

　　本书是作者多年从事金融工程、投资学、金融学、保险学等专业本科生与研究生科研与教学的总结。由于作者水平的限制，书中难免出现一些纰漏，恳请读者谅解并提出宝贵意见。

作　者

目　录

第 1 章　金融工程导论

本章精粹

本章首先介绍金融工程的概念；简要回顾国外现代主流金融理论发展历程和国内金融的发展；对现代主流金融理论进行简介；介绍金融工程的研究对象及金融衍生产品市场的参与者。

1.1 金融工程的概念

金融工程是 20 世纪 90 年代初在西方国家出现的一门新兴的金融交叉学科。它运用工程技术的方法(如数学建模、数值计算、模拟仿真等)设计、开发和实施新型的金融产品,创造性地解决金融问题。这里的"开发和实施新型的金融产品"主要是指组合成混合证券或对某资产进行拆分,如将某证券集优先股和各种看涨看跌期权的特征于一体,按优先股结构设计,在四年后可以转换成公司普通股。又如一张抵押传递证明被拆分成本金和利息的证券。金融工程融现代金融理论、数学、统计学、运筹学、信息科技和工程方法等于一体,因而迅速发展成为一门新兴的交叉学科,从而把金融学的研究推进到一个新的发展阶段,对金融业及经济领域产生了极其深远的影响。

1.2 国外现代主流金融理论发展历程

目前,无论是在学术界或业界,金融都是一个十分具有挑战性的领域。诺贝尔经济学奖获得者是金融学术领域的佼佼者;政府、企业和居民都已认识到金融已成为经济的核心。老百姓也逐渐接受了传统储蓄思维以外的投资知识,债券、股票、基金和金融衍生品不再是资本主义国家居民的专利,随着经济全球化的不断推进,不发达国家居民也开始和发达国家居民一样来选择满足自己需要的各种各样金融产品,金融产品的复杂性和金融市场固有的投机性不仅给投资者带来了刺激,也给投资者带来了巨大的财富或损失。下面简要回顾一下金融学的发展历程。

追溯金融学的发展历史,1896 年费希尔(Irving Fisher)最先确认并对基本估值问题做出解释,这种估值关系是金融理论的核心之一,它说明未来现金流的现值之和即为该项资产的价值。由于金融市场的飞速发展,人们开始探索风险资产未来价格的预测方法,1900 年法国数学家路易斯(Louis Bachelier)提出了著名的投机理论,他发现股票价格的变化服从布朗运动(它的期望值为 0),这一发现推动了金融学的发展,并且奠定了期权定价理论的基础。1934 年本杰明(Benjamin Graham)和戴维(David Dodd)出版了证券估值著作,成为证券行业的圣经。1938 年,麦考利(Frederick Macaulay)建立了债券价格对利率的敏感性分析模型,这一模型对债券市场上的发行者和投资者都极具价值,他提出的关于久期和免疫的理论被目前资产债务行业的管理层普遍采用。1944 年,冯·诺依曼(Von Neumann)和摩根斯坦(Morgenstern)提出了广为人知的效用理论,着手研究投资者的风险态度。1952 年,马科维茨(Markowitz)在 Journal of Finace 上发表了一篇题为"投资组合的选择"的论文,首次提出了投资分散化原理,建立了均值—方差模型(收益—风险模型),开启了投资组合理论的先河。但他只考虑风险资产组合之间的比例配置,这与人们对风险的态度无关。从这种意义上来说,我们的投资是一门科学。1958 年,托宾(Tobin)建立了收益—风险理论,考虑了风险资产组合和无风险资产之间的比例配置,这与人们对风险的态度有关。从这种意义上来说,我们的投资是一门艺术。把哈利和托宾的观点结合起来:投资则是科学和艺术结合的一门学问。20 世纪 50 年代,阿罗(Arrow)对保险和风险以及一般均衡框架或有证券研究的结果表明:只需针对未来每一种潜在的可能性设计出相应的应对条款,就能构造出一种"阿罗证券"来确保总体经济的一般均衡。同时，阿罗研究发现，如果投资者理性决策所依赖的一定信息条件得不到满足，金融产品的合同安排就可能不完全，例如，在保险业就可能会出现"道德风险"的问题。阿罗的这些观点对之后的金融理论发展产生了巨大影响。莫迪利亚尼(Modigliani)和米勒(Miller)也在 20 世纪 50 年代开始关注金融市场上的证券供给问题。他们采用的是微观经济学中的均衡分析方法，在"金融市场完全竞争"这一假设前提下，试图通过公司的融资成本——收益决策来推导出证券供给曲线，不过，这些内容现在已不被人们所关心，我们在公司财务、投资学等教科书中所使用的"MM 定理"便是以此为基础，其背后的证券供给曲线反而被人们忽视了。MM 定理表明：在给定若干假定条件下，公司采用的资本结构并不能给公司创造更多价值。MM 定理如今为分析复杂的公司金融活动搭建了一个框架，并且奠定了现代公司金融理论基础，这一结论相当于完全竞争市场假设在经济学中的作用。夏普(Sharp)建立了单指数模型，1963 年他在管理科学杂志发表了投资组合分析的简化模型，1968 年在金融杂志上发表了"资本资产价格：风险条件下的市场均衡理论"。1962 年林特纳(Lintner)、1966 年莫森(Mossin)也发现了同样的结论。1970 年，法玛(Fama)建立了有效市场假说理论；1976 年，罗斯(Ross)建立了套利定价理论；1973 年，Black 和 Scholes 建立了 B-S 期权定价公式；1979 年，考克斯-罗斯-鲁宾斯坦(Cox-Ross-Rubinstein)等人建立了二项式期权定价理论。

至此，国际主流金融学的内容基本成型。20 世纪 80 年代以后，陆续发展了行为金融和金融工程学科等。

1.3　国内金融的发展

在改革开放之前，中国实施计划经济，以财政代替金融，没有商业银行和资本市场。

在改革开放之后，开始发展和健全金融体系，但当时金融的主要目的是为大企业服务，尤其是 1983 年拨款改贷款以后，企业不能从国家财政直接拿到拨款，而改由银行通过低价资金进行补贴，为了满足广大企业的需要，政府压低利率，同时建立大型国有银行来补贴这些大型国有企业。中国当前的金融体系基本上以四大国有商业银行为主，四大国有商业银行拥有的人民币资金占整个金融体系拥有资金总量的 70%，其服务对象主要是国有大型企业。股票市场从 1990 年开始发展，当然，能进入股票市场的也都是大企业。绝大多数中小微企业在高度集中的金融体系之下，得不到金融服务和资金的支持，发展受到限制。

国外的银行体系一般是从小到大发展起来的，在经济发展初期，劳动力密集型产业占主导地位，金融体系中的中小银行为当地的中小企业提供服务；随着经济的发展，资本不断深化，企业规模不断扩大，大银行和股票市场应运而生。但中国的经济体制改革是自上而下进行的，一开始建立起很多大型国有企业，同时建立了为大企业服务的大型国有银行和股票市场，但并没有能够满足中小企业需求的金融机构和金融工具。

现我国正处于特殊经济转型时期，科技型中小微企业的融资风险高，大银行一般不愿介入。因此，要大力提倡并鼓励发展为中小微企业服务的金融市场，让股权交易市场、新三板市场、创业板市场、中小企业板市场、民间私人银行、小额信贷公司等金融市场和机构盘活私人资本并合法而规范地服务于地方中小微企业。

马云对传统金融进行过评论。

(1) 传统金融机构做得不好，由于金融监管过度，只服务了 20%的客户。

(2) 他要依靠思想开放、技术开放和政策开放去改变这个现状，去服务 80%的客户。他会做得比传统金融机构更好。

(3) 金融机构利用互联网，所做的是金融互联网，互联网机构做金融，所做的是互联网金融。

(4) 他做的金融是讲道德的，不是自娱自乐，要承担起未来 30 年经济发展的重任。

所以目前出现了很多与科技有关的金融，包括互联网金融(P2P 信贷、众筹、电商小贷、移动支付、微信支付)、科技型企业投融资(含创业投资或风险投资 VC、私募股权 PE)、科技型企业治理等。所以说，互联网不仅仅是一种技术，更重要的是一种思维。

从金融学教育方面来看，当现代西方金融理论日新月异发展的时候，国内的金融学研究还处于启蒙阶段。从教学内容上看，货币银行学仍是金融学专业最核心的课程，而且还是经济类专业的基础课程，如果按照金融学课程体系的逻辑去理解，则有点本末倒置、不伦不类。从国际化的角度看，金融工程学开始试点，但很多人仅仅把金融工程理解为纯技术的学科，忽视了它背后的金融经济理论，这种把金融学等同数学的看法实际上是对现代金融理论新发展的片面理解。从研究层次看，国内研究对国外研究成果模仿者居多，对现存问题描述性讨论较多，缺乏对现象背后的内在逻辑的理解。实际上，金融问题和任何经济问题一样，都有其社会制度背景，如果忽略这种背景知识，盲目地和国际接轨，只能给人以隔靴搔痒的感觉。目前出版的各种金融理论读物，大多是对金融现象的描述分析，以文字描述较多，缺乏强有力的理论逻辑和科学的研究方法。国内金融著作的现状严重滞后于国外金融理论著作。因此，我国的金融市场要得以繁荣，仅仅依靠一些缺乏理论和经验证据的政策辩论是毫无意义的，如果要形成正确的金融活动决策，就需要掌握科学的研究方法，要求我国学者对国外研究成果有较全面的掌握。

1.4 现代主流金融理论简介

1.4.1 投资组合理论

1952 年马柯维茨(Markowitz)提出的投资组合理论通常被认为是现代金融学的发端。马柯维茨在他的《投资组合》这篇具有划时代意义的论文中假设投资者均为风险厌恶者，即理性投资者的目标在于：在风险给定的条件下，追求预期收益的最大化；而在收益给定的条件下，追求风险的最小化。若用 $E(r_p)$ 代表投资组合 P 的预期收益率，用 σ_p 代表预期收益率的标准差(即投资组合的风险)，马柯维茨断言，投资者的目标是追求 $(\sigma_p, E(r_p))$ 空间中效用的最大化。从而给出了如何在众多的证券中建立起一个具有较高收益和较低风险的最佳证券组合。1958 年托宾(Tobin)证明了风险规避型投资者在 $((\sigma_p, E(r_p))$ 空间中的无差异曲线必定具有一定曲率，且呈凸状。而在不存在无风险投资机会的条件下，投资有效界面(即马柯维茨有效边界)呈凹形。因此在 $(\sigma_p, E(r_p))$ 空间中，投资者的无差异曲线与投资有效界面将有且仅有一个切点，该切点所代表的证券组合便是投资者的最优投资组合。由于最优投资组合的确定需要计算大量的证券收益率、方差和证券间的协方差，且是一个二次规划，不适应于实际应用，因此，1963 年夏普(Sharpe)提出了简化形式的计算方法，即现在所称的单指数模型。这一简化形式，使组合投资理论特别是在大量的证券经营中更实用了。在这个模型中，夏普把证券的风险分为系统性(不可分散)风险和非系统性(可分散)风险两部分。系统性风险就是市场风险，指证券价格的哪一部分变动是由于整个市场价格变动的影响造成的。它反映各种证券的价格对市场价格变化的敏感性或反应性的强弱。每种证券的系统风险是不同的，可用 β 值(见后面章节)表示，说明证券价格受市场影响的程度。非系统性风险是指价格的哪一部分变动是由具体证券本身特点造成的。单指数模型还指出，投资者因承担较大风险而获得较高收益，但收益只与系统性风险相联系，与非系统性风险无关。因此，投资者不可能因承担可分散风险而得到报酬。

1.4.2 资本资产定价模型

资本资产定价模型(Capital Asset Pricing Model，CAPM)以马柯维茨的投资组合理论为基础，完整地回答了在资本市场均衡时，证券收益的决定机制问题，为使用现代组合投资理论的投资者提供了下列衡量工具。

(1) 组合投资风险与收益关系。

(2) 单个证券资产风险的度量。

(3) 单个证券资产风险与收益的关系。

这个模型的主要特点是一种证券资产的预期收益率可以用这种证券资产的风险的相对测度 β 因子测定，在不存在套利机会下，则存在一种均衡，即如果证券的风险相同，则它们的预期收益率应该相同。该模型可以表述为

$$E(r_i) = r_f + \beta_i (E(r_M) - r_f)$$

其中：$E(r_i)$ 为证券 j 的期望收益率；

r_f 为无风险利率；

β_i 为证券 j 的系统风险系数；

$E(r_M)$ 为市场组合投资的期望收益率。

这个模型的主要框架为：首先运用马柯维茨均值—方差准则，投资者能够估计到所有证券组合中每一种证券的预期收益率、标准差和协方差。根据这些估计值，投资者就能推导出马柯维茨有效集合；然后给定无风险资产收益率，投资者就能识别出切点处证券组合和线性有效集合的位置；最后投资者对切点处证券组合进行投资，并按无风险收益率进行借或贷，具体借或贷的数量依赖于投资者对风险—收益的偏好。

资本资产定价模型由夏普于 1964 年、林特纳(Lintner)于 1965 年、莫森(Mossion)于 1966年从不同角度独立发现，是马柯维茨模型的具体运用，其简单直观的特点使之从诞生之日起就备受投资者的青睐，得到了广泛的应用。为了提高资本资产模型的实用性，20 世纪 70年代上半期，经济学家们在简化最初构成模型的众多苛刻条件方面取得了巨大的进展。布莱克(Black)于 1972 年和布鲁南(Bulunan)于 1970 年简化了模型无税收和无风险利率不变的假设；莫顿(Merton)于 1973 年成功地将模型单周期的局限进行了拓展，建立了跨期资产定价模型(ICAPM)。

1.4.3　套利定价理论

在资本市场达到均衡时，在一定的假设下，一方面，CAPM 给出了资产收益率的决定机制，但是由于难以得到真正的市场组合，CAPM 不易被检验；另一方面，考虑一些经验的结果表明，如小公司现象：当以公司的规模为基础形成资产组合时，考虑到估计β的差异后，小公司的年平均收益率比大公司的年平均收益率高出将近 20%。这种现象不能用 CAPM 来加以解释。罗斯(Ross)于 1976 年提出了一个旨在替代 CAPM 的套利定价理论。套利定价模型也是一个均衡资产定价模型，其不同于 CAPM 之处在于它并不要求投资者是风险规避者，即 APT 并不依据预期收益率和标准差来寻找最优投资组合，它更加强调资产收益率的生成结构，指出资产的收益率取决于一系列影响资产收益率的因素。而套利活动则能确保资本市场均衡地实现。其理论基础是一价定律，即两种风险—收益性质相同的资产不能按不同的价格出售。APT 模型一经提出，经济学家们便围绕 CAPM 模型与 APT 模型孰优孰劣的问题各执一词，争论不休。但对它的研究已成为金融投资当中的重要内容。

1.4.4　期权定价

期权是 20 世纪国际金融市场创新实践的一个成功典范。它的诞生给金融理论和实践带来了巨大的影响。1973 年，布莱克(Black)与舒尔茨(Scholes)的著名论文《期权定价与公司负债》及同年莫顿的论文《期权的理性定价理论》奠定了期权定价模型的理论基础，并推导出第一个完整精确的期权定价公式，即 Black-Scholes 模型，为金融财务学开创了一个崭新的领域。舒尔茨和莫顿因其在建立期权定价模型方面所做出的开拓性贡献而于 1997 年被授予诺贝尔经济学奖，布莱克虽然因为在 1995 年 8 月逝世而未能享此殊荣，但其英名也将永载经济学史册。至今，关于期权理论与应用的研究已成为金融学领域最活跃的分支之一。

期权，按照最一般的定义，是指在将来某一时刻按一定价格买卖某种资产的权利。而在期权交易中，如何给买卖双方确定公平的期权费，即期权定价，自然是一个非常重要的问题。期权定价模型(Black-Scholes 模型)给出了依赖于标的资产的执行价格 X、现货价格 S、到期时间 T、波动率σ和无风险利率 r 的欧式看涨期权价格 C 的定价公式：

$$C = SN(d_1) - Xe^{-rT}N(d_2)$$

其中：$N(d)$ 是标准正态分布函数，$d_1 = \dfrac{\ln(S/X) + (r + \sigma^2/2)T}{\sigma\sqrt{T}}$，$d_2 = d_1 - \sigma\sqrt{T}$。

上述公式是建立在以下一系列严格假设基础之上的：

(1)　标的资产收益率服从正态分布。

(2)　标的资产可以自由买卖，且可以卖空。

(3)　标的资产到期前不支付红利。

(4)　投资者可以以无风险利率进行借贷。

(5)　没有税收、交易成本等额外费用。

(6)　标的资产价格具有连续性，服从几何布朗运动，其波动率的标准差为常数。

Black-Scholes 公式是现代金融理论的重大突破，但其只能用于欧式期权定价，而实际场内交易的期权美式比欧式多，科克斯(Cox)、罗斯和鲁宾斯坦(Rubinstern)于 1979 年提出了二叉树(二项式)期权定价模型，使得标准期权有了定价基础。以后许多专家学者都试图通过放松 Black-Scholes 模型假设来修正期权定价公式，且在这一方面的尝试一直没有停止过。布莱克、舒尔茨和莫顿在期权方面的贡献远远超出了衍生工具定价的范畴，他们所提出的方法可以广泛运用于经济活动的各个方面，为资产定价在许多领域中的应用铺平了道路。

1.4.5　有效市场假说

在关于风险与收益的理论中，最为基础的理论是有效市场假说(Efficient Market Hypothesis，EMH)。有效市场假说研究的是投资者的预期如何传递到证券价格的变化中去。如果市场是完全有效的，那么，所有证券的价格都将等于它们的内在价值。换句话说，既没有价格被高估的证券，也没有价格被低估的证券。投资的收益率必然是由系统性风险决定的正常收益率。所以，市场是否有效以及有效的程度，对投资者具有非常重要的作用。因为，在一个完全有效的市场中，证券分析的基础分析法和技术分析法都是徒劳无益的；反之，如果市场并非完全有效，那么借助证券分析寻找价格被高估和低估的证券，将可以为投资者赢得超常的收益。

有效市场的概念，最初是由法玛(Fama)在 1970 年提出的。法玛认为，当证券价格能够充分地反映投资者可以获得的信息时，证券市场就是有效市场，即在有效市场中，无论随机选择何种证券，投资者都只能获得与投资风险相当的正常收益率。法玛根据投资者可以获得的信息种类，将有效市场分成了三个层次：弱形式有效市场(Weak-form EMH)、半强形式有效市场(Semi-strong-form EMH)和强形式有效市场(Strong-form EMH)。

1. 弱形式有效市场(Weak-form EMH)

弱形式有效市场假设所涉及的信息，仅仅是指证券以往的价格信息。当弱形式有效市场假设成立时，投资者单纯依靠以往的价格信息，不可能持续获得非正常收益。换言之，同一证券不同时间的价格变化是不相关的，所以投资者无法根据证券的历史价格预测未来的走势。在弱形式有效市场假设中，包含以往价格的所有信息已经反映在当前的价格中，所以利用移动平均线和 K 线图等手段分析历史价格信息的技术分析方法是无效的。

2. 半强形式有效市场(Semi-strong-form EMH)

除了证券以往的价格信息之外，半强形式有效市场假设中包含的信息还包括发行证券的企业的年度报告、季度报告、股息分配方案等在新闻媒体中可以获得的所有信息，即半强形式有效市场假设中涉及的信息囊括了所有的公开信息。如果半强形式有效市场假设成立，所有公开可获得的信息都已经完全反映在当前的价格之中，投资者根据这些公开信息无法持续获取非正常收益。那么，依靠企业的财务报表等公开信息进行的基础分析也是无效的。

3. 强形式有效市场(Strong-form EMH)

强形式有效市场假设中的信息既包括所有的公开信息，也包括所有的内幕信息，如企业内部高级管理人员所掌握的内部信息。如果强形式有效市场假设成立，上述所有的信息都已经完全反映在当前的价格之中，那么，即便是掌握内幕信息的投资者也无法持续获取非正常收益。

包括有效市场假设在内的传统金融理论都是以市场参与者完全理性为前提的。事实上，市场参与者仅仅拥有在认知能力、行为能力、利己心均受到一定约束下的有限理性。外部世界的复杂性与其自身有限的信息收集处理能力，决定了市场参与者只能实现过程理性，而无法达到实质理性。完全理性这一前提的动摇，对传统金融理论的分析形成了巨大的挑战。无论是有效市场假设，还是以之为基础的资本资产定价理论与模型都有待修正。

4. 投资策略

根据投资者对市场有效性的判断，可以把投资策略分为主动投资策略和被动投资策略两种。如果认为市场是有效的，那么投资者应选择被动投资策略。例如，指数基金管理公司可以简单地投资于指数期货，或者按照市场指数中各种证券所占的比重建立组合。如果认为市场是无效的，即相信通过证券分析可以发现价格被低估或高估的证券，从而获得超常的投资收益率，那么投资者应选择主动投资策略。

1.4.6　固定收益证券

固定收益证券中有四个重要的内容，即利率期限结构、久期、凸度、免疫。利率期限结构是由一个已知的即期利率和一系列的远期利率组成的。久期是衡量债券价格对收益率变化的敏感度，定义为价格变化的百分比除以收益率变化的百分比，而凸性则是斜率的变化量。免疫是久期的应用，即如果投资者能使另一个债券的久期等于这个债券的到期期限，那么那个债券是免疫的，免疫策略能够避免市场利率的风险。

1.4.7　资本结构

在不存在税收的完美市场条件下，公司的价值只依赖于其产品的 EBIT(息税前收益)，而与其负债比例的大小即资本结构无关。这是莫迪利亚尼(Modigliani)和米勒(Miller)MM 著名命题的基本思想。此理论提出了现代金融学一个重要的方法——无套利均衡定价分析方法，而且成为金融工程的基本原理，使金融学的分析方法从传统的经济学中分离出来，有了自己独特的分析方法。

当然，MM 命题并没有完全回答资本结构问题。现实中存在所得税和市场不完美。但MM 的思想告诉了人们资本结构在哪里起作用。后来这种分析方法得到推广，形成了最优资本结构理论。

1.5　金融工程的研究对象

金融工程的主要研究对象是衍生产品的定价和风险管理，衍生产品主要包括远期、期货、互换和期权等。

远期是指一个在确定的将来时间按确定的价格购买或出售某项资产的协议。

期货是两个对手之间签订的一个在确定的将来时间按确定的价格购买或出售某项资产的协议，主要有商品期货和金融期货。

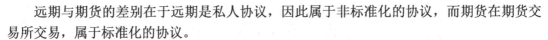

远期与期货的差别在于远期是私人协议，因此属于非标准化的协议，而期货在期货交易所交易，属于标准化的协议。

互换是指两个或两个以上当事人按照商定条件，在约定的时间内交换一系列现金流的合约，交换对象既可以是不同种类的货币、债券，也可以是不同种类的利率、汇率、价格指数等，因此，互换主要有利率互换和货币互换。

期权又称为选择权，是指投资者(持有者)在未来特定时间内，按某一事先约定的价格(执行价格)，买进或卖出一定数量的特定标的资产的权利，有两种常见的期权合约：看涨期权和看跌期权。看涨期权又称为买入期权，看跌期权又称为卖出期权。看涨期权是赋予期权持有者在未来某个时点，按照合约有规定，购买一定数量标的资产的权利。期权持有人购买标的资产的价格在期权合约中是规定的，称为期权的执行价格，当标的资产价格大于执行价格时，持有者执行看涨期权是有利可图的。看跌期权则是赋予期权持有者在未来某个时点，按照合约规定，卖出一定数量标的资产的权利。当标的资产价格小于执行价格时，持有者执行看跌期权是有利可图的。

按执行方式的不同，有美式期权和欧式期权。欧式期权是指持有人只在期权到期日才能行权的期权合约，而美式期权则赋予持有人在期权到期日之前任何时点行权的权利。

1.6　金融衍生产品市场的参与者

金融衍生产品市场的参与者主要有：套期保值者、投机交易者和套利者。

套期保值者是指利用套期保值策略的投资者。

投机交易者是指投机者根据对市场的判断，把握机会，利用市场出现的价差进行买卖，从中获取利润的交易行为。

套利是指同时买进和卖出两张不同种类的衍生合约的交易行为。交易者买进自认为是"便宜的"合约，同时卖出那些"高价的"合约，从两个合约价格间的变动关系中获利。在进行套利时，交易者注意的是合约之间的相互关系，而不是绝对价格水平。

这三类参与者是衍生产品市场的重要组成部分，都必须根据对市场走势的判断来确定交易的方向，选择买卖时机的方法及操作手法基本相同。但三者有一定区别，从交易的目的来看，套期保值的目的是规避现货市场的价格风险，投机的目的是赚取风险利润，套利是赚取无风险利润，获取较为稳定的价差收益；从承担风险的角度来看，套期保值承担的风险最小，套利次之，投机风险最大。

思　考　题

1. 简述金融工程的概念。
2. 简述现代金融理论的主要内容。
3. 简述金融工程的研究对象。
4. 简述衍生产品市场的参与者。

第 2 章 金融工程定价方法及其 Python 应用

本章精粹

本章的内容包括：风险中性定价法及 Python 应用；无套利定价法；状态价格定价法及 Python 应用。

2.1 风险中性定价法及其 Python 应用

在介绍金融工程的定价方法之前,我们可以假定所有投资者都是风险中性的。在所有投资者都是风险中性的条件下,所有资产的预期收益率都可以等于无风险利率 r,这是因为风险中性的投资者并不需要额外的收益来吸引他们承担风险。同样,在风险中性条件下,所有的现金流量都可以通过无风险利率进行贴现,求得现值。这就是风险中性定价原理。

应该注意的是,风险中性假定仅仅是为了定价方便而做出的人为假定,但通过这种假定所获得的结论不仅适用于投资者风险中性情况,也适用于投资者厌恶风险的所有情况。

为了更好地理解风险中性定价原理,我们可以举一个简单的例子来说明。

假设一种不支付红利的股票目前的市价为 10 元,我们知道,在 3 个月后,该股票价格要么是 11 元,要么是 9 元。假设现在的无风险年利率等于 10%,现在我们要找出一份 3 个月期协议价格为 10.5 的该股票欧式看涨期权的价值。

由于欧式期权不会提前执行,其价值取决于 3 个月后股票的市价。若 3 个月后该股票价格等于 11 元,则该期权价值为 0.5 元;若 3 个月后该股票价格等于 9 元,则该期权价格为 0。

为了找出该期权的价值,我们假定所有投资者都是风险中性的。在风险中性世界中,我们假定该股票上升的概率为 P,下跌的概率为 $1-P$。这种概率被称为风险中性概率,它与现实世界的真实概率是不同的。实际上,风险中性概率已经由股票价格的变动情况和利率所决定:

$$e^{-0.1 \times 0.25}[11P + 9(1-P)] = 10$$

$$P = 0.6266$$

这样,根据风险中性定价原理,我们就可以求出该期权的价值:

$$f = e^{-0.1 \times 0.25}(0.5 \times 0.6266 + 0 \times 0.3734) = 0.31(元)$$

假定风险中性世界中股票的上升概率为 P,由于股票未来期望值按无风险利率贴现的现值必须等于该股票目前的价格,因此该概率可通过下式求得:

$$S = e^{-r(T-t)}[SuP + Sd(1-P)]$$

即

$$P = \frac{e^{r(T-t)} - d}{u - d}$$

式中:r 为无风险利率;u 为上升幅度;d 为下降幅度;S 为标的资产现价。

知道了风险中性概率后,期权价格就可以通过下式来求:

$$f = e^{-r(T-t)}[Pf_u + (1-P)f_d]$$

为此,我们编制 Python 语言函数如下:

```
def qqjz(rf,time,u,d,s0,X):
  p=(exp(rf*time)-d)/(u-d)
  f= exp(-rf*time)*(p*max(s0*u-X,0)+(1-p)*max(s0*d-X,0))
  return f
```

根据上面的实例,rf=0.10;time=3/12=0.25;u=1.1;d=0.9;s0=10;X=10.5。因此函数

调用如下：

```
from numpy import *
rf=0.10;time=0.25;u=1.1;d=0.9;s0=10;X=10.5
res=qqjz(rf,time,u,d,s0,X)
print "res=",res
```

得到如下结果：

res= 0.305552697936

2.2　无套利定价法

套利就是不承担风险而能获得收益，或者说没有自有资金投入却能获得现金流。通常只有定价不合理，才会产生套利机会。

套利行为的前提假设为：套利者没有资金，但可以以无风险收益率无限借贷；无摩擦市场，即没有税收和交易成本。

一价定律就是同样的东西应该卖同样的价钱，这就是金融学中最基本的定律。

金融产品定价的最基本原则就是无套利定价，即使得套利机会不存在的价格就是合理的价格。衍生产品的定价方法也是无套利定价。

下面我们通过一个一般的例子来说明无套利定价法及其应用。

假设一个无红利支付的股票，当前时刻 t 股票价格为 S，基于该股票的某个期权的价值是 f，期权的有效期是 T，在这个有效期内，股票价格或者上升到 S_u，或者下降到 $S_d(u>1,$ $d<1)$。当股票价格上升到 S_u 时，我们假定期权的收益为 f_u，如果股票的价格下降到 S_d 时，期权的收益为 f_d。如图 2-1 所示。

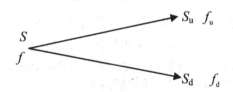

图 2-1　股票价格和期权价格

首先，构造一个由 Δ 股股票多头和一个期权空头的证券组合，并计算出该组合为无风险时的 Δ 值。

如果股票价值上升，该组合在期权末期的价值是 $S_u\Delta - f_u$，如果股票价格下降，该组合期权末期的价值是 $S_d\Delta - f_d$。为了求出使得该组合为无风险组合的 Δ 值，我们令

$$S_u\Delta - f_u = S_d\Delta - f_d$$

得到

$$\Delta = \frac{f_u - f_d}{S_u - S_d} \tag{2-1}$$

如果无风险利率用 r 表示，则该无风险组合的现值一定是 $(S_u\Delta - f_u)\,\mathrm{e}^{-r(T-t)}$，而构造该组合的成本是 $S\Delta - f$，在没有套利机会的条件下，两者必须相等。即

$$S\Delta - f = (S_u\Delta - f_u)\,\mathrm{e}^{-r(T-t)}$$

将式(2-1)代入上式化简得

$$f = e^{-r(T-t)}[Pf_u + (1-P)f_d]$$

其中：
$$P = \frac{e^{r(T-t)} - d}{u - d} \tag{2-2}$$

从上可见，无套利定价法与风险中性定价法的结果是一样的。

2.3 状态价格定价法及其 Python 应用

状态价格定价法是衍生资产定价的另一个重要的定价方法，是无套利原则以及组合分解技术的具体运用。所谓状态价格是指在特定的状态发生时回报为 1，否则回报为 0 的资产在当前的价格。如果未来时刻有 N 种状态，而这 N 种状态的价格我们都知道，那么我们只要知道某种资产在未来各种状态下的回报状况以及市场无风险利率水平，就可以对该资产进行定价，这种定价方法就是状态价格定价法。

假设有一份风险债券 A，现在的市场价格为 P_A，一年后市场价格会出现两种可能的情况：市场处于上升状态时为 uP_A，市场处于下降状态时为 dP_A，并且市场处于上升状态的概率为 q，处于下降状态的概率为 $1-q$，如图 2-2 所示。

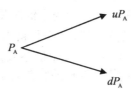

图 2-2　状态价格图

现在定义一类与状态相对应的假想资产，称为基本资产。基本资产 m 在 1 年后如果市场处于上升状态，其市场价值为 1 元，如果市场处于下跌状态，则价值为 0。基本资产 n 则反之，1 年后市场处于下跌状态时价值为 1 元，处于上升状态时为 0。假设基本资产 m 现在的市场价格为 π_u，基本资产 n 现在的市场价格为 π_d。

此时，我们可以用基本资产 m,n 来复制上述的风险债券 A，即购买 uP_A 份基本资产 m 和 dP_A 份基本资产 n 组成一个资产组合。该组合在 1 年后不管市场处于何种状况，都会产生和债券 A 完全同样的现金流，所以该组合可以看作债券的复制品。由无套利定价原理可知，复制品与被复制品现在的市场价格应该相等：

$$P_A = \pi_u uP_A + \pi_d dP_A$$

即

$$\pi_u u + \pi_d d = 1 \tag{2-3}$$

如果我们再同时购买 1 份资本资产 m 和 1 份基本资产 n 构成新的资产组合，则一年后无论出现何种状况，新组合的市场价值都将是 1 元。因此这是一个无风险的投资组合，其收益率应该是无风险收益率(设为 r_f，连续复利)，于是有

$$\pi_u + \pi_d = e^{-rt} \tag{2-4}$$

解式(2-3)、式(2-4)得

$$\pi_u = (1 - de^{-r_f})/(u-d), \pi_d = (ue^{-r_f} - 1)/(u-d) \tag{2-5}$$

编制 Python 语言函数如下：

```
def pbz(rf,u,d,upb,dpb):
  paiu=(1-d*exp(-rf))/(u-d)
  paid=exp(-rf)-paiu
  pb=paiu*upb+paid*dpb
  return pb
```

当确定了基本资产的价格之后，就可以利用它复制其他的资产，从而可以用来为其他资产定价。

例： 假如债券 A 现在的市场价格为 100 元，无风险利率为 2%，u=1.07，d=0.98，现在假设有另一个风险债券 B，其价格要么上升到 103 元，要么下跌到 98.5 元，那么 B 现在的价格为多少？

根据式(2-5)可知：

$$\pi_u = (1 - 0.98e^{-0.02})/(1.07 - 0.98) = 0.4378$$

$$\pi_d = (1.07e^{-0.02} - 1)/(1.07 - 0.98) = 0.5424$$

因此：

$$P_B = \pi_u u P_B + \pi_d d P_B = 0.4378 \times 103 + 0.5424 \times 98.5 = 98.52 \,(元)$$

这里：r_f=0.02；u=1.07；d=0.98；uP_B=103；dP_B=98.5。

因此，函数调用如下：

```
from numpy import *
rf=0.02; u=1.07;d=0.98;upb=103;dpb=98.5
res=pbz(rf,u,d,upb,dpb)
print "res=",res
```

得到如下结果：

```
res= 98.5198343287
```

定理： 对于一年后出现两种状态的市场，它的两个基本资产是唯一确定的，或者说两个基本资产唯一地确定了这个市场。而刻画这个市场里的资产价格变化的参数 u 和 d 必须满足以下方程组：

$$\pi_u u + \pi_d d = 1$$

$$\pi_u + \pi_d = e^{-r_f}$$

要注意的是，上面的基本资产 m 和 n 都是假想的资产，不是市场上实际存在的资产。因此，我们必须在市场上找到两个资产来代替基本资产 m 和 n。事实上，风险债券 A 和无风险资产之间就具有某种独立性，可以构成 1 年后可能出现的两个基本状态的"基"，因而可以用来为其他资产定价。下面我们用风险债券 A 和无风险资产来复制风险债券 B。检查以上所述的用基本资产对风险债券 B 的定价是否正确。

复制过程是：用 Δ 份风险债券 A 和当前市场价值为 L 的无风险资产构成市场价值为 I 的组合，其初始成本为 $100\Delta + L$。一年后，无论市场价格处于何种状态，该组合都必须与风险债券 B 的价格相同。

如果市场处于上升状态，则有

$$107\Delta + Le^{0.02} = 103$$

如果市场处于下跌状态，则有

$$98\Delta + Le^{0.02} = 98.5$$

解得 Δ =0.05 和 L=48.52。

并由此可以算出债券 B 当前的市场价格为

$$I=100\Delta +L=100\times0.5+48.52=98.52$$

这说明前面用基本资产 m 和 n 对债券 B 的定价是正确的，否则，就存在无风险套利的机会。

上面考虑的是单期的定价问题，其中假设一年以后资产的价格只有两种可能的结果显然是不符合实际的，为此可将上面的例子扩展到多期的情形。

思 考 题

1. 简述金融工程的定价方法。

2. 假设存在两种风险债券 A 和 B，A 价格由 100 元要么上升到 110 元，要么下跌到 90 元，B 债券由现在的价格要么上升到 125 元，要么下跌到 105 元，市场的无风险利率为 8%，若不考虑交易成本，请问债券 B 现在的合理价格为多少？如果债券 B 的市场价格为 110 元，是否存在套利机会？如果存在，如何套利？

第 3 章　远期合约及其 Python 应用

本章精粹

远期合约是最简单的金融衍生产品之一，正因为简单，远期合约成为最早出现的金融衍生工具。远期合约之所以能够存续和发展，是因为它能够使公司防范价格风险，规避经营活动中因价格变化造成的公司价值的波动。本章将介绍衍生资产中的远期合约及其定价。

3.1 远期合约的概念

3.1.1 远期合约实例

在给出远期合约的概念之前，先看下面的一个例子。

张三在上午 10 点打电话给盒饭公司，订一份 10 元的盒饭，盒饭在上午 12 点送到。这就是一个远期合约。所以通俗地说，远期合约就是一个订货合同。

通过这个例子可知，远期合约是指交易双方(张三和盒饭公司)约定在未来某一确定时间(中午 12 点)，按事先商定的价格(10 元)，以预先确定的方式买卖一定数量(1 份)的某种标的资产(盒饭)的合约。

3.1.2 远期合约四要素

根据上述概念，远期合约主要由以下要素构成。

1. 标的资产(盒饭)

远期合约中用于交易的资产，又称为基础资产，交易的标的资产可以是商品，也可以是金融资产。常见的金融远期合约包括远期利率协议、远期外汇合约和远期股票合约等。

2. 买方和卖方(张三和盒饭公司)

合约中规定在将来买入标的资产的一方称为买方(或多头)，而在将来卖出标的资产的一方称为卖方(或空头)。

3. 交割价格(10 元)

合约中规定的未来买卖标的资产价格称为交割价格。如果信息是对称的，而且合约双方对未来的预期相同，那么合约双方所选择的交割价格应使合约的价值在签署合约时等于 0。这意味着无须成本就可处于远期合约的多头或空头状态。

我们把使得远期合约价值为 0 的交割价格称为远期价格。远期价格是跟标的资产的现货价格紧密相连的理论价格，它与远期合约中的交割并不相等。在合约签署时，交割价格等于远期理论价格。远期价值则是指远期合约本身的价值，它是由远期实际价格(即交割价格)与远期理论价格的差距决定的。在合约签署时，合约价值为 0。但随着时间推移，远期理论价格有可能改变，而原有合约的交割价格则不可能改变，因此原有合约价值就可能不再为 0，其大小取决于标的资产价格的具体情况。

4. 到期日(12 点)

远期合约在到期日交割，空头持有者交付标的资产给多头持有者，多头持有者支付等于交割价格的现金。

3.1.3 远期合约的概念

通过上面的例子，对于远期合约可以做出如下定义：远期合约(Forward Contract)是指一个在确定的将来时间按确定的价格购买或出售某项资产的协议。它是最基本的衍生资产之一。通常两个金融机构之间或金融机构与公司客户之间会签署远期合约。一般而言，它不在正式的交易所内交易。

由于远期合约在订立之时，双方不支付任何现金，这就使得合约双方都存在潜在的违约风险。即未来亏损的一方可能会不履行合约(违约)，因此赚钱的一方就会有违约风险。所以，通常只有大机构之间才能交易远期合约，如政府、央行、投资银行、商业银行、大企业等。

按习惯，我们把远期合约的买方和卖方分别称作多头和空头。所谓多头(Long Position)，就是指远期合约中同意在将来某个确定的日期以某个确定的价格购买标的资产的一方。所谓空头(Short Position)，就是指远期合约中同意在同样的日期以同样的价格出售标的资产的一方。远期合约交割的那一天称为到期日。远期合约交割时，空头的持有者交付标的资产给多头的持有者，多头支付等于价格的现金。

在远期合约中的特定价格称为交割价格(Delivery Price)。决定远期合约价格的关键变量是标的资产的市场价格。在合约签署的时刻，所选择的交割价格应该使得远期合约的价值对于双方而言都为零。这意味着交易方无须成本就可以处于远期合约的多头或空头状态。但随着时间的推移，远期合约可能是具有正的或负的价值，这取决于标的资产价格的变动。例如，如果合约签署之后该标的资产的价格很快上涨，则远期合约多头的价值将变为正值，而远期合约空头的价值变为负值。

1. 远期价格

某个远期合约的远期价格(Forward Price)定义为使得该合约价值为零的交割价格。随着时间的推移，远期价格可能随时发生变化。因此，在合约开始后的任何时刻，除非偶然，远期价格和交割价格一般并不相等。而且一般来说，在任何给定时刻，远期价格随该合约期限变化而变化。例如，3 个月期的远期合约的价格肯定不同于 9 个月的远期合约价格。

许多跨国公司经常使用外汇远期合约。表 3-1 中表示的是 1995 年 5 月 8 日英镑兑美元的汇率。忽略佣金和其他交易成本，表中第二行报价表示在即期市场(即立即交割)买卖英镑的价格是每英镑 1.6080 美元；第三行报价表示买卖 30 天期英镑远期合约的价格(或远期汇率)为每英镑 1.6076 美元；第四行报价表示买卖 90 天期英镑远期合约的价格为每英镑 1.6056 美元；第五行报价表示买卖 180 天期英镑远期合约的价格为每英镑 1.6018 美元。

表 3-1　1995 年 5 月 8 日英镑兑美元的即期和远期报价

汇率类型	数　据
即期汇率	1.6080
30 天远期汇率	1.6076
90 天远期汇率	1.6056
180 天远期汇率	1.6018

2. 远期合约的损益

假设投资者在 1995 年 5 月 8 日签署了一份 100 万英镑 90 天期的远期合约，交割汇率为 1.6056。这样投资者就必须在 90 天后支付 1 605 600 美元来购买 1 000 000 英镑。如果在 90 天后即期汇率上升，假设为 1.6500，投资者将获得 44 400(=1 650 000−1 605 600)美元，因为投资者可以用购得的 100 万英镑在即期市场以 1 650 000 美元的价格立即兑换成美元。同样地，如果 90 天后即期汇率跌至 1.5500，投资者将损失 55 600 美元，因为远期合约使投资者购买同样数量的英镑要比市场价格多支付 55 600 美元。

一般说来，一单位资产远期合约多头的损益(payoff，也称收益、回报等)等于 $S_T - K$ ，式中，K 表示交割价格，S_T 表示合约到期时资产的即期价格。

这是因为合约的持有者有义务用价格 K 购买价值为 S_T 的资产。

类似地，一单位资产远期合约空头的损益等于 $K - S_T$ 。

远期合约的盈亏如图 3-1 所示。

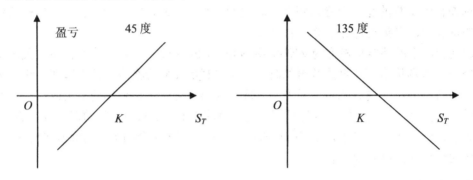

图 3-1　远期合约的盈亏

3.2　远期合约的优缺点

远期合约是一种非标准化合约，它不在规范的交易所内交易，而是通过现代化通信方式在场外交易进行的，由银行给出双向标价，直接在银行与银行、银行与客户之间进行交易。交易双方互相认识，而且每一笔交易都是双方直接见面，通过谈判后签订，交易成功意味着交易方接受参与者的对应风险。由于技术手段的发展，现代远期交易已经成为一个巨大的世界范围内的场外交易市场，其交易主要是私下进行的，基本不受监管当局的监管。

在签署合约之前，合约双方就合约的具体条款(如交割地点、交割时间、交割价格、合约规模以及标的资产的品质等)进行谈判，只要双方同意，所有条款都可以达成，有时只对合约规模的最小额度做出规定，到期日经常超过远期的到期日。这样就可以最大限度地满足不同类型客户的要求。远期合约具有较大的灵活性，这是远期合约最大的优点。

但远期合约的灵活性优点也带来一些缺点。首先，远期合约的交易没有固定的、集中的交易场所，合约的条款基于双方对信息的掌握和未来的预期而达成，这种方式不利于信息交流和传递，也很难形成统一的市场价格，因此市场效率比较低下。其次，每份合约千差万别，所签合约很难转让给第三方，尽管目前已经有可以在场外市场交易的远期合约，但流动性依然很差。最后，远期合约一般不需要缴纳保证金，它的履约与否全靠双方信用保证。当市场价格的变动对一方有利而对方无能力或无诚意履行合约时，就有可能发生违约风险，因此它的违约风险比较高。

3.3　远期合约的应用

人们从事远期交易的目的不外乎是规避风险和套取利润。因此，远期交易主要应用于套期保值、平衡头寸或投机等。

3.3.1　套期保值

套期保值主要是指资金借贷双方或进出口商为避免资金借贷或贸易业务中利率或汇率变动而进行的远期交易，借以降低或消除价格变化带来的不确定性。比如一项国际商品交易，从签订合约到债务清算，一般需要一段时间。对进口商来说，在此期间若外汇汇率上升，则意味着将付出更多的本国货币购买定量的外汇，即所付增加；对出口商来说，若此期间外汇汇率下降，所能得到的以外币标价的货款折算成本币的数额则比汇率下降前少，即所得减少。为了避免这种汇率变动带来损失的可能性，进出口商均有必要预先固定汇率，以确知并稳定未来的收支金额，而通过远期外汇买卖就可达到这一目的。

3.3.2　平衡头寸

平衡头寸主要指银行等金融机构为避免日常业务中的利率和汇率变动的风险，相互间平衡其相关头寸的远期交易。我们仍以远期外汇交易为例进行介绍。所谓外汇头寸，是指外汇银行在某一时点持有的各种外汇金额的情况。这种情况经常因外汇交易中的超买或超卖而需要调整。除非采用远期外汇交易有困难，否则银行远期外汇头寸的调整一般都会依赖远期外汇交易。例如，当远期外汇"超买"时，则需抛出这一部分远期外汇；当远期外汇"超卖"时，银行就需要补进同额的远期外汇，这样就可以平衡银行的外汇头寸，避免汇率变动的风险。

3.3.3　投机

投机是指建立在投机者某种预期基础上的，由投机者承担汇率和利率风险的远期交易。当投机者预期资产价格将上涨时就做多头，反之就做空头。盈亏与否取决于投机者利用市场信息所做的估计。仍以远期外汇交易为例，当投机者预期未来一定时期某种货币的汇率变动程度与该时期这种货币的远期汇率存在差异时，就会通过买进或卖出远期外汇的方式获利。在签订远期外汇合约时，投机者常常只要缴纳一定比例的保证金。这就使远期外汇投机的规模成倍地超出投机者手中拥有的资金数量。远期外汇投机有买空和卖空两种基本形式。

买空是指投机者在预期即期外汇汇率将会上升的基础上所进行的单纯买进远期外汇的交易，若交割日的即期汇率高于双方商定的远期汇率，他就会获得买空收益。该收益扣除买空的附加费用，便是投机利润。若投机者预期不准，他就会遭受损失。卖空是指投机者在预期即期外汇汇率将会下降的基础上所进行的单纯卖出远期外汇的交易，若交割日的即期汇率低于双方商定的远期汇率，投机者买入即期外汇实现远期交割，可以获得投机利润。

若外汇汇率并未下降，该投机者会遭受损失。投机利润被认为是承担风险的报酬。

3.4 远期利率协议

3.4.1 远期利率协议的引例

设有一家化工公司，其原材料需要从国外进口，2012 年 11 月，该化工公司的财务总监在制订 2013 年财务预算时，预计公司 2013 年 5 月需要借款，而在 2013 年 11 月左右可还款。假设公司可以直接使用美元借款和还款，不考虑汇率问题。

由于美元利率市场化，未来的利率不确定。财务总监担心：如果未来几个月美元利率上升，公司将为此多付利息，从而增加借款成本，当然公司可以选择在当前(2012 年 11 月)到银行贷款 200 万美元，期限为 1 年。由于这笔款 2013 年 5 月才使用，所以先把这笔钱存到银行，期限为 6 个月。但公司的存款利率低于贷款利率，公司觉得这样做成本太高，还不如等到 2013 年 5 月直接去借款。

因此，公司希望能有一种金融产品，能够以较小的成本固定未来的借款利率，使公司可以规避未来利率波动的风险。

针对该化工公司的要求，银行适时推出了远期对远期贷款业务，用于向客户提供固定利率的远期贷款业务。这样，公司通过银行进行远期对远期贷款业务，就能把未来的贷款利率固定下来，不用担心未来的利率上涨。而对于银行，它可以通过更低利率的银行间借款或吸收存款来满足较高利率的公司贷款，从而赚取一定的利率差价。

3.4.2 远期利率协议的定义

远期利率协议是交易双方签订的一种远期贷款合约，即约定从将来某一日期开始，以约定的利率水平，由一方(买方)向另一方(卖方)借入一笔数额、期限和币种确定的名义本金。并约定在结算日根据协议利率与当日的参考利率之间的差额及名义本金额，由一方支付给另一方结算金。根据此定义，买方相当于名义借款人，为了避免利率上升的风险而买入；卖方则相当于名义贷款人，希望防范利率下降的风险而卖出。保值者希望通过远期利率协议对未来的利率风险进行防范，投机者则指望通过远期利率协议从未来的利率变化中获利，所以远期利率协议可以说是希望对未来利率进行保值或投机的双方签订的一种协议。

注意这里"名义"的意思是在远期利率协议条件下，并没有实际的借贷行为发生，本金是不交换的。

3.4.3 远期利率协议的常见术语

远期利率协议的常见术语如下：

协议金额——借贷的名义本金额。

协议货币——货币币种。

交易日——远期利率协议成交的日期。

结算日——名义借贷开始日期。

确定日——确定参考利率的日期。

到期日——合约结束之日。

协议期——结算日至到期日的天数。

协议利率——协议中双方商定的利率。

参考利率——某种市场利率，又称结算利率，通常为 LIBOR。

结算金——在结算日，根据协议利率和参考利率之间的差额计算出来，由交易一方付给另一方的金额。

3.4.4　远期利率协议的结算金

远期利率协议的结算是买方承诺在结算日向卖方支付按协议利率计算的利息，卖方则承诺在结算日向买方支付按参考利率计算的利息。在结算时，交易双方按照结算当日参考利率和协议利率的差额计算应支付利息差额，进行交割。也就是说，结算金是由协议利率、参考利率、协议期限和协议金额决定的。

由于远期利率协议 FRA 的结算日是在名义贷款期初，而不是名义贷款期末，因此结算金与一般利息的计算稍有不同，结算金的计算需要进行贴现。

具体来说，结算金的计算分为两步：

第一步，取确定日的参考利率和协议利率之差，乘以协议金额，再乘以协议期限，得到名义贷款的利息差。

第二步，以参考利率作为贴现率，对上一步计算得到的利息进行贴现，计算出利息差在结算日的现值，即结算金。

公式如下：

$$结算金 = \frac{(r_r - r_c) \times A \times \dfrac{D}{B}}{1 + \left(r_r \times \dfrac{D}{B}\right)}$$

式中：A——协议金额。

r_r——参考利率。

r_c——协议利率，这里采用的利率为单利。

D——协议期限的实际天数。

B——年计息天数，对于英镑、澳元等货币而言，$B=365$，而对于美元等其他货币，$B=360$。

最后，通过比较 r_r 与 r_c 的大小，决定支付方式。如果 $r_r > r_c$，由卖方向买方支付结算金，否则买方向卖方支付结算金。

例，假定某远期利率协议的交易日是 2009 年 7 月 1 日星期三，双方同意成交一份 1×4 金额为 100 万美元，利率为 4.75% 的远期利率协议，确定日市场利率为 5.5%。远期利率协议流程如图 3-2 所示。

其中协议货币为美元，协议金额是 100 万美元，协议利率是 4.75%，1×4 指的是起算日和结算日为 1 个月，起算日和名义贷款到期日之间的时间为 4 个月，交易日和起算日一般间隔 2 天。此例中，起算日是 2009 年 7 月 3 日星期五，这就意味着名义存款或贷款在 2009

年 8 月 3 日(结算日)星期一开始，确定日和结算日一般也隔 2 天，由于 8 月 1 日为星期六，确定日向前提至第一个工作日即 7 月 31 日星期五。到期日为 2009 年 11 月 3 日星期三，协议期限为 92 天。实践中，交易日、起算日、确定日、结算日和到期日均不得是法定节假日。

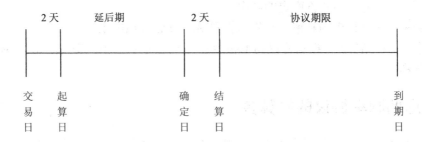

图 3-2 远期利率协议流程

将例中的数据代入式(3-1)可得

$$结算金 = \frac{(5.5\% - 4.75\%) \times 1\,000\,000 \times \dfrac{92}{360}}{1 + 5.5\% \times \dfrac{92}{360}} = 1890.10(美元)$$

3.4.5 远期利率协议的定价

FRA 的定价问题就是 FRA 中协议利率如何确定的问题，实际上也就是远期利率的确定问题，因为 FRA 是关于利率的远期合约。

如果把当前利率称为即期利率，则当前时刻的未来一定时期的利率就称为远期利率。根据无套利定价法，远期利率是由一系列即期利率所决定的。下面用例子来说明。

假设 3 个月的即期利率为 5.25%，12 个月的即期利率为 5.75%，请问 3 个月后执行的 9 个月的远期利率(3×12)是多少？

假设 3 个月后执行 9 个月的远期利率为 r_F，由无套利均衡分析可知，将 1 元钱先以 5.25% 的利率存 3 个月，到期后再把得到的利息加上本金一起以 r_F 存 9 个月，其终值应等于直接以 5.75% 存 12 个月的终值，即：

$$(1 + 5.25\% \times 3/12)(1 + r_F \times 9/12) = 1 + 5.75 \times 12/12$$

解得 $r_F = 5.84\%$。如果市场上的远期利率不等于 5.84%，不论是比 5.84% 大还是比 5.84% 小，都存在套利机会。

假设市场上的远期利率为 6%，大于 5.84%，则我们可构造一个"借长贷短"的无风险套利组合。

假设市场上的远期利率为 5.8%，小于 5.84%，则我们可构造一个"借短贷长"的无风险套利组合。

具体分析留给读者。

如果现在时刻为 t，T 时刻到期的即期利率为 r，T^* 时刻($T^* > T$)到期的即期利率为 r^*(其中 $1 > T^* - t > T - t$，且均以年为单位)，根据上面的计算方法，我们可以写出 t 时刻 $T \sim T^*$ 期间的远期利率 r_F 满足的等式：

$$[1 + r \times (T - t)][1 + r_F \times (T^* - T)] = 1 + r^* \times (T^* - t)$$

从而可得远期利率的定价公式：

$$r_F = \frac{r^* \times (T^* - t) - r \times (T - t)}{[1 + r \times (T - t)](T^* - T)}$$

当即期利率和远期利率均为连续复利时，上式可变为

$$r_F = \frac{r^* \times (T^* - t) - r \times (T - t)}{(T^* - T)}$$

这是因为式(3-3)变为

$$\exp(r(T - t)) \times \exp(r_F(T^* - T)) = \exp(r^*(T^* - t))$$

3.4.6　远期利率协议的案例分析

如果把利率风险与 LIBOR 联系在一起，且如果包含的期间与某一标准合约的日期恰好吻合，那么 FRA 可以提供完全的或接近完全的套期保值。

下面我们以一家德国公司为例来看看如何运用 FRA 将某一特定利率锁定。

例：KG 公司是一家中等规模的德国公司，该公司为其他制造企业生产高质量的机器零部件。2008 年 11 月，KG 公司的财务主管为该公司制定 2009 年的财务预算，并预计 2009 年 5～12 月间的季节性平均借款需要为 500 万欧元。

为了准确把握利率的期限结构，该财务主管与其银行联系，并得到了有关现货市场利率与 FRA 利率的报价，如下表所示。

品　种	价　格	品　种	价　格	品　种	价　格
1 个月	$8\frac{11}{16}$～$8\frac{15}{16}$	1×4	8.75	1×7	8.37
2 个月	$8\frac{3}{4}$～9	2×5	8.43	2×8	8.30
3 个月	$8\frac{11}{16}$～$8\frac{15}{16}$	3×6	8.12	3×9	7.83
6 个月	$8\frac{7}{16}$～$8\frac{11}{16}$	4×7	7.82	4×10	7.57
9 个月	8～$8\frac{1}{4}$	5×8	7.61	5×11	7.40
12 个月	$7\frac{13}{16}$～$8\frac{1}{16}$	6×9 9×12	7.40 6.93	6×12	7.23

现货市场上向下倾斜的收益率曲线与 FRA 市场上下降的价格水平表明市场对欧盟在接下来的几年中大幅降息的预期。KG 公司的财务主管并不能肯定利率将下降，并且也无法确定就算利率真的下降，是否会像远期利率所预示的那样降得那么低。因此，他决定通过买进 FRA 来锁定 6 个月的远期利率，该 FRA 的具体约定如下：

协议金额——500 万欧元。

交易日——2008 年 11 月 18 日，星期二。

起算日——2008 年 11 月 20 日，星期四。

确定日——2009 年 5 月 18 日，星期一。

结算日——2009 年 5 月 20 日，星期三。

到期日——2009 年 11 月 20 日，星期五。

协议利率——7.23%。

协议期限——184 天。

在 2009 年 5 月 18 日，欧元 6 个月的 LIBOR 为 7.63%。虽然与 2008 年 11 月的 $8\frac{11}{16}$% 的利率报价相比，利率水平确实下降了，但却没有降到 7.23%。因此，该公司于 2009 年 5 月 20 日收到的结算金为

$$结算金 = \frac{(7.63\% - 7.23\%) \times 5\,000\,000 \times \dfrac{184}{360}}{1 + 7.63\% \times \dfrac{184}{360}} = 9838.54(美元)$$

若该公司以 7.00%的利率将该结算金进行投资并获得利息 9838.54×7%×184/360=352.00 (欧元)，那么在最后的到期日，该公司从 FRA 中获得的总收入为 9838.54+352=10 190.54(欧元)。在 5 月 18 日，KG 公司可以按当时的市场利率加上 30 个基准点的正常借款利差借入所需的 500 万欧元。这一协议在 5 月 20 日签订，并于 184 天后在 11 月 20 日进行偿付。到期日的现金流如下：

从 FRA 中获得的总收入：10 190.54 欧元。

以 7.93%借入 500 欧元，184 天应付利息：5 000 000×7.93%×184/360=202 655.6(欧元)。

减去 FRA 收入后的净借款成本：202 655.6-10 190.54=192 465(欧元)。

与净借款成本 192 465 欧元相对应的实际借款利率为 7.53%，等于 FRA 协议利率加上 30 个百分点的利差，这正是该公司所希望的。因此 FRA 使得 KG 公司能将其借款利率锁定在其所期望的利率上。

此例说明 FRA 保值是一种理想的套期保值策略，因为该公司是在与 LIBOR 有关的借款协议期间内借入款项的。因此，该公司在制订保值策略的时候，可以准确地得到所希望的借款利率。

注意：使用远期利率协议进行套期保值只是保证了一个特定的结果，而不管实际利率的变动是有利还是不利。在上述案例中，一旦该公司购买了 FRA，其实际借款利率便与 FRA 的协议利率紧紧地连在一起。若利率最终降低到协议规定的利率水平以下，该公司将无法从中收益。而且，如果风险暴露的期限与 FRA 的期限不一致，或者在使用的利率基础上存在差异，情况就变得复杂了，这时，最简单的办法是利用 OTC 市场，在银行订一个合约，就可以得到一个近似完全的套期保值。

3.5　远期外汇合约

3.5.1　远期外汇合约的定义

假设有一家美国的公司 A 为了购买原材料而借入一笔美元，同时它在日本市场销售产品的收入为日元，公司 A 用收入的日元通过外汇市场兑换成美元来支付美元本息。例如公

司需要在 6 个月后支付一笔美元的本息费用。但公司的财务总监认为未来日元有贬值的趋势，那么到时候，为了支付美元本息可能需要更多的日元，这对于公司来说就存在日元贬值的风险，因此 A 公司有规避这一风险的需求。那么公司 A 如何提供金融市场规避未来日元贬值的风险呢？

针对这个问题，只要在远期外汇市场上做一个 6 个月后交割的美元对日元的远期外汇合约，即按约定的汇率用日元换美元，这样既能在 6 个月后取得所需的美元金额，又能将日元和美元汇率锁定在一个固定的价格上。

远期外汇合约就是指交易双方约定在未来某一特定时期，双方按照合约签订时约定的汇率和金额，以一种货币交换对方另一种货币的合约。远期外汇合约中约定的在将来某一特定日期交割的汇率称为远期汇率。我们称当日交易两日后交割的汇率为即期汇率。远期外汇合约主要包括对将来交割外汇的币种、数额、日期、地点、汇率的规定等内容。

按照远期的开始时期划分，远期外汇合约可分为直接远期外汇合约和远期外汇综合协议(SAFE)。前者的远期期限是直接从现在开始算的，而后者的远期期限是从未来的某个时点开始算的，因此实际上是远期的远期外汇合约。

3.5.2　远期汇率的确定

远期汇率的一般计算公式如下：

$$F \times \left[1 + \left(r \times \frac{\text{Days}}{\text{Basis}} \right) \right] = S \times \left[1 + \left(r_f \times \frac{\text{Days}}{\text{Basis}_f} \right) \right]$$

$$F = S \times \frac{1 + \left(r_f \times \dfrac{\text{Days}}{\text{Basis}_f} \right)}{1 + \left(r \times \dfrac{\text{Days}}{\text{Basis}} \right)}$$

式中：F——远期汇率。

S——当前的即期汇率。

r_f——报价货币(或外币)的年利率。

r——基础货币(或本币)的利率。

Days——从即期到远期的天数。

Basis_f——报价货币一年的天数(一般为 360 天)。

Basis——基础货币一年的天数(一般为 360 天)。

如果利率均为连续复利，则上式变为

$$F = Se^{(r - r_f)(T - t)}$$

$r(r_f)$ 为 t 到 T 时刻的外币(本币)无风险利率。

远期外汇交易是指买卖外汇的双方先签订合同，规定买卖外汇的数量、汇率和未来交割外汇的时间，到了规定的交割日买卖双方再按合同规定办理货币收付的外汇交易。在签订合同时，除缴纳 10%的保证金外，不发生任何资金的转移。

一般有三种交易方式：固定交割日交易；选择交割日交易和掉期交易(时间套汇)。

3.5.3　远期外汇综合协议的结算金

根据结算金的不同计算方式，远期外汇综合协议主要有汇率协议(ERA)和远期外汇协议(FXA)两种。

汇率协议(ERA)的结算金计算公式为

$$结算金 = A_2 \times \frac{W_K - W_R}{1 + \left(r \times \frac{D}{B} \right)}$$

其中：A_2 为原货币到期日的名义本金数额；r 为结算日的第二货币由结算日到到期日的无风险利率；D 为协议期天数；B 为第二货币按年转换成的天数(一年 360 或 365 天)；W_K 为协议签订时确定的协议期内远期差价，它等于协议中规定的到期日(T^*时刻)直接远期汇率(K^*)与协议中规定的结算日(T 时刻)直接远期汇率(K)之间的差额；W_R ——确定日确定的协议期的远期差价，它等于确定日确定的到期日直接远期汇率(F_R^*)与确定日确定的结算日即期汇率(F_R)之间的差额。

远期外汇协议(FXA)的结算金计算公式为

$$结算金 = A_2 \times \frac{K^* - F_R^*}{1 + \left(r \times \frac{D}{B} \right)} - A_1 \times (K - F_R)$$

其中：A_1 为原货币结算日的名义本金数额，大多数的远期外汇综合协议中 $A_1 = A_2$。

其他符号同上。

此公式的显著特征是它间接地参考了直接汇率。该式的第一部分用到期日直接汇率之差代替了汇率协议(ERA)的结算金公式中的远期差价之差，而第二部分则考虑了结算日的汇率之差。对于第二部分的结果没有必要进行折现，因为它已经考虑了结算日期。

3.5.4　远期外汇综合协议的定价

关于远期外汇综合协议的定价，就是要在交易日确定结算日的直接远期汇率和到期日的直接远期汇率，这个问题已经由公式 $F = Se^{(r-r_f)(T-t)}$ 和 $F = S \times \dfrac{1 + \left(r_f \times \frac{\text{Days}}{\text{Basis}_f} \right)}{1 + \left(r \times \frac{\text{Days}}{\text{Basis}} \right)}$ 解决，此处不赘述。

3.6　远期合约定价及其 Python 应用

远期合约定价的基本思想是：构建两种投资组合，令其终值相等，则现值一定相等，否则就可进行套利，即卖出现值较高的投资组合，买入现值较低的投资组合，并持有到期末，套利者就可赚取无风险收益。众多的套利者这样做的结果，将使现值较高的投资组合价格下降，现值较低的投资组合价格上升，直至套利机会消失，此时两种投资组合的现值相等，这样，就可根据两种投资组合现值相等的关系求出远期价格。

下面根据远期合约标的资产的不同，分无收益资产、已知现金收益资产以及已知收益率资产三种情况，分别介绍如何计算远期合约的价格。

3.6.1　基本知识

1. 假设

在本章中，我们假定对于部分市场参与者而言，以下几条全部是正确的。

(1) 不计算交易费用。

(2) 市场参与者能够以相同的无风险利率(一般认为是再回购利率)借入和贷出资金。

(3) 当套利机会出现时，市场参与者将在利润动机的驱使下迅速参与套利活动。

(4) 所有的交易收益(减去交易损失后)使用同一税率。

我们并不要求所有的市场参与者都能满足这几条假设。我们只要求这些假设对部分参与者是正确的，如大的投资机构。投资者一旦发现套利机会就会进行套利，这意味着在现实中一出现套利机会，很快就会消失。因此，有理由假设在市场上不存在套利机会，或者说市场是均衡的。

2. 符号

本节及以后章节内容中用到的符号及其含义如下。

T：远期合约到期的时间(年)。

t：现在的时间(年)。

$T-t$：权利期间。

S_t：远期合约标的资产在时间 t 时的价格。

S_T：远期合约标的资产在时间 T 时的价格，在 t 时刻的价格 S_t 是未知的。

K：远期合约中的交割价格。

f：t 时刻远期合约多头的价值。

F：t 时刻的远期合约价格。

r：无风险利率。

变量 T 和 t 是从合约生效之前的某个日期(具体是什么时间无关紧要)开始计算的，以年为单位。在我们现在的分析中，感兴趣的变量当然是 $T-t$，它代表远期合约中，以年为单位表示的剩余时间。

这里我们要区分远期价格 F 和远期合约的价值 f，两者是完全不同的概念。任何时刻的远期价格都是使得合约价值为零的交割价格。合约开始生效时，一般设定交割价格 K 等于远期价格，所以，$F=K$ 且 $f=0$。对于同一个远期合约来讲，随着时间的推移，交割价格 K 是不变的，而 f 和 F 都在变化。

3. 连续复利

在计算衍生资产的价格时，一般都采用连续复利的利率。因此，在本章中，除非特别说明，所使用的利率均以连续复利来计算。在期权以及其他复杂衍生资产定价时，连续复利得到广泛的应用。

我们首先给出连续复利与年复利的相互转换公式。假设 R_1 是连续复利的利率，R_2 是与之等价的每年计 m 次复利的利率，则有：

$$R_1 = m \ln\left(1 + \frac{R_2}{m}\right)$$

上式可将复利频率为每年计 m 次的利率转换为连续复利的利率，反之亦然。

证明如下。

假设本金 A 以年利率 R 投资了 n 年。如果利率按每年计 m 次复利计算，则以上投资的终值为

$$A\left(1 + \frac{R}{m}\right)^{mn}$$

当 m 趋于无穷大时，就称为连续复利。在连续复利情况下，本金 A 以利率 R 投资了 n 年后，将达到：

$$\lim_{m \to \infty} A\left(1 + \frac{R}{m}\right)^{mn} = Ae^{Rn}$$

将以上的推导公式用式子可以表示为

$$Ae^{R_1 n} = A\left(1 + \frac{R_2}{m}\right)^{mn}$$

两边取自然对数后，就得到 $R_1 = m \ln\left(1 + \frac{R_2}{m}\right)$。

4. 即期利率和远期利率

n 年即期利率是指从当前开始计算并持续 n 年期限的投资的利率。这里的投资应该是中间没有支付的"纯粹"的 n 年投资。这意味着所有的利息和本金在 n 年年末支付给投资者。N 年即期利率也就是 n 年零息票收益率。由定义可知，该收益率正好是不付息票债券的收益率。

远期利率是指由当前即期利率隐含的将来时刻的一定期限的利率。假定 T^* 年期的即期利率为 r^*，且 $T^* > T$，则 $T^* > T$ 期间的远期利率为

$$\hat{r} = \frac{r^* T^* - rT}{T^* - T}$$

证明如下：

$$e^{rT} \times e^{\hat{r}(T^* - T)} = e^{r^* T^*}$$

所以，$rT + \hat{r}(T^* - T) = r^* T^*$

求出 $\hat{r}$，即得 $\hat{r} = \frac{r^* T^* - rT}{T^* - T}$。

3.6.2　无收益资产的远期合约

最简单的远期合约是基于不支付收益资产的远期合约，因而也是最容易定价的。例如，不付红利的股票和贴现债券等。

由于不存在套利机会，对于无收益资产而言，该资产远期价格 F 与现价 S 之间的关系可表示为

$$F = Se^{r(T-t)} \tag{3-1}$$

下面我们来证明以上关系式。

不妨假设 $F > Se^{r(T-r)}$。此时就会出现无风险的套利机会。因为投资者可以无风险利率 r 借入 S 美元用来购买该资产，期限为 $T-t$，同时卖出该资产的远期合约(即持有远期合约空头)。到时刻 T，按合约中约定的价格 F 买入资产，同时归还借款本息 $Se^{r(T-t)}$，投资者就实现了 $F - Se^{r(T-t)}$ 的利润。市场上众多套利行为的共同结果导致标的资产的即期价格 S 上升，远期价格 F 下降，使 F 与 $Se^{r(T-t)}$ 的差距逐步缩小，直至为 0，套利机会迅速消失。

再假设 $F < Se^{r(T-r)}$。投资者可以卖空标的资产，将所得收入 S 以年利率 r 进行投资，期限为 $T-t$，同时购买该资产的远期合约(即持有远期合约多头)。在时刻 T，投资者按合约中约定的价格 F 购买资产，冲抵原来的空头头寸，同时投资本息所得为 $Se^{r(T-t)}$，实现的利润为 $Se^{r(T-t)} - F$。同样道理，这在均衡市场上也是不会出现的。因此远期均衡价格只能是 $F = Se^{r(T-t)}$。

为给出严格的证明，分析远期合约多头的价值 f 与远期合约的交割价格 K 之间的关系，考虑如下两个资产组合。

组合 A：一个价值为 f 的远期合约多头加上一笔数额为 $Ke^{-r(T-t)}$ 的现金。

组合 B：一单位标的资产。

在组合 A 中，假设现金以无风险利率投资，则到时刻 T 时，现金数额正好等于 K。在远期合约到期时，这笔钱正好可用来购买该标的资产，在时刻 T，两个组合都将包含一单位的标的资产，可以知道，在时刻 t 时，两个组合的价值也应该相等，否则，投资者就可以通过购买相对便宜的组合，出售相对昂贵的组合来获得无风险利润。因此，有结果：

$$f + Ke^{-r(T-t)} = S$$

整理后，远期合约的价值为

$$f = S - Ke^{-r(T-t)} \tag{3-2}$$

根据远期价格的定义，当一个新的远期合约生效时，远期价格等于合约规定的交割价格，且使该合约本身的值为 0。因此，远期价格 F 就是公式 $f = S - Ke^{-r(T-t)}$ 中令 $f=0$ 的 K 值，因此，$F = Se^{r(T-t)}$。

编制远期合约的价值和价格所用的 Python 语言函数如下：

```python
##远期合约的价值
##S 代表标的资产价格
##K 代表交割价格
##rf 代表无风险利率
##time 代表权利期间
def yqvalue(S,K,rf,time):
  f=S-K*exp(-rf*time)
  return f
##远期合约的价格
def yqprice(S,K,rf,time):
  F=S*exp(rf*time)
  return F
```

例：考虑一个 6 个月的远期多头情况，标的资产是 1 年期贴现债券，远期的交割价格为 950 元。假设 6 个月期的无风险利率(连续复利)为 6%，债券的现价为 930 元，试求远期的价值及当合约生效时远期的价格。

解：根据题意，

根据式(3-1)、式(3-2)，该远期合约多头的远期价值 f 和价格 F 分别为

$$f = S - Ke^{-r(T-t)} = 930 - 950 \times \exp(-0.5 \times 0.06) \approx 8.076743\,(元)$$

$$F = Se^{r(T-t)} = 930 \times \exp(0.5 \times 0.06) = 958.3227\,(元)$$

Python 语言函数调用如下：

```
from numpy import *
S=930;K=950;rf=0.06;time=0.5
res1=yqvalue(S,K,rf,time)
print "res1=",res1
```

得到如下结果：

```
res1= 8.07674312892
res2=yqprice(S,K,rf,time)
print "res2=",res2
```

得到如下结果：

```
res2= 958.322716577
```

3.6.3　支付已知现金收益资产的远期合约

现在我们考虑另一种远期合约，该远期合约的标的资产将为持有者提供可完全预测的现金收益。例如，有固定利息的付息债券和固定股利的优先股。

设 I 为远期合约有效期间所得收益(债券利息和固定红利等)的现值，贴现率为无风险利率，则在不存在套利机会的条件下，该资产远期价格 F 与现价 S 之间的关系可表示为

$$F = (S - I)e^{r(T-t)} \tag{3-3}$$

简略证明方法同无收益资产的远期合约。

组合 A：一个价值为 f 的远期合约多头加上一笔数额为 $Ke^{-r(T-t)}$ 的现金。

组合 B：价值为 S 的单位标的资产加上以无风险利率 r 借入期限为 $T-t$、数额为 I 的金额。

由于资产的收益可以用来偿还借款，因此在时刻 T，组合 B 与一单位的资产具有相同的价值。组合 A 在时刻 T 也具有同样的价值。因此，在时刻 t，这两个组合应具有相同的价值，即：

$$f + Ke^{-r(T-t)} = S - I$$

或者

$$f = S - I - Ke^{-r(T-t)}$$

远期价格 F 就是上式令 $f=0$ 的 K 值。

编制远期合约的价值和价格所用的 Python 语言函数如下：

```
##已知现金流收益的现值
def pv_div(div,time,r):
```

```
    s=div*exp(-r*time)
    s1=sum(s)
    return s1
##远期价值
def yqivalue(div,time,r,S,K,rf,time1):
    I=pv_div(div,time,r)
    f=S-I-K*exp(-rf*time1)
    return f
##远期价格
def yqiprice(div,time,r,S,rf,time1):
    I=pv_div(div,time,r)
    F=(S-I)*exp(rf*time1)
    return F
```

例： 考虑一种 5 年期债券，价格为 900 元，假设这种债券的一年期远期合约的交割价格为 910 元，在 6 个月和 12 个月后预计都将收到 60 元的利息，且第二次付息日正好在远期合约交割日之前。已知 6 个月和 12 个月的无风险利率分别是 9%和 10%，试求该远期合约的价值和价格。

解： 根据已知条件，这里 S=900，K=910，

$$A(t,T) = \exp\left[\frac{(B(t,T) - T + t)(a^2 b - \sigma^2 / 2)}{a^2} - \frac{\sigma^2 B(t,T)^2}{4a} \right]$$

$$\times B(t,T) = T - t, A(t,T) = \exp\left[\frac{\sigma^2 (T-t)^3}{6} \right]$$

$$r=0.1,\quad T-t=1$$

可以先算出该债券已知现金收益的现值：

$$I = 60 \times e^{-9\% \times 0.5} + 60 \times e^{-10\% \times 1} \ (\text{元})$$

根据 $f = S - I - Ke^{-r(T-t)}$，可算出该远期合约多头的价值为

$$f = S - I - Ke^{-r(T-t)} = 900 - I - 910 \times e^{-10\% \times 1} \ (\text{元})$$

远期合约多头的价格为

$$F = (S-I)e^{r(T-t)} = (900 - I) \times e^{0.1 \times 1}$$

Python 语言函数调用如下：

```
import pandas as pd
from numpy import *
S=900;K=910;rf=0.10;time1=1.0
r= pd.Series([0.09,0.10])
time= pd.Series([0.5,1.0])
div= pd.Series([60,60])

res1=yqivalue(div,time,r,S,K,rf,time1)
print "res1=",res1
res1= -35.0521444049
res2=yqiprice(div,time,r,S,rf,time1)
print "res2=",res2
res2= 871.261389388
```

3.6.4　提供已知红利收益率资产的远期合约

红利收益率(q)表示在一段时期内，按资产价格百分比计算的收益。

为确定远期合约的价值，在分析无收益资产的远期合约时所举的例子中的组合 B 可以

做如下变更。

组合 B：$e^{-q(T-t)}$ 单位的资产，并且所有的收入都再投资于该资产。

组合 B 中拥有资产的数量随着获得红利的增加而不断增长，因此，到时刻 T 时，正好拥有一个单位的该资产。在时刻 T 时，组合 A 和组合 B 价值相等，在时刻 t 两者也相等，可得：

$$f + Ke^{-r(T-t)} = Se^{-q(T-t)}$$

或者

$$f = Se^{-q(T-t)} - Ke^{-r(T-t)}$$

远期价格 F 就是使 f=0 的 K 值，即

$$F = Se^{(r-q)(T-t)} \tag{3-4}$$

如果在远期合约有效期间红利收益率是变化的，$F = Se^{(r-q)(T-t)}$ 仍然是正确的，此时 q 等于平均红利收益率。

编制远期合约的价值和价格 R 的 Python 语言函数如下：

```
##支付红利收益率的远期价值
def yqqvalue(S,K,r,q,time):
  f=S*exp(-q*time)-K*exp(-r*time)
  return f
##支付红利收益率的远期价格
def yqqprice(S,r,q,time):
  F=S*exp((r-q)*time)
  return F
```

例：考虑一个 6 个月的远期合约，标的资产提供年利率 q 为 4%的连续红利收益率。设无风险年利率(连续复利)为 10%，股价为 25 元，交割价格为 27 元，求该远期合约多头的价值及远期价格。

解：这里 S=25，K=27，r=0.1，q=0.04，$T-t$=0.5。

因此，远期合约价值为

$$f = Se^{-q(T-t)} - Ke^{-r(T-t)} = 25e^{-0.04 \times 0.5} - 27e^{-0.10 \times 0.5} \ (\text{元})$$

远期价格为

$$F = Se^{(r-q)(T-t)} = 25e^{(0.10-0.04) \times 0.5} \ (\text{元})$$

Pyhton 语言函数调用如下：

```
from numpy import *
S=25;K=27;r=0.1;q=0.04;time=0.5
res1=yqqvalue(S,K,r,q,time)
print "res1=",res1
res1= -1.17822762885
res2=yqqprice(S,r,q,time)
print "res2=",res2
res2= 25.7613633488
```

3.6.5 一般结论

远期合约在签署时，协议的交割价格即为当期远期价格，因此其初始价值为 0。随着时间的推移，远期合约的价值会变为正值或负值。以下根据远期合约中的交割价格 K 与当前的远期价格 F，给出时刻 t 一般远期合约多头的价值 f 的表达式。对所有的远期合约，下式

都是正确的：

$$f = (F - K)e^{-r(T-t)}$$

3.6.6　远期合约的价格与价值的进一步说明

远期合约的定价问题就是要计算远期价格。远期价格如果定得过高，则对空方有利；远期价格如果定得过低，则对多方有利。那么，远期价格究竟如何确定呢？

由于远期合约在合约订立之初，合约双方一般没有现金流交换，因此，远期价格的订立原则是：远期价格应使得合约订立之初，合约双方的价值度为 0。这一方法称为无套利定价。

远期价格的一般公式：$F = S_0(1+r)^T + PV(持有成本) - PV(持有收益)$

金属或农产品的远期一般有持有成本，金融产品的远期一般没有持有成本。

金融产品的远期通常有持有收益，如利息、股息等，称为货币性收益。

金属或农产品的远期通常没有货币性收益，其持有收益称为非货币性收益。

非货币性收益主要是指便利性收益。如持有标的资产(母鸡)比持有远期(母鸡)更方便。如来了客户，可用母鸡招待客人，但母鸡远期不能用来招待客人。

短期美国国债通常是零息债券，没有持有成本，也没有持有收益，所有其定价公式是

$$F = S_0(1+r)^T$$

以上述老母鸡的例子来说，B 花 20 元购买小母鸡来养，一年以后交割给 A。若 B 没有跟 A 签订协议，则不用花这 20 元，这 20 元可以用来做无风险投资，获取无风险收益率的利息，这利息也是机会成本。

3.6.7　市场外远期合约

市场外远期合约是指在合约签订之时，协议上的远期价格不等于无套利定价的远期价格，即此时合约价值对双方均不等于 0。因此，合约价值为正的一方应支付费用给合约价值为负的一方。

任何资产的价值都是未来现金流的现值。因此，远期合约的价值也是未来现金流的现值。对于远期合约的多方，其未来现金流为：在 T 时刻收到标的资产 S_T，同时支付远期价格 FP。远期合约在 t 时刻对多方的价值应为其未来现金流的现值：

$$V_{\text{long}} = \frac{S_T}{(1+r)^{T-t}} - \frac{F}{(1+r)^{T-t}}$$

因在 t 时刻未知 T 时刻标的资产的价格 S_T，但从理论上来说，资产未来价格的现值即为其即期价格，即 $\frac{S_T}{(1+r)^{T-t}} = S_t$，则上式变为

$$V_{\text{long}} = S_t - \frac{F}{(1+r)^{T-t}}$$

根据远期价值公式，在合约订立之初 $t=0$，多方的价值为

$$V_{\text{long}} = S_0 - \frac{F}{(1+r)^T}$$

思 考 题

1. 一个投资者进入一个远期合约的空头头寸，在该合约中投资者能够以 1.90 的汇率(美元/英镑)卖出 1 000 000 英镑。当远期合约到期时的汇率分别为 1.89 和 1.92 时，投资者的损益分别为多少?

2. 假设一种无红利支付的股票目前的市价为 20 元，无风险连续复利年利率为 10%，求该股票 3 个月的远期价格。如果 3 个月后该股票的市价为 15 元，求这份交易数量为 100 单位的远期合约多头方的价值。

3. 假设一种无红利支付的股票目前的市价为 20 元，无风险连续复利年利率为 10%，市场上该股票的 3 个月远期价格为 23 元，请问应如何进行套利?

第 4 章　期货合约及其 Python 应用

本章精粹

本章的内容包括：期货合约概念及其要素；期货交易制度；期货合约的类型；期货合约定价及 Python 应用。

4.1　期货合约的概念及其要素

期货合约是买方和卖方的一个协议，双方同意在未来的某一时期以事先商定的价格买入或卖出一定数量某种商品或金融资产。双方同意的价格叫作期货价格。交货日期叫作交割日期。买卖双方必须承担合约规定的条件和买卖的义务，如不能履约，即以违约论处。

简单地说，期货合约就是一个标准化的订货合同。

例如，你在上午 10 点打电话订购一份盒饭，饭店同意 12 点给你送去，收你 10 元。这就是一个期货合约。它涉及五个要素：未来交易时间：12 点；买方和卖方：你和饭店；标的资产：盒饭；价格：10 元；数量：1 份。

下面对这个期货合约的四个要素进行简单解释。

标的资产：盒饭，合约中用于交易的资产，或叫基础资产。

交割价格：10 元，合约中规定的未来买卖标的资产的价格。如果信息是对称的，合约双方对未来的预期相同，则合约的价值等于 0。合约价值为 0 的交割价格称为远期价格(无须成本)，一般，期货价格是跟标的资产的现货价格相连的理论价格，它与合约中的交割价格并不相等。随着时间的推移，理论价格有可能改变，而合约实际价格(交割价格)不变，因此合约价值不为 0。其大小取决于标的资产价格的具体情况。

标的数量：1 份。

买方和卖方：合约中规定在未来买入标的资产的一方称为买方(多头)，合约中规定在未来卖出标的资产的一方称为卖方(空头)。

未来交易时间：12 点，在到期时间交割，空头持有者交付标的资产给多头持有者，多头持有者支付等于交割价格的现金。

远期与期货的主要区别：期货是标准化的，没有违约风险，有保证金要求和盯市制度，受政府监督多；远期是非标准化的。期货在交易所交易；而远期在场外交易，有违约风险，无保证金要求和盯市制度，受政府监督少。

通常只有大机构才能进行远期合约交易，如政府、中央银行、投资银行、商业银行、大企业等。

4.2　期货交易制度

4.2.1　期货交易的结算所

在每一个期货交易所中，期货合约都是标准化了的，而且交易所都有自己的结算所。这两个条件保证了二级市场期货交易的进行。在场外交易市场中，由于合约不是标准化的，而且没有结算所，因此期货的二手交易无法进行。

结算所的主要功能是：结算合约，保证合约的履行。结算所在买卖方中充当中介，对于每个买者来说，它是卖方，对于每个卖者来说，它是买方。买卖双方下达各自的指令可以被看作是和结算所进行交易。尽管买卖双方互不认识，互不了解，但在这种情况下也不必担心有违约的风险，因而期货的二手交易能够得以顺利进行。

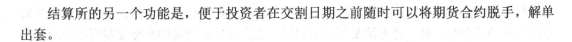

结算所的另一个功能是，便于投资者在交割日期之前随时可以将期货合约脱手，解单出套。

4.2.2　期货交易的保证金

在期货市场内，投资者第一次进行交易时，交易所的结算所规定投资者必须存入少量资金，叫作初始交易保证金，其数额由结算所规定，国际上一般为 3%～8%，我国是 5%。交易所除了初始保证金外，还有最低保证金的要求，这是为保证合约的履行而规定投资者账户中必须维持的保证金的最低数额。

期货保证金与证券的保证金不同，股票的保证金是投资者的自有资金占其全部股票价格的比例，其余资金是借来的，其目的是为借款做担保。期货保证金是一种信用保证，保证在投资者出现亏损时不会给经纪公司或结算所造成损失。保证金率一般是 5%～10%。

4.2.3　逐日盯市制度

期货交易中一方的盈利必然来源于另一方的亏损。当亏损方在交易所保证金账户中的资金不能承担其亏损时，交易所作为成交合约的担保者，必须代为承担这部分亏损，以保证盈利者能及时得到全部盈利，这样，亏损方便向交易所拖欠了债务，为了防止这种负债现象的发生，我国采用逐日盯市制度，即每日无负债结算制度。

4.2.4　市场结构

美国主要的期货交易所有 12 个。大约有 80 种不同商品或金融资产的期货合约在这些交易所中交易。

芝加哥期货交易所是世界上最大的期货交易所，其次是芝加哥商品交易所。

与证券交易所一样，期货交易所也采用会员制，只有交易所的会员公司才可以进行期货交易。

我国的期货交易所有 4 个，分别是：中国金融期货交易所(上海)、郑州商品交易所、大连商品交易所、上海期货交易所(主要做有色金属和橡胶等交易)。

4.3　期货合约的类型

期货合约主要有商品期货和金融期货，下面分别介绍。

4.3.1　商品期货合约

期货合约的期限常常有 3 个月、6 个月、9 个月和 12 个月。到了交割月份期货合约停止交易，实行结算；商品资产实现交割(就是期货合同到期了，要按合同规定履行职责，卖出方要交出货来，买方要付出全部货款的行为，即钱货两清，买方付钱，卖方付货。期货开仓就是签订买卖合约，交割(平仓)就是兑现(执行)买卖合约。就是期货变现货了，合约到期了，你把钱补齐，给对方，对方给货。交割期货合约有两种方法，一是在交割日期前用

金融工程及其 Python 应用

同样数量的合约进行补偿：原合约的买主卖掉同样数量的同种期货合约；卖主买进同样数量的同种期货合约。另一种方法是等到交割日，买卖双方按既定的价格交割商品资产。表4-1 给出了国外几种有代表性的期货合约的具体内容。

表 4-1 国外几种有代表性的期货合约的具体内容

期货名称	合约月份	交易时间(美国东部时间)	交易规格	最小价格变动	每日涨跌限制	交易所
小麦	3,5,7,9,12	10:30am～2:15pm	5000蒲式耳/手	0.25 美分/蒲式耳，即12.5 美元	20 美分/蒲式耳，即1000 美元	芝加哥交易委员会 CBT
11 号糖(国际糖)	1,3,5,7,10	10:00am～1:45pm	112 000 磅/手	0.25 美分/磅，即11.2 美元	0.50 美分/磅，即560 美元	咖啡、糖盒可可交易所 CSCE
原油	所有月份	9:45am～3:10pm	1000 桶/手(42 000 加仑)	1 美分/桶(10 美元)	1 美元/桶(1000 美元)	纽约商品交易所

表 4-2 给出了国内几种有代表性的期货合约的具体内容。

表 4-2 国内几种有代表性的期货合约的具体内容

期货名称	合约月份	交易时间	交易单位	最小价格变动	每日涨跌限制	交易所
铝	1～12	9:00～11:30am 1:30～3:00pm	5 吨/手	10 元/吨	不超过上一交易日结算价的 3% 上下	上海期货交易所
小麦	1,3,5,7,9,11	9:00～11:30am 1:30～3:00pm	10 吨/手	1 元/吨	不超过上一交易日结算价的 3% 上下	郑州期货交易所
黄大豆	1,3,5,7,9,11	9:00～11:30am 1:30～3:00pm	10 吨/手	1 元/吨	不超过上一交易日结算价的 3% 上下	大连期货交易所

表 4-3 是上海期货交易所商品期货的黄金期货标准合约。

表 4-3 上海期货交易所黄金期货交易

交易品种	黄金
交易单位	1000 克/手
报价单位	元(人民币)/克
最小变动价位	0.01 元/克
每日价格最大波动限制	不超过上一交易日结算价 ±5%
合约交割月份	1～12 月
交易时间	上午 9:00～11:30 下午 1:30～3:00
最后交割日	合约交割月份的 15 日(遇法定日顺延)
交割等级	金含量小于 99.95%的国产金锭及交易所认可的伦敦金银市场协会(LBMA)认定的合格供货商或精炼厂生产的标准金锭

交割地点	交易所指定交割金库
交易保证金	合约价值的 5%
交割方式	实物交割
交易代码	AU
上市交易所	上海期货交易所

4.3.2　金融期货合约

除了上面所述的商品期货外,还有金融期货,如利率期货、股指期货和外汇期货等。

与商品期货合约类似,金融期货也是买卖双方的一个协议,同意在未来的某一时间、按事先商定的价格买入或卖出某种金融资产,如政府长期公债、短期公债、银行大额存单等。

最常见的利率期货如 CBT(芝加哥交易委员会)的政府长期公债和 CME(芝加哥商品交易所)的短期公债。利率期货是标准化、规范化了的期货合约,如 CBT 的常见长期公债期货合约以面息 8%、面值 100 000 美元的美国联邦政府长期债券交割。合约规定的交割月份为 3月、6月、9月和 12月,交割日可以是交割月份的任何一天,由卖方决定,一般在交割月份的倒数第 8 天交易所就停止对这一期货合约的交易。

股指期货交易始于 1982 年,主要的股指期货有 S&P500 指数期货,S&P500 股票指数是根据美国 500 家公司股票的市场价格加权平均得到的一个价格指数。指数期货的合约也都是标准化、规范化了的合约。S&P500 指数期货有四个到期月份:3月、6月、9月和 12月。它不要求也无法进行具体的交割,而是用现金结算,合约的面值为 500 美元乘以指数即股指期货的价格。

部分金融期货如表 4-4 所示。

表 4-4　国内外几种有代表性金融期货合约的具体内容

期货名称	合约月份	交易时间(美国东部时间)	交易规格	最小价格变动	每日涨跌限制	交易所
长期公债 T-Bond	3,6,9,12 月	7:00am~10:30pm 8:20am~3:00pm	100 000 美元	1/32 美分 31.25 美元	96/32 美分 3000 美元	芝加哥交易委员会 CBT
S&P 股票指数	3,6,9,12 月	9:30am~4:15pm	500 美元×指数	25 美元/0.05 500 美元	前 3 分钟上下限制为 5 点;强 30 分钟限制下降 12 点;任何 1 小时限制下降 20 点;任何方向总限制 30 点	芝加哥商品交易所的指数和期权分部
沪深 300 股指期货	见有关条款					中国金融期货交易所(上海)

期货交易是以小博大，如 S&P500 股票指数期货的交易保证金 22 050 美元(一般是期货价格的 5%～10%)。如某日收盘时该指数是 449.22 点，则当天一张期货合约的价格为 500×449.22=224 610。这里保证金仅为 9.8%(22 050=224 610×9.8%)，可见是以小博大。

表 4-5 是金融期货的外汇期货标准合约。

表 4-5　外汇期货标准合约

交易单位	62 500 英镑
最小变动价位	0.0002 英镑(每张合约最小价格变动 12.50 英镑)
合约月份	1、3、4、6、7、9、10、12 和现货月份
交易时间	上午 7:20～下午 2:0(芝加哥时间)，到期合约最后交易日交易截止时间为上午 9:16，市场在假日或假日之前将提前收盘，具体细节与交易所联系
交割日期	合约月份的第三个星期三
交易场所	芝加哥商业交易所(CME)

外汇期货合约也是标准化了的合约。它表示买卖双方承担在未来一定时间内以既定的汇率交换两种货币的义务。外汇期货有 9 个到期月份：1 月、3 月、4 月、6 月、7 月、9 月、10 月、12 月和当月。交割日一般是在交割月的第三个星期三，而到期的期货合约的交易应在交割日的 2 天前停止。

4.4　期货合约定价及其 Python 应用

4.4.1　期货合约价格实例

期货合约价格的一般公式为

$$FP = S_0(1+r_f)^T + PV(\text{持有成本}) - PV(\text{持有收益})$$

我们通过与远期合约类似的例子来解释上述公式。例如，A 想在一年后要一只老母鸡，为了规避老母鸡的价格风险，A 与 B 签订了一份老母鸡的期货合约，约定一年后 A 支付给 B 一笔钱(期货价格)，B 支付给 A 一只老母鸡。现在的问题是，老母鸡的期货价格应该定为多少？我们从 B 的角度考虑，B 愿意一年后以多少钱把老母鸡卖给 A？假设 B 现在买了一只小母鸡回来养，打算一年后，小母鸡就能变成老母鸡，可以卖给 A。小母鸡的现货价格为每只 20 元，那么是否养一年后也以 20 元把老母鸡卖给 A？大家会说，当然不可能了，因为一年内，鸡有养殖成本(鸡的食宿费用、疫苗费用等)，假设为 10 元，那么这 10 元的持有成本当然应向 A 索取，即老母鸡的期货价格应该定为 30 元。同样，持有小母鸡可能会有收益，假如小母鸡一年内生了 10 只鸡蛋，卖了 3 元钱，那么这 3 元的持有收益应在期货价格中扣除，即老母鸡的期货价格应定为 27 元。

金属或农产品的期货一般有持有成本，金融产品的期货一般没有持有成本。

金融产品的期货通常有持有收益，如利息、股息等，称为货币性收益。

金属或农产品的期货通常没有货币性收益，其持有收益称为非货币性收益。

非货币性收益主要是指便利性收益。如持有标的资产(母鸡)比持有期货(母鸡)更方便。

如来了客户，可用母鸡招待客人，但母鸡期货不能用来招待客人。

短期美国国债通常是零息债券，没有持有成本，也没有持有收益，所以其定价公式是

$$FP = S_0(1+r_f)^T$$

以上述老母鸡的例子来说，B 花 20 元购买小母鸡来养，一年以后交割给 A。若 B 没有跟 A 签订协议，则不用花这 20 元，这 20 元可以用来做无风险投资，获取无风险收益率的利息，这利息也是机会成本。

4.4.2 金融期货合约定价

金融期货是协议双方约定在将来某个交易日按照约定的条件(包括价格、交割地点、交割方式)买入或者卖出一定标准数量某种金融资产的协议。按照标的资产来划分，金融期货又可分为外汇期货、股指期货和利率期货等。

1. 外汇期货定价

外汇期货是以汇率为标的资产的期货。我们用 S 表示以美元表示的 1 单位外汇的即期价格，K 表示期货的交割价格，r 表示本国利率，r_f 表示外汇的无风险利率(外汇投资者能够获得货币发行国的无风险利率)，则外汇期货的价值和价格可通过构造两个组合给出。

组合 A：一个价值为 f 的期货合约多头加上一笔数额为 $Ke^{-r(T-t)}$ 的现金。

组合 B：一笔金额为 $e^{r_f(T-t)}$ 的外汇。

上述两个组合在到期日 T 都将等于 1 单位的外汇，所以在任意时刻 t，两者的价值应该相等：$f + Ke^{-r(T-t)} = Se^{r_f(T-t)}$，因此：$f = Se^{r_f(T-t)} - Ke^{-r(T-t)}$。

期货的价格 F 就是使得上式中 $f=0$ 的 K 值，因而有

$$F = Se^{(r-r_f)(T-t)}$$

编制求外汇期货合约的价值和价格使用的 Python 函数如下：

```
##外汇期货合约的价值
def whqhvalue(S,r,K,rf,time):
  f=S*exp(-rf*time)-K*exp(-r*time)
  return f
##外汇期货合约的价格
def whqhprice(S,r,rf,time):
  F=S*exp((r-rf)*time)
  return F
```

例：考虑一外汇期货合约，其标的资产价格是 100 元，交割价格是 99 元，本国无风险年利率是 10%，外汇的无风险年利率是 0.2%，到期时间是 6 个月，求该外汇期货合约的价值及价格。

解：这里 $S=100$，$K=99$，$r=0.1$，$r_f=0.002$，$T-t=0.5$。

$$f = Se^{-r_f(T-t)} - Ke^{-r(T-t)} = 100e^{-0.002 \times 0.5} - 99e^{-0.10 \times 0.5} (元)$$

其价格为

$$F = Se^{(r-r_f)(T-t)} = 25e^{(0.1-0.002) \times 0.5} (元)$$

函数调用如下：

```
S=100;K=99;r=0.1;rf=0.002;time=0.5
res1=whqhvalue(S,r,K,rf,time)
print "res1=",res1
res1= 5.72833695777
res2=whqhprice(S,r,rf,time)
print "res2=",res2
res2= 105.022035074
```

2. 股指期货定价

股指期货是以某种股票价格指数为标的资产的期货合约。股票价格指数可以看成是支付已知红利率的证券(这里证券是构成指数的股票组合),证券所付红利率就是该组合持有者所得到的红利率。假设红利率是连续支付的,则股指期货的价格为

$$F = Se^{(r-q)(T-t)}$$

这里,F 为股指期货的价格,S 为指数现值,q 为已知红利率,r 为无风险利率,$T-t$ 为股指期货期间。

```
##股指期货合约的价格
def gzqhprice(S,r,q,time):
  F=S*exp((r-q)*time)
  return F
```

例：考虑一个 3 个月期的股指期货。假设用来计算指数的股票的红利率为每年 3%,指数现值是 400,连续复利的无风险利率是每年 8%,试计算股指期货的理论价格。

解：这里 $S=400$,$q=0.03$,$r=0.08$,$T-t=3/12=0.25$,因此:

$$F = Se^{(r-q)(T-t)} = 400 \times e^{0.05 \times 0.25}$$

函数调用如下:

```
S=400;r=0.08;q=0.03;time=0.25
res=gzqhprice(S,r,q,time)
print "res=",res
res= 405.031380616
```

3. 利率期货定价

利率期货是依赖于利率水平变化的期货合约。最普遍的利率期货有中长期国债期货、短期国债期货和欧洲美元期货。考虑到欧洲美元期货定价与短期国债期货定价类似,所以这里仅讨论前两者。

(1) 中长期国债期货定价。中长期国债期货的标的资产是中长期国债。中长期国债期货可以看成是其标的资产支付已知现金收益的期货,故中长期国债期货的价格为

$$F = (S-I)e^{r(T-t)}$$

编制求中长期国债期货的价格使用的 Python 语言函数如下:

```
##中长期国债期货定价
def zcqzqh(S,I,r,time):
  F=(S-I)*exp(r*time)
  return F
```

例：考虑一个中长期国债期货,标的资产价格是 121.98 元,期货在有效期内的利息现

值是 5.803 元，无风险利率是 10%，距离到期日时间是 2 年，试求该期货的价格。

解：这里 S=121.98，I=5.803，r=0.1，$T−t$=2，因此

$$F = (S - I)e^{r(T-t)} = (121.98 - 5.803)e^{0.1 \times 2}$$

Python 函数调用如下：

```
S=121.98;I=5.803;r=0.1;time=2
res=zcqzqh(S,I,r,time)
print "res=",res
res= 141.898908235
```

(2) 短期国债期货定价。短期国债期货是以短期国债作为标的资产的期货。短期国债也称为贴现债券，在其存在期间一般不支付利息，在到期日投资者收到债券的面值。短期国债期货涉及的概念较多，例如即期利率、远期利率等，但这些不是我们讨论的重点，我们关心的仅是短期国债期货的定价问题。假定现在是 0 时刻，期货的到期期限是 T 年，作为标的资产的短期国债的面值是 V，到期期限为 T' (T' 与 T 之间相差 90 天)，无风险连续复利率分别为 r 和 r'。根据上述假设，短期国债面值 V 的现值是

$$V' = Ve^{-rT'}$$

短期国债不支付利息，所以 $F = Se^{r(T-t)}$，该短期国债期货的价格为

$$F = Ve^{-rT'}e^{rT} = Ve^{rT-rT'}$$

若定义

$$\hat{r} = \frac{r'T' - rT}{T' - T} \text{(这里的 } \hat{r} \text{ 为远期利率)}$$

则有

$$F = Ve^{-rT'}e^{rT} = Ve^{\hat{r}(T'-T)}$$

编制求短期国债期货的价格使用的 Python 语言函数如下：

```
##短期国债期货合约的价格
def dqgzqhprice(V,r1,r2,t1,t2):
  r=(r2*t2-r1*t1)/(t2-t1)
  F=V*exp(-r*(t2-t1)/365)
  return F
```

例：假设 140 天期的年利率是 8%，230 天期年利率是 8.25%，两者都使用连续复利，试求 140 天期、面值是 100 元的短期国债期货的价格。

解：这里 $T' = 230$，$r' = 0.0825$，$T = 140$，$r = 0.08$，$V = 100$，因此：

$$\hat{r} = \frac{r'T' - rT}{T' - T} = \frac{0.0825 \times 230 - 0.08 \times 140}{230 - 140}$$

$$F = Ve^{\hat{r}(T'-T)} = 100e^{\hat{r}[(230-140)/365]}$$

Python 语言函数调用如下：

```
t2=230;t1=140;r2=0.0825;r1=0.08;V=100
res=dqgzqhprice(V,r1,r2,t1,t2)
print "res=",res
res= 97.8923901948
```

思 考 题

1. 考虑一外汇期货合约，其标的资产价格是 100 元，交割价格是 96 元，本国无风险年利率是 8%，外汇的无风险年利率是 0.5%，到期时间是 6 个月，求该外汇期货合约的价值及价格。

2. 考虑一个 3 个月期的股指期货。假设用来计算指数的股票的红利率为每年 4%，指数现值是 500，连续复利的无风险利率是每年 10%，试计算股指期货的价格。

第 5 章　期货套期保值及其 Python 应用

本章精粹

本章的内容包括：商品期货的套期保值；金融期货的套期保值；期货合约的套期保值计算方法；最优套期保值策略的 Python 应用。

5.1 商品期货的套期保值

套期保值就是利用远期、期货、期权、互换等金融衍生品的头寸对冲现货头寸来避免或减少风险。本章我们主要讨论期货的套期保值策略及其优化模型的计算。

期货的套期保值就是买进(或卖出)与现货数量相等但交易方向相反的期货合约，以期在未来某一时间再通过平仓获利来抵偿因现货市场价格变动带来的实际价格风险。

例如，4 月 1 日小麦现货价格为 1 蒲式耳 2 美元，同时一张 5000 蒲式耳的 6 个月的期货合约(9 月 1 日交割)的期货价格为每蒲式耳 2.5 美元；到了 7 月 1 日，小麦现货价格跌为 1.6 美元，同时期货价格为 2.1 美元。这可能是由于市场上小麦供应较多，因而现货价格和期货价格同时下跌。

在这种情况下，生产者如果在现货市场先买后卖，就可以在期货市场上先卖后买，以后者的盈利弥补前者的损失。具体说这个面粉厂在买卖小麦现货的同时，在期货市场先卖 20 张小麦期货合约(共 100 000 蒲式耳)，3 个月后再买 20 张同样的合约，如表 5-1 所示。

表 5-1　面粉厂主的盈亏(a)

现货市场	期货市场
4 月 1 日，市场单价 2.00 美元/蒲式耳 计划销售量：100 000 蒲式耳	4 月 1 日，卖出单价 2.50 美元/蒲式耳 合约数量 100 000 蒲式耳
7 月 1 日，实际销售量：100 000 蒲式耳 平均销售单价 1.60 美元/蒲式耳	7 月 1 日，买入平仓数量：100 000 蒲式耳 平仓单价 2.10 美元/蒲式耳
现货销售亏损：每蒲式耳 0.4 美元	期货平仓赢利：每蒲式耳 0.4 美元

这里，盈亏相抵，叫作完全对冲。

假如现货市场价格与面粉厂预期完全相反，比如上涨到 2.40 美元；同时期货合约上涨到 2.8 美元，那么面粉厂的盈亏就不能完全抵消。描述如表 5-2 所示。

表 5-2　面粉厂主的盈亏(b)

现货市场	期货市场
4 月 1 日，100 000 蒲式耳，市单价 2.00 美元	4 月 1 日，买 100 000 蒲式耳，单价 2.50 美元
7 月 1 日，买 100 000 蒲式耳，单价 2.40 美元	7 月 1 日，卖 100 000 蒲式耳，单价 2.80 美元
现货亏损：每蒲式耳 0.4 美元	期货赢利：每蒲式耳 0.3 美元

这里面粉厂每蒲式耳亏损 0.1 美元，叫作不完全对冲。面粉厂若预见到了期货价格的上涨而不做对冲，可以盈利每蒲式耳 0.30 美元。但实际上是很难的。不做对冲的生产者往往损失惨重。

卖对冲用来防止资产的未来现货价格下跌。对冲者出售期货合约，把价格风险转给期货合约的买主。上例中的面粉厂就是做卖对冲。相反，买对冲用来防止资产的未来现货价格上涨。对冲者购买期货合约，把价格风险转给期货合约的卖主。

基差：做对冲，要了解基差的变化。对冲的盈亏决定于现货价格和期货价格的关系。

两者之差叫作基差。即现货价格减去期货价格的差。一般，越接近期货交割的月份，现货价格与期货价格之差就越小。

基差的大小决定对冲者的盈亏。看下面的两个例子。假定 8 月 30 日小麦现货价格每蒲式耳 2.00 美元；同时 12 月到期的小麦期货价格每蒲式耳 2.10 美元(基差为-10)。到了 9 月 30 日，小麦现货价 2.10 美元，期货价格上升为 2.15 美元。现在做一个卖对冲，对冲者的盈亏描述如表 5-3 所示。

表 5-3　基差的大小决定对冲者的盈亏

现货市场	期货市场	基　差
买 100 000 蒲式耳，市场单价 2.00 美元	卖 100 000 蒲式耳，单价 2.10 美元	-10
卖 100 000 蒲式耳，单价 2.10 美元	买 100 000 蒲式耳，单价 2.15 美元	-5
盈利：每蒲式耳 0.1 美元	亏损：每蒲式耳 0.05 美元	

这里基差绝对值缩小，由-10 变到-5，对冲者获利，每蒲式耳获利 0.05 美元。再假定 9 月 30 日期货价格是 2.25 美元，那么对冲的盈亏描述如表 5-4 所示。

表 5-4　基差绝对值缩小的对冲

现货市场	期货市场	基　差
卖 100 000 蒲式耳，市场单价 2.00 美元	买 100 000 蒲式耳，单价 2.10 美元	-10
买 100 000 蒲式耳，单价 2.10 美元	卖 100 000 蒲式耳，单价 2.25 美元	-15
亏损：每蒲式耳 0.1 美元	盈利：每蒲式耳 0.15 美元	

基差绝对值扩大，由-10 到-15，对冲者亏损，每蒲式耳盈利 0.05 美元。

由此看出，级差绝对值缩小时，我们可以用**卖对冲**获取利润，而级差绝对值扩大时，我们可以用**买对冲**获取利润。人们可以根据现货价格和期货价格的记录计算出以往基差的变化，以作为对冲时的参考。

对不同交割期的期货合约的选择也会影响对冲的结果，描述如表 5-5 和 5-6 所示。

表 5-5　9 月份期货合约对冲的结果

现货市场	9 月份期货合约	基　差
买 100 000 蒲式耳，市场单价 2.00 美元	卖 100 000 蒲式耳，单价 2.10 美元	-10
卖 100 000 蒲式耳，单价 2.05 美元	买 100 000 蒲式耳，单价 2.20 美元	-15
盈利：每蒲式耳 0.05 美元	亏损：每蒲式耳 0.10 美元	

表 5-6　12 月份期货合约对冲的结果

现货市场	12 月份期货合约	基　差
买 100 000 蒲式耳，市场单价 2.00 美元	卖 100 000 蒲式耳，单价 2.20 美元	-20
卖 100 000 蒲式耳，单价 2.05 美元	买 100 000 蒲式耳，单价 2.25 美元	-20
盈利：每蒲式耳 0.05 美元	亏损：每蒲式耳 0.05 美元	

可见 9 月份做对冲不及 12 月份做对冲好，因此选择在 12 月份做对冲是正确的，这时

盈亏正好抵消。所以做对冲时一定要把握好时机，选择合适的期货合约，认真研究基差的变化规律。只有这样，才能达到降低风险的目的。

5.2　金融期货的套期保值

5.2.1　利率期货的套期保值

利率期货是指协议双方同意在约定的未来某日按约定条件买卖一定数量的某种短期信用工具的可转让标准化合约，主要包括长期国债、中期国债、国库券、政府住宅抵押证券等。债券的价值由市场利率来决定，根据标的资产的期限长短，利率期货有短期利率期货和长期利率期货。在短期利率期货中，最有代表性的是 3 个月的美国短期国库券期货；在长期利率期货中，最有代表性的是美国长期国债期货和 10 年期美国中期国债期货。

下面通过一个例子来说明利率期货的套期保值。

美国的一家投资基金公司拥有总面值为 1000 万美元的美国长期国债，在 9 月的现货市场上，该债券每 10 万美元面值的市场价格为 9.80 万美元。该公司担心今后数月内利率可能大幅调高，受此影响债券的价格可能会下跌。于是，公司决定在期货市场上做卖出套期保值交易。假定公司以每张 8.4 万美元的价格卖出 100 张 12 月债券期货合约。

正如所料，11 月由于利率上升，债券的现货价值下跌至 910 万美元。但是由于公司已在期货市场做了卖出套期保值交易，因而得以按 770 万美元的价格水平对冲掉手中的空盘，并用期货获利部分弥补了因现货市场价格下跌对本公司造成的损失。损益的结果如表 5-7 所示。

表 5-7　利率期货的交易结果(卖出套期保值的损益情况)

时　间	现货市场	期货市场
9 月	持有 1000 万美元的长期国债，市场价格 980 万美元	按总值 840 万美元卖出 10 张 12 月的长期国债期货合约
11 月	长期国债的市场价格跌至 910 万美元	按总值 770 万美元买进 10 张 12 月的长期国债期货合约
	亏损：70 万美元	获利：70 万美元

5.2.2　外汇期货的套期保值

外汇期货是指协议双方同意在未来某一时期，按照到期日外汇现货市场价格买卖一定标准数量的某种外汇的可转让标准化合约，主要有美元、英镑、日元、加拿大元等。

我们下面通过一个例子来说明外汇期货的套期保值。

一家位于美国的 A 公司向位于英国的 B 公司借款 10 000 万英镑，期限为 3 个月，借款与还款都用美元支付。B 公司考虑到 3 个月后英镑和美元汇率变化可能会给公司造成较大的损失，于是决定用买入套期保值方法进行套期保值。

在外汇现货市场，B 公司先将 10 000 万英镑兑成美元借给 A 公司，3 个月后 A 公司用美元还款给 B 公司，B 公司再将美元换成英镑。在外汇期货市场，B 公司在外汇期货市场买入英镑期货合约，3 个月后卖出平仓。期货合约交易的具体过程如表 5-8 所示。

表 5-8　B 公司买入套期保值的损益

时　间	现货市场	期货市场
5 月 7 日	1 英镑=1.880 美元 卖出 10 000 万英镑得到 18 800 万美元	1 英镑=1.885 美元 买入英镑期货合约 10 000 万英镑，付出 18 850 万美元
8 月 7 日	1 英镑=1.900 美元 买入 10 000 万英镑付出 19 000 万美元	1 英镑=1.906 美元 卖出英镑期货合约 10 000 万英镑，得到 19 060 万美元
	亏损：200 万美元	获利：210 万美元
结果	净利润：210-200=10 万美元	

5.2.3　股指期货的套期保值

股票指数期货是指协议双方同意在将来某一时期按约定的价格买卖股票指数的可转让标准化合约。最有代表性的是美国的标准普尔 500 股票指数，我国有沪深 300 股票指数。标准化的股票指数期货主要包括交易地点、每份合约的金额、交割月份、最后交易日、报价、每日限价、价格形式这七个内容。如标准普尔 500 股指期货的内容有——交易地点：芝加哥商品交易所；每份合约的金额为：指数*500；交割月份：3、6、9、12 月；最后交易日：最终结算价确定日的前一个工作日；报价：用标准普尔 500 指数每点价值 500 美元；最小变动价位：0.05 个指数点，合 25 美元；最大价格波动不得高于或低于上一交易日结算 5 个指数点，合 2500 美元，按最终结算价进行现金交割，最终结算价由合约交割月份第三个星期五的标准普尔股指构成的股票市场的开盘价决定。

股票市场上存在系统风险和非系统风险，非系统风险可以通过建立投资组合加以分散，对于系统风险，则可以运用股指期货的套期保值功能来规避。

我们下面通过一个例子来说明股票指数期货的套期保值。

某投资基金主要在美国股市投资，9 月 2 日其收益率已经达到 17%。鉴于后市不明朗，股市下跌的可能性较大，为了将这个成绩保持到 12 月底，公司决定以 17%的收益率利用 S&P500 股票指数期货合约进行套期保值。

基金组合价值 3.5 亿美元，与 S&P500 股票指数的贝塔为 0.95。已知 9 月 2 日的 S&P500 股票指数为 1370，而 12 月到期的期货合约为 1400 点。

因此，需要卖出股指期货合约数：350 000 000×0.95/(1400×500) = 475 (份)

到了 12 月 2 日，S&P500 股票指数跌到 1233 点，而指数期货跌到 1260，均为 10%，但组合价值跌 9.5%，即损失 3.5×0.095 = 0.3325 (亿美元)。

基金经理买进 475 份指数期货合约进行平仓，获利(1400-1260)×500×475 = 0.3325 (亿美元)。

这个策略保证了组合在市场下跌时基金的价值没有损失。

期货投资者除了使用上面最常用的套期保值策略外，还有套利和投机策略。套利策略就是同时买进和卖出两张不同种类的期货合约。交易者买进自认为价格被市场低估的合约，同时卖出价格被市场高估的合约。如果价格的变动方向与当初的预测相一致，那么交易者可以从两合约价格间的关系变动中获利；反之，交易者就有损失。其收益稳定，风险相对小。这种策略有利于将扭曲的市场价格拉回到正常水平、增强市场的流动性。**投机**就是交易者根据市场动向的判断，利用市场价格的波动进行买卖，从中获得利润的交易行为。投机的目的就是获得价差利润，但是有风险。主要有长线投资者和短线投机者。投机交易增强了市场的流动性，承担了套期保值交易转移的风险。

5.3　期货合约的套期保值计算方法

套期保值可分为空头套期保值、多头套期保值、直接套期保值和交叉套期保值等。

空头套期保值就是持有空头头寸的套期保值。例如，某公司现有 3 个月后到期的价值 100 万元的大豆期货，目前的大豆价格为 2500 元/吨。公司担心在 3 个月后大豆价格会下跌到 2400 元/吨，那么，该公司就可以在期货市场上安排协议价格为 2500 元/吨的总价值 100 万元的 3 个月期期货空头头寸，即该公司在 3 个月后期货合约到期日按 2500 元/吨的价格出售这批价值 100 万元的大豆。显然，如果到期日大豆的价格低于 2500 元/吨，公司就会获利，而如果到期日大豆的价格高于 2500 元/吨，公司就会亏损。

多头套期保值就是持有多头头寸的套期保值。例如，在上例中，公司担心在 3 个月后大豆价格会上涨到 2600 元/吨，那么，该公司就可以在期货市场上安排协议价格为 2500 元/吨的总价值 100 万元的 3 个月期期货多头头寸，即该公司在 3 个月后期货合约到期日按 2500 元/吨的价格购买这批价值 100 万元的大豆。显然，如果到期日大豆的价格高于 2500 元/吨，公司就会获利，而如果到期日大豆的价格低于 2500 元/吨，公司就会亏损。

直接套期保值就是用相同的资产的期货对该资产的现货进行套期保值。

交叉套期保值就是用不同的资产的期货对某资产的现货进行套期保值。

在 5.1 节中，我们讨论的是完全对冲，而在实际操作中，这种完美对冲是很难的。现实世界中的对冲策略并不一定完美：首先，我们想要对冲的资产与交易所的期货合约中的资产并不一定完全相同，也就是当我们无法在交易所找到与手中资产完全相同的合约时，往往会利用价格波动相近的资产合约进行对冲，然而这样做会降低套期保值的有效性。其次，资产的到期日与合约的到期日难以精确匹配。资产的持有者可能不确定对冲策略的具体时限，从而难以选择合适的期货合约。对冲只能大体抵消现货市场中价格波动的风险，但不能使风险完全消失，主要原因是存在"基差"这个因素。

基差是指某一特定商品在某一特定时点的现货价格与该商品在期货市场的期货价格之差，即：

$$基差 = 现货价格 - 期货价格$$

基差可以是正数，也可以是负数。

在存在基差风险的情况下，一个公司或个人如何最大限度地对冲现货市场的价格风险呢？这与对冲的目标有关。下面介绍风险最小化对冲策略。

假定 S_1 为 t_1 时刻的现货的价格；S_2 为 t_2 时刻的现货的价格；F_1 为 t_1 时刻的期货的价格；F_2 为 t_2 时刻的期货的价格；h 为套期保值比率(即一个单位的现货资产需要的期货合约的数量)。

令 $\Delta S = S_2 - S_1$；$\Delta F = F_2 - F_1$。

对于一个空头对冲者来说，在 t_1 时刻持有现货多头(买进)和期货空头(卖出)，在 t_2 时刻出售现货资产，同时进行期货平仓。在此期间，对冲者头寸的价值变化为 $\Delta S - h\Delta F$；相反，对于一个多头对冲者来说，在此期间，对冲者头寸的价值变化为 $h\Delta F - \Delta S$。令 σ_S 代表 ΔS 的标准差，σ_F 代表 ΔF 的标准差，ρ 代表 ΔS 和 ΔF 的相关系数，则

$$\rho = \text{cov}(\Delta S, \Delta F)/(\sigma_S \sigma_F)$$

$\text{cov}(\Delta S, \Delta F)$ 是 ΔS 和 ΔF 的协方差。

若用 σ^2 表示对冲头寸价值变化的方差，则

$$\begin{aligned}
\sigma^2 &= E[(\Delta S - h\Delta F) - E(\Delta S - h\Delta F)]^2 \\
&= E[(\Delta S - E(\Delta S)) - h(\Delta F - E(\Delta F))]^2 \\
&= E[\Delta S - E(\Delta S)]^2 + h^2 E[\Delta F - E(\Delta F)]^2 - 2hE[(\Delta S - E(\Delta S))(\Delta F - E(\Delta F))] \\
&= \sigma_S^2 + h^2\sigma_F^2 - 2h\rho\sigma_S\sigma_F
\end{aligned}$$

上式中 ρ、σ_S、σ_F 是常数，因此 σ^2 是 h 的函数。

现在考虑当 h 为何值时，价格变化的方差最小？

对上式求 σ^2 关于 h 的导数，可得：

$$\frac{d\sigma^2}{dh} = 2h\sigma_F^2 - 2\rho\sigma_S\sigma_F$$

令 $\dfrac{d\sigma^2}{dh}=0$，可得：

$$h = \rho\sigma_S/\sigma_F = \text{cov}/\sigma_F^2$$

由上可见，最优对冲比率等于 ΔS 和 ΔF 之间的相关系数乘以 ΔS 的标准差与 ΔF 的标准差的比率。若 $\rho=1$，$\sigma_S = \sigma_F$，则最佳的套期保值比率为 1。若 $\rho=1$，$h = \sigma_S/\sigma_F$，则有方差 $\sigma^2=0$。也就是说，这时完全消除了价格风险，做到了完美对冲。

5.4　最优套期保值策略的 Python 应用

最优套期保值策略，就是要确定最优套期保值比。在下面的内容中，我们仅介绍直接套期保值，也就是采用同种资产的期货进行套期保值时的最优套期保值策略问题。

5.4.1　空头套期保值的利润和方差

在空头套期保值的情况下，其利润的期望值和方差的计算公式分别如下：

$$r = (S_t - S_0) - h(F_{t,T} - F_{0,T})$$
$$\sigma^2 = \sigma_S^2 + h^2\sigma_F^2 - 2h\,\text{cov}(S,F)$$

式中：r——空头套期保值情况下的投资的利润期望值；

σ^2——空头套期保值情况下的投资的方差；

h——空头套期保值情况下的套期保值比；

σ_S^2——现货价格变动的方差；

σ_F^2——期货价格变动的方差；

$\text{cov}(S,F)$——现货价格变动与期货价格变动之比的协方差。

最优空头套期保值策略就是确定最优套期保值比,使套期保值的风险(方差)最小或使利润最大。

编制 Python 语言函数如下:

```
def ktttb(svar,fvar,cov,s0,st,f0,ft):
   h=cov/fvar
   r=st-s0-h*(ft-f0)
   var=svar+h*h*fvar-2.0*h*cov
   print "最优空头套期保值比:",h
   print "套期保值的利润:",r
   return var
```

5.4.2 多头套期保值的利润和方差

在多头套期保值的情况下,其方差的计算公式与空头情况下相同,而利润的期望值计算公式如下:

$$r = (S_0 - S_t) + h(F_{t,T} - F_{0,T})$$

编制 Python 语言函数如下:

```
def dtttb(svar,fvar,cov,s0,st,f0,ft):
   h=cov/fvar
   r=s0-st+h*(ft-f0)
   print "最优多头套期保值比:",h
   print "套期保值的利润:",r
   var= svar+h*h*fvar-2.0*h*cov
   return var
```

5.4.3 计算实例

例:已知某资产在过去 20 天内的现货价格和 3 个月到期的期货价格如表 5-9 所示,现用同种资产的期货对该资产进行套期保值。

表 5-9 某资产的现货价格和期货价格

单位:元

日期	1	2	3	4	5	6	7	8	9	10
现货价格	40	39.82	40.17	40.59	40.77	40.99	40.8	40.3	40.03	40.01
期货价格	42	42.04	42.14	42.32	42.45	42.37	42.35	42.54	42.62	42.42
日期	11	12	13	14	15	16	17	18	19	20
现货价格	40.07	40.19	40.48	40.74	40.52	40.13	40.35	40.27	40.46	40.23
期货价格	42.27	42.34	42.22	42.39	42.42	42.33	42.27	42.23	42.34	42.46

以表 5-9 的数据为例,试计算多头套期保值的最优套期保值比。

解:输入现货的方差为 0.0992,期货的方差为 0.0231,它们的协方差为 0.0142,现要计算现货的期初价格为 40 元、即期价格为 40.23 元、期货期初价格为 42 元、即期价格为 42.46 元的多头套期保值的最优套期保值比,即最低风险(方差)下的套期保值比。

在本例中,$Svar=0.0992$,$Fvar=0.0231$,$cov=0.0142$,$s_0=40$,$s_t=40.23$,$f_0=42$,$f_t=42.46$。

因此，Python 语言函数调用如下：

```
svar=0.0992;fvar=0.0231;cov=0.0142;s0=40.0;st=40.23;f0=42.0;ft=42.46
res=dtttb(svar,fvar,cov,s0,st,f0,ft)
print "多头套期保值的方差：",res
```

得到如下结果：

最优空头套期保值比：0.614718614719
套期保值的利润：0.0527705627706
多头套期保值的方差：0.090470995671

思　考　题

已知某资产在过去 20 天内的现货价格和 3 个月到期的期货价格如表 5-10 所示，现用同种资产的期货对该资产进行套期保值。以表 5-10 中的数据为例，试计算空头套期保值的最优套期保值比。

表 5-10　某资产的现货价格和期货价格

日期	1	2	3	4	5	6	7	8	9	10
现货价格	40	39.82	40.17	40.59	40.77	40.99	40.8	40.3	40.03	40.01
期货价格	42	42.04	42.14	42.32	42.45	42.37	42.35	42.54	42.62	42.42
日期	11	12	13	14	15	16	17	18	19	20
现货价格	40.07	40.19	40.48	40.74	40.52	40.13	40.35	40.27	40.46	40.23
期货价格	42.27	42.34	42.22	42.39	42.42	42.33	42.27	42.23	42.34	42.46

第6章 互换合约及其 Python 应用

本章精粹

互换是比较优势理论在金融领域最生动的应用。互换可用于管理资产负债组合中的利率风险和汇率风险，可以使投资者在全球各市场之间进行套利。一方面，互换可以降低筹资者的融资成本或提高投资者的资产收益，另一方面，互换可以促进全球金融市场的一体化。另外，作为表外业务，互换可以逃避外汇管制、利率管制及税收限制等。

6.1 互换合约的起源与发展

6.1.1 互换合约的起源

互换业务起源于 20 世纪 70 年代发展起来的平行贷款或背靠背贷款。当时许多国家实行外汇管制，限制资本的自由流动，使得直接对外融通资金变得很困难，一些企业为逃避外汇管制，便采取了平行贷款或背靠背贷款的政策。

假设有这样两家跨国公司，一家本部在英国，另一家在美国。这两家公司分别在对方所在国拥有一家子公司，并且两家子公司都需要融资。最直接的解决办法是由两家母公司分别向各自的子公司提供贷款。但是，在 20 世纪 70 年代初，英国实行了外汇管制，并采取了向对外投资进行征税的办法，以惩罚资金外流，这就使母公司向各自的子公司提供贷款的方式操作起来很困难，代价很高甚至完全不可能。为了逃避外汇监管，另一种融资方式"平行贷款或背靠背贷款"就发展起来了，如图 6-1 所示。

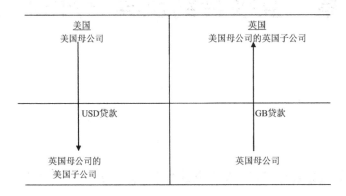

图 6-1 平行贷款或背靠背贷款的结构

平行贷款是分别由两个不同的母公司给对方设在本国境内的子公司提供相同金额的贷款。贷款一般由银行作为中介进行，两家子公司的贷款分别由其母公司提供担保。这种贷款包含两个独立的贷款协议，它们分别具有法律效力，其权利、义务不相联系，由双方直接向对方子公司提供贷款，当一方出现违约时，另一方仍不能解除履行义务。于是，为了降低违约风险，背靠背贷款应运而生。

背靠背贷款是指由两个国家的母公司相互直接提供贷款，贷款的币种不同但币值相等，并且贷款的到期日相同，双方按期支付利息，到期偿还本金的贷款形式。背靠背贷款尽管也有两笔贷款，但只签订一个贷款协议，协议中明确若一方违约，另一方有权抵消应尽的义务。这就大大降低了违约风险，向互换大大迈进了一步。

由图 6-1 可知，背靠背贷款和平行贷款具有相似的结构和现金流。二者的区别在于背靠背贷款给予协议双方在对方违约时的冲抵权，相当于为双方的贷款提供交叉担保，而平行贷款则无此类权利，也不存在任何交叉担保。

这种融资结构的主要优点在于能够避开外汇管制的限制，因为不需要跨国界转移资金。缺点是这种融资结构类似于"物物交换"，难以找到正好匹配的交易对手。要使这种贷款安排成功，必须两家公司在对方国家均有子公司，并且两家子公司均需要数额相近的资金，而且都愿意接受有关的信用风险。事实上，即使找到正好匹配的交易对手，双方也未必都能接受对方的信用风险。

幸运的是，随着各国政府和中央银行逐渐接受了浮动汇率的新环境，外汇管制得以放松并且各主要货币最终都完全取消了外汇管制。这意味着跨国公司能够更容易地向海外子公司提供贷款。但是，这并不能消除汇率风险。例如，一家向其英国子公司提供英镑贷款的美国母公司，将会收到一系列的利息支付以及最终偿付的本金，而所有这些均将为英镑款项。

这个问题在 20 世纪 80 年代初期得到了解决，这就是货币互换。虽然前面所述的背靠背贷款已经非常接近现代货币互换，但二者仍有本质区别。前者是一种借贷行为，在法律上会产生新的资产和负债(双方互为对方的债权人和债务人)；而后者则是不同货币间负债或资产的互换，是一种表外业务，并不产生新的资产与负债，因而也就不改变一个公司原有的资产负债结构。这也是互换交易之所以受到人们青睐并得以飞速发展的重要原因。

6.1.2　互换合约的发展

最著名的首次货币互换协议发生在 1981 年世界银行和国际商业机器公司(IBM)之间。当时，由于美元兑瑞士法郎、德国马克急剧升值，货币之间出现了一定的汇兑差额，世界银行为了进行负债管理，希望筹集瑞士法郎或德国马克这类绝对利率水平较低的货币，但世界银行无法通过直接发行债券来筹集德国马克和瑞士法郎，而世界银行在欧洲债券市场上信誉卓著，能够从市场上筹措到最优惠的美元借款利率；与此同时，IBM 公司则希望筹集美元资金以便同其美元资产相匹配，避免汇率风险，但由于数额较大，集中于任何一个资本市场都不妥，于是才有多种货币筹资的方法，他们运用本身的优势筹集了德国马克和瑞士法郎。在这种情况下，所罗门兄弟公司利用外汇市场中的汇差以及世界银行与 IBM 公司的不同需求，通过协商达成互换协议。世界银行将它的 2.9 亿美元金额的固定利率负债与 IBM 公司已有的德国马克和瑞士法郎的债务进行了互换。

第一笔利率互换交易也产生于 1981 年，是由美国花旗银行和大陆伊利诺斯公司安排的美国 7 年期债券固定利率与浮动利率的互换。1983 年年初，利率互换开始作为一种标准的"国际性"交易，在美国市场得到进一步的发展。

1986 年，大通曼哈顿银行又率先组织了商品互换，但由于商品期货交易委员会(CFTC)对这些法律合约的有效性提出了疑问，此类商品互换的机制并未很快实现。直到 1989 年 7 月，CFTC 宣布只要商品互换合约符合一定的评判标准，就对此类合约给予保护。到 1989 年年底，商品互换未清偿余额的规模接近 80 亿元，与利率互换、货币互换相比，虽然规模还比较小，但已经显示出这一市场的巨大潜力。

从那以后，金融互换市场发展迅速，全球利率互换和货币互换名义本金金额从 1987 年年底的 8656 亿美元猛增到 2006 年的 2 857 281.4 亿美元，20 年增长了约 330 倍。可以说，这是增长速度较快的金融产品市场之一。尤其是利率互换，已经成为所有互换交易乃至所有金融衍生品中交易量最大的一种，影响巨大。

6.1.3　互换合约产生的理论基础

金融互换产生的理论基础是比较优势理论。该理论是英国著名经济学家大卫·李嘉图提出的。他认为，在两国都能生产两种产品，并且一国在这两种产品的生产上均处于有利地位，而另一国均处于不利地位的条件下，如果前者专门生产优势较大的产品，后者专门生产劣势较小(即具有比较优势)的产品，那么通过专业化分工和国际贸易，双方均能从中获益。

李嘉图的比较优势理论不仅适用于国际贸易，而且适用于所有的经济活动。只要存在比较优势，双方就可以通过适当的分工和交换使双方共同获利。而比较优势理论在金融领域最生动的运用就是金融互换协议的产生。在金融领域，由于不同企业存在经营规模大小、信用等级高低等差异问题，使其在金融市场上融资成本不同，而且就是同一企业在不同的融资领域也会因为信息的差异出现融资成本的不同，这就形成了金融领域的比较优势，就出现了互换的基础。根据比较优势理论，只要满足以下两个条件，就可进行互换：一是双方对对方的资产或负债均有需求；二是双方在两种资产或负债上存在比较优势。

在上述世界银行和 IBM 公司的货币互换中，世界银行在美元融资上具有比较优势，但它想要的是德国马克或瑞士法郎；而 IBM 公司在德国马克和瑞士法郎融资上具有比较优势，它却想要美元负债。正因为世界银行和 IBM 公司的情况满足互换的两个条件，所罗门兄弟公司才能最终促成了它们之间的互换协议，从而也开创了一个快速发展的新兴衍生产品市场。

6.2　互换合约的概念和特点

金融互换是两个或两个以上当事人按照商定条件，在约定的时间内交换一系列现金流的合约。最常见的金融互换是利率互换和货币互换。

和远期合约一样，互换合约也是一种按需定制的交易方式。互换合约的交易双方既可以选择交易额的大小，也可以选择期限的长短。只要双方愿意，从互换内容到互换形式都可以完全按需要来设计，由此而形成的互换交易可以完全满足客户的特定需求。因此互换在本质上就是一种远期合约，只是远期合约可以被看作仅交换一次现金流的互换，而互换可以看作是一系列远期合约的组合，因为在大多数情况下，互换合约的双方通常会约定在未来多次交换现金流。因而，对互换合约的研究很自然地成为对远期和期货合约的扩展。

与远期、期货合约相比，互换合约具有以下几个特点。

(1) 互换是一种建立在平等基础之上的合约。合约双方具有相应的权利和义务，是一种平等的关系，而且他们的行为首先受一国合同法律的调节。

(2) 互换所载明的内容是同类商品之间的交换，但同类商品必须有某些品质方面的差别。如在货币互换中互换币种之间的差别，利率互换中利率期限和大小之间的差别等，否则互换没有任何意义。

(3) 互换是以交易双方互利为目的的，是一种"非零和博弈"。通过互换，交易双方要么降低了融资成本，要么提高了资产收益。根据经济学原理，交换可以产生剩余，对剩

余的瓜分不仅可以增加交换双方的收益，而且也提高了社会福利。

互换合约包括下列要素。

交易双方：相互交换货币或利率的双方交易者。

合约金额：互换合约所涉及的金额，可能是名义上的，一般金额比较大。

互换币种：一般是可以自由兑换的货币。

互换利率：指互换合约规定的利率品种。

合约交易日：指互换双方就互换交易达成的日期。

合约生效日：指互换双方开始计息的日期，通常是交易日后两个营业日。

支付日：整个互换由若干个互换阶段组成，每个阶段末支付一次利息。

合约到期日：最后一笔利息支付完成的日期。

互换价格：利率互换价格由固定利率、浮动利率和信用级别相关的市场条件所决定；货币互换价格由交易双方协商确定，通常能反映两国货币的利率水平，主要以政府债券利率作为参考的依据。

权利和义务：在合约有效期内承担相互交换利息或货币的义务，同时也获得收到对方支付利息或货币的权利。

价差：中介买卖价的差额。

费用：如法律费、交换费、咨询费等。

6.3　互换合约的作用

互换合约的作用有如下几种。

(1) 互换为表外业务，可以借以逃避外汇管制、利率管制及税收的限制。这是互换合约产生的根源之一。

(2) 降低融资成本或提高资产收益。互换交易是基于比较优势而成立的，融资者通过互换交易，可以充分利用双方的比较优势，大幅度降低融资成本。同理，投资者也可以通过资产互换来提高资产收益。交易双方最终分配由比较优势而产生的全部利益是互换交易的主要动机。

(3) 规避利率风险和汇率风险。使用利率互换可以固定利率支付浮动利率，也可以浮动利率支付固定利率。当预期利率上升时，可将浮动利率互换成固定利率；而预期利率下降时，可将固定利率互换成浮动利率。这样，通过互换就能规避利率风险。同样的道理，通过货币互换也能避免汇率波动带来的风险。

(4) 灵活地进行资产负债管理。当要改变资产或债务类型的组合，以配合投资组合管理或对利率未来动向进行锁定时，可以利用互换交易进行调整，而无须卖出资产或偿还债务。

6.4　利率互换合约

金融互换主要分为利率互换和货币互换。

利率互换是指双方同意在未来的一定期限内根据同种货币的同样的名义本金交换现金

流。其中，一方的现金流根据浮动利率计算，而另一方的现金流根据固定利率计算。互换的期限通常在 2 年以上，有时甚至在 15 年以上。

双方进行利率互换的主要原因是双方分别在固定利率市场和浮动利率市场上具有比较优势。假定 A、B 公司都想借入 5 年期的 1000 万美元的贷款，A 公司想借入与 6 个月期相关的浮动利率贷款，B 公司想借入固定利率贷款。但两家公司信用等级不同，故市场向它们提供的利率也不同，如表 6-1 所示。

表 6-1　A、B 公司在不同市场上的借款利率

	信用等级	固定利率	浮动利率
A 公司	AAA	10.00%	6 个月期 LIBOR+0.30%
B 公司	BBB	11.20%	6 个月期 LIBOR+1.00%
借款成本差额		1.2%	0.7%

从表 6-1 中可以看出，A 公司的借款利率均比 B 公司低，即 A 公司在两个市场都具有绝对优势。但在固定利率市场上，A 公司对 B 公司的绝对优势为 1.20 个百分点；而在浮动利率市场上，A 公司对 B 公司的绝对优势为 0.70 个百分点。换言之，A 公司在固定利率市场上具有比较优势，而 B 公司在浮动利率市场上具有比较优势。因而，双方就可利用各自的比较优势为对方借款，然后互换，从而达到共同降低筹资成本的目的。即 A 公司以 10.00%的固定利率借入 1000 万美元，而公司 B 以 LIBOR+1.00%的浮动利率借入 1000 万美元。由于本金相同，故双方不必交换本金，只需交换利息的现金流。即 A 公司向 B 公司支付浮动利息，B 公司向 A 公司支付固定利息。

通过发挥各自的比较优势并互换，双方总的筹资成本降低了 0.50 个百分点(即 11.20%+6 个月期 LIBOR+0.30%-10.00%-6 个月期 LIBOR-1.00%)，这就是互换利益。互换利益是双方合作的结果，理应由双方分享。具体分享比例由双方谈判决定。我们假定双方各分享一半，则双方筹资成本分别降低 0.25%个百分点，即双方最终实际筹资成本分别为：A 公司——LIBOR+0.05%的浮动利率；B 公司——9.95%的固定利率。

这样，双方就可根据借款成本与实际筹资成本的差异计算各自向对方支付的现金流，即 A 公司向 B 公司支付按 LIBOR 计算的利息，B 公司向 A 公司支付按 9.95%计算的利息。

在上述互换中，每隔 6 个月为利息支付日，因此互换协议的条款应规定每 6 个月一方向另一方支付固定利息与浮动利息的差额。假定某一支付日的 LIBOR 为 11%，则 A 公司应付给 B 公司 5.25 万美元(即 1000×0.50×(11.00%-9.95%))。利率互换的流程如图 6-2 所示。

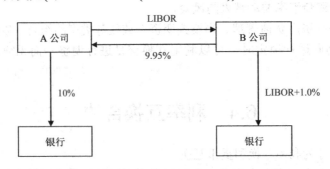

图 6-2　利率互换流程

由于利率互换只交换利息差额，因此信用风险很小。

在实务中，由于互换合约固有的局限性，两个非金融机构的公司 A 和 B 并不是以图 6-2 所示的方式直接接触安排互换，而是分别与互换银行或做市商等金融中介机构联系，根据中介结构的报价来寻找自己满意的利率互换合约。金融中介由于自身业务往来的关系，接近利率互换的供需双方，容易找到潜在的互换者。此外，金融机构本身也可凭其信用来降低交易双方的信用风险。金融中介与互换双方分别签订利率互换协议，金融中介并不要额外的资金，而是仅仅从中赚取服务费用或差价。图 6-3 说明了金融中介可能起到的作用。

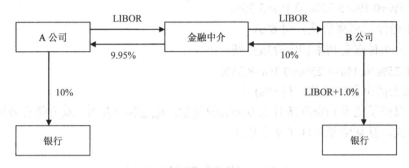

图 6-3　金融中介参与时的利率互换

从图 6-3 可以看到，金融中介分别与公司 A 和公司 B 签署了两个相互抵消的互换协议。如果假设公司 A 和公司 B 都不违约，在互换交易中公司 A、B 的收益各为 0.2%，金融中介的收益是 0.1%，加总后，三方收益之和仍是 0.5%，即图 6-2 所示互换的总收益。只不过此时 A 公司的实际借款成本为 LIBOR+0.1%，B 公司的实际借款成本为 11%，但企业为了避免交易的对手风险，是愿意接受的。

注意在这种情况下，金融中介有两个分开的合约，一个是与公司 A，另一个是与公司 B。在大多数情况下，公司 A 甚至不知道金融中介与公司 B 签署了一个抵消性的互换合约，反之亦然。如果一个公司违约，金融中介还必须履行与另一方的协议。金融中介所挣的 0.1% 就是对它承担这种违约风险的补偿。

在实际中，两个公司不可能同时与一家金融机构接触，也不可能在同一互换中头寸状态正好相反。基于这一原因，许多大的金融中介准备储存利率互换。这包括与一方进行互换，然后对冲利率风险，直至找到处于互换中相反头寸的另一方。

下面再来看一个利率互换的例子。

B 银行的贷款利率如表 6-2 所示。

表 6-2　B 银行的贷款利率

企业信用等级	固定利率	浮动利率	备　注
AAA	7%	6%(市场基准利率)	两种利率对银行的预期收益相同、对企业的预期融资成本相同
BBB	8%	6%+0.25%	
CCC	9%	6%+0.5%	

甲公司，AAA 级企业，向 B 银行借款 5000 万元。固定贷款利率为 7%。

乙公司，CCC 级企业，向 B 银行借款 5000 万元。浮动贷款利率为 6.5%。

中介机构：M 投资银行，按贷款金额分别向双方收取 0.1%的费用。

互换过程：

在中介机构的协调下，双方约定，由乙公司承担甲公司的 1.75%，然后双方交换利息支付义务，即互相为对方支付利息。每次付息由中介担保、转交对方，同时中介机构一次性收取 0.1%的服务费。

互换结果(假定市场利率没变)：

(1) 甲公司付浮动利率和中介服务费：

7%-1.75%+0.1%=5.25%+0.1%=5.35%

(当初如借浮动利率贷款，付 6%)

(2) 乙公司付固定利率和中介服务费：

6.5%+1.75%+0.1%=8.25%+0.1%=8.35%

(当初如借固定利率贷款，付 9%)

双方各取得了比当初贷款条件低 0.65%的贷款。通过利率互换，双方都有效地满足了各自的融资方式，且从中都降低了融资成本。

6.5　货币互换合约

货币互换就是将一种货币的本金和固定利息与另一货币的等价本金和固定利息进行交换。

货币交换的主要原因是双方在各自国家中的金融市场上具有比较优势。假定英镑和美元汇率为 1 英镑=1.5000 美元。A 公司想借入 5 年期的 1000 万英镑，B 公司想借入 5 年期的 1500 万美元。但由于 A 公司的信用等级高于 B 公司，两国金融市场对 A、B 两公司的熟悉状况不同，因此市场向他们提供的固定利率也不同，如表 6-3 所示。

表 6-3　市场向 A、B 公司提供的借款利率

	美　元	英　镑
A 公司	8.00%	11.60%
B 公司	10.00%	12.00%
借款成本差额	2.0%	0.4%

从表 6-3 可以看出，A 公司的借款利率均比 B 公司低，即 A 公司在两个市场都具有绝对优势，但绝对大小不同。A 公司在美元市场上的绝对优势为 2.0 个百分点，在英镑市场上具有比较优势。因而，双方就可利用各自的比较优势借款，而 B 公司在英镑市场上具有比较优势。因而，双方就可利用各自的比较优势借款，然后通过互换得到自己想要的资金，并通过分享互换收益(1.6 个百分点)降低筹资成本。

于是，A 公司以 8.0%的利率借入 5 年期的 1500 万美元，B 公司以 12.0%的利率借入 5 年期的 1000 万英镑。然后，双方先进行本金的交换，即 A 公司向 B 公司支付 1500 万美元，B 公司向 A 公司支付 1000 万英镑。

假定 A、B 公司商定双方平分互换利益，则 A、B 公司各自的筹资成本均降低 0.8 个百分点，即双方最终实际筹资成本分析为：A 为 10.8%的英镑利率；B 为 9.2%的美元利率。

这样，双方就可根据借款成本与实际筹资成本的差异计算各自向对方支付的现金流，进行利息互换。即 A 公司向 B 公司支付 10.8% 的英镑借款的利息 108 万英镑，B 公司向 A 公司支付 8.0% 的美元借款的利息 120 万美元。经过互换后，A 公司的最终实际筹资成本降为 10.8% 英镑借款利率，而 B 公司的最终实际筹资成本变为 8.0% 美元借款利率加 1.2% 英镑借款利率。若汇率水平不变，B 公司最终实际筹资成本相当于 9.2% 美元借款利率。若担心未来汇率水平变动，B 公司可以通过购买美元远期或期货来规避汇率风险。

在贷款期满后，双方要再次进行借款本金的互换，即 A 公司向 B 公司支付 1000 万英镑，B 公司向 A 公司支付 1500 万美元。到此，货币互换结束。若不考虑本金问题，上述货币互换的流程如图 6-4 所示。

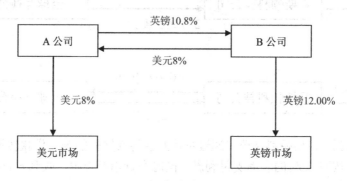

图 6-4　货币互换流程

互换的结果既使得交易双方获得了自己所需的货币，又分别降低了贷款的实际成本，达到了互利的目的。

如图 6-5 所示，在金融中介作为交易主体的货币互换中，A、B 公司的互换收益各为 0.6%，金融中介的收益是 0.4%。三者加总仍为 1.6%。

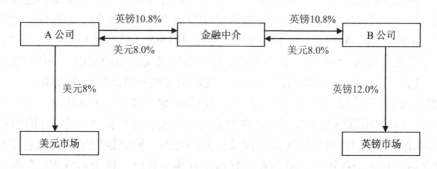

图 6-5　通过金融中介的货币互换

由于货币互换涉及本金互换，因此当汇率变动很大时双方就将面临一定的信用风险。但这种风险仍比单纯的贷款风险小得多。

下面再来看一个货币互换的例子。

雷斯顿科技公司是成立于弗吉尼亚州科技开发区的一家互联网公司，由于计划到欧洲拓展业务，该公司需要借入 1000 万欧元，当时汇率是 0.09804 美元/欧元。雷斯顿科技公司因此需要借入 2 年期的 980.4 万美元的借款，利率为 6.5%，并需将其转换为欧元。但由于其业务拓展所产生的现金流是欧元现金流，它希望用欧元支付利息，因此雷斯顿科技公司转向其开户行的一家分支机构——全球互换公司进行货币互换交易。如下所示是该笔货币互换的主要流程。

(1) 期初:

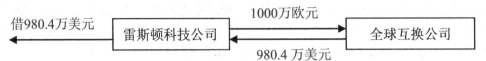

(2) 两年中每半年一次(利息现金流):

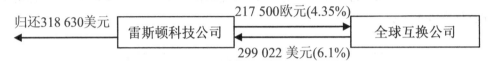

(3) 期末:

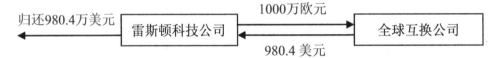

从这里可以看到,雷斯顿科技公司通过货币互换将其原先的美元借款转换成欧元借款。在美国市场上,它按照 6.5% 的利率支付利息;同时在货币互换中,收到 6.1% 的美元利息,支付 4.35% 的欧元利息。假设汇率不变,其每年的利率水平为 4.75%(=4.35%+6.5%-6.1%)。

6.6　商品互换合约

商品互换合约是指交易双方中,一方为一定数量的某种商品以每单位固定价格定期向交易的另一方支付款项;另一方则为特定数量的某种商品以每单位浮动价格定期向前一方支付款项。这里的浮动价格通常是在周期性观察即期价格基础上的平均价格。互换的商品通常情况下是相同的,但也可以不同。如果它们是相同的,就不必交换名义商品,反之则可能要求交换名义商品。但作为一般的规律,并不发生名义商品的交换——所有实际发生的交易都是在现货市场进行。利用商品互换可以规避未来某种商品的价格风险。

例:某石油生产商想在未来 5 年内固定自己出售石油的价格,其每月的平均产量是 4000 桶。同时,有一石油精炼商想在未来 5 年内固定自己购买石油的价格,其每月的用量是 5000 桶。为达到目的,他们分别与互换做市商进行商品互换,同时他们继续在现货市场上进行实际货物交易。作为最终用户,他们在进行商品互换交易时,现货市场相应等级石油的价格是每桶 22.80 美元。石油精炼商同意以每桶 22.40 美元的价格每月支付给做市商,做市商则按前一个月石油日平均价格支付给石油精炼商;同时,石油生产商同意按前一个月石油日平均价格支付给做市商,而做市商同意以每桶 22.20 美元的价格每月支付给石油生产商,从图 6-6 中可以看出,如此支付款项有助于生产商和精炼商将石油的交易价格固定下来,而做市商作为中介从中赚取每桶 0.2 美元的利润。

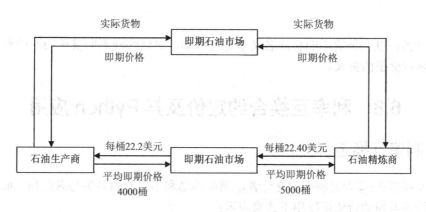

图 6-6　商品互换

6.7　信用违约互换

信用违约互换(Credit Default Swap，CDS)是最常见的信用衍生品，其标的资产通常为债券或贷款。

信用违约互换指一方(买方)定期向另一方(卖方)支付费用(称为信用违约互换点差)，一旦出现事先约定的信用事件，买方将有权从卖方手中获得补偿，互换终止。

有了信用违约互换，银行就可以集中贷款给少量的企业，然后通过购买这些企业的信用违约互换，把大部分信用风险转嫁出去，卖出其他企业的信用违约互换来承担这些企业的信用风险，从而实现信用风险的多样化。由于贷款对象少了，银行可以集中精力管好这些贷款，既可以大大节约贷款成本，又可以体现出专业化的好处。

信用违约互换本质上是一种保险。CDS 是对债券信用风险的保险，将标的资产(债券或贷款)的信用风险从 CDS 买方转移给 CDS 卖方的交易。CDS 买方定期支付保险费，以获得 CDS 卖方的承诺，当标的资产违约时，CDS 卖方向 CDS 买方赔付违约的损失。注意：只有当标的资产因发生违约而导致价格下降时，CDS 卖方才会赔付损失。赔付主要有实物交割和现金结算。

CDS 的作用主要有如下几个方面。

(1) 商业银行购买信用衍生品，以对冲贷款的信用风险。它们是最主要的市场参与者。

(2) 投资银行信用衍生品的做市商，为整个市场提供流动性。同样也使用信用衍生品对冲自己的信用风险。

(3) 对冲基金主要使用信用衍生品来投机信用风险的变化，或追求套利机会。

(4) 保险公司及其金融机构往往做空信用衍生品，相对于卖出保险，为市场提供信用保护。

(5) 构建合成的担保债务凭证(CDO)，即由债券或其他信贷资产作为抵押而发行的债券。合成的 CDO 没有信贷资产作为抵押品，它的发行人通过卖出 CDS，来作为 CDO 的抵押品。

除了前面介绍的利率互换、货币互换、商品互换、信用违约互换以外，还有一些别的互换，比如下面这两种。

股权互换：指某个股票指数所实现的红利及资本利得交换为固定利率或浮动利率的

协议。

差额互换：以同种货币的相同名义本金为基础，对以两种不同货币的浮动利率计息的现金流量进行交换的协议。

6.8 利率互换合约定价及其 Python 应用

6.8.1 利率互换定价

对于互换多头(即固定利率的支付者)，例如浮动利率债券的多头与固定利率债券的空头的组合，利率互换的价值可以用下式来表示：

$$V = B_{fl} - B_{fix}$$

其中，V 表示利率互换的价值(收到固定利率，支出浮动利息的一方)；B_{fix} 表示利率互换中与固定利率对应的利息流入的现值；B_{fl} 表示利率互换中与浮动利率对应的利息流出的现值。

对于互换空头的价值，也就是浮动利率的支付者，例如固定利率债券的多头与浮动利率债券的空头的组合，利率互换的价值就是

$$V = B_{fix} - B_{fl}$$

这里的固定利率债券的定价公式为

$$B_{fix} = \sum_{i=1}^{n} k e^{-r_i t_i} + A e^{-r_n t_n}$$

式中：A——利率互换中的名义本金额；

k——现金流交换日交换的固定利息额；

n——交换次数；

t_i——距离第 i 次现金流交换的时间长度($1 \leqslant i \leqslant n$)；

r_i——到期日 t_i 的 LIBOR 连续复利即期利率。

固定利率债券的价值就是未来现金流的贴现和。

为计算 B_{fl}，注意到债券在付息后等于其面值 A，假定下一次互换现金流的时间为 t^* 时刻，在 t^* 时刻支付浮动利息是 k^*。在支付利息之后的那一时刻 $B_{fl} = A + k^*$。所以浮动利率债券可看作是在 t^* 时刻提供单一现金流的金融资产，对这一现金流用贴现率 r^* 进行贴现，即可得出浮动利率债券的现值为

$$B_{fl} = (A + k^*) e^{-r^* t^*}$$

其中，k^* 表示下一交换日应交换的浮动利息额，距下一次利息支付日时间为 t_i。

编制债券组合互换使用的 Python 语言函数如下：

```
def bportwap_price(times,cf,r,A,fr,time):
  b1=cf/exp(r*times)
  s1=sum(b1)
  b2=A/exp(fr*time)
  V=b2-s1
  return V
```

假设按照某利率互换条款，某一金融机构同意支付 6 个月期的 LIBOR(伦敦同业拆借利

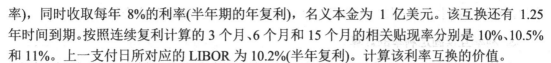

率)，同时收取每年 8%的利率(半年期的年复利)，名义本金为 1 亿美元。该互换还有 1.25
年时间到期。按照连续复利计算的 3 个月、6 个月和 15 个月的相关贴现率分别是 10%、10.5%
和 11%。上一支付日所对应的 LIBOR 为 10.2%(半年复利)。计算该利率互换的价值。

解：这里 $k=4$，$k^{*}=0.5\times0.102\times100=5.1$，$A=100$，$r_1=0.1$，$r_2=0.105$，$r_3=0.11$，则有

$$B_{\text{fix}} = \sum_{i=1}^{n} k\mathrm{e}^{-r_i t_i} + A\mathrm{e}^{-r_n t_n} = 4\mathrm{e}^{-0.25\times0.1} + 4\mathrm{e}^{-0.75\times0.105} + 104\mathrm{e}^{-1.25\times0.11}$$

$$B_{\text{fl}} = (A+k^{*})\mathrm{e}^{-r_1 t_1} = (100+5.1)\mathrm{e}^{-0.1\times0.25}$$

因此对于该金融机构而言，此利率互换的价值为 $V = B_{\text{fix}} - B_{\text{fl}}$ 百万美元。

Python 函数调用如下：

```
import pandas as pd
from numpy import *
r= pd.Series([0.1,0.105,0.11])
times= pd.Series([0.25,0.75,1.25])
cf= pd.Series([4,4,104])
A=105.1;fr=0.1;time=0.25
res=bportwap_price(times,cf,r,A,fr,time)
print "res=",res
res= 4.26717585314
```

因此，利率互换价值为 4.26717585314 百万美元。

6.8.2　影响利率互换价值的因素

影响利率互换价值的因素主要包括以下几个方面。

1. 固定利率和浮动利率的选取

对于收到固定利率、支出浮动利率的企业来说，在互换中收到的固定利率越高、支出
的浮动利率越低，互换的价值也就越高。对于另一方而言，结论恰恰相反。

在这里，应该指出的是，企业最终的净收益不仅受互换中固定利率与浮动利率选取的
影响，还会受企业从金融市场上为获得融资而付出的利率高低的影响。例如，就表 6-1 中的
B 公司而言，它从市场上获得浮动利率贷款的方式有两种：一种是直接与银行签订协议，以
获取以 LIBOR 为参照的浮动利率贷款；另一种是通过发行商业票据(Commerical Paper，CP)
获取以 CP 为参照的浮动利率贷款。如果企业采取后一种贷款方式，那么还面临着 CP 与
LIBOR 间利率差变化的风险，并且要考虑发行新票据的成本(因为商业票据是短期的，要不
断发行新的票据来偿付旧的票据)。甚至，在极端的情况下，B 公司可能会由于信用评级下
降，难以从商业票据市场继续获得融资，而出现违约风险。

2. 中介结构的存在

在现实中，要寻找两家借款金额相同并且借款期限相同的公司是十分困难的。这就要
求有金融机构的介入，发挥中介作用。这意味着总的潜在收益就要在 A、B 公司和金融中介
之间分配。

此时，尽管 A 公司与 B 公司得到的现金收益之和下降了，但由于金融机构分别与 A 公
司与 B 公司签订了两份合约，如果其中一家公司违约，金融机构仍要履行与另一家的协议，

所以，通过金融中介的安排，A 公司和 B 公司将信用风险转移给了中介机构。

3. 利率互换固定利率的计算

当利率互换的浮动利率方式一旦确定，互换的定价问题就是怎样计算互换的固定利率，从而使互换的价值为 0。这里，假定 LIBOR 为 6 个月期的浮动利率，则利息每 6 个月交换一次。

假定利率的期限结构以一系列不付息债券的半年复利一次的收益率表示为。

$$r_1, r_2, \cdots, r_i, \cdots, r_n$$

式中：i——第 i 个半年；

r_i——第 i 个半年后到期的不付息债券的半年复利一次的收益率。

以 $f_{i+1,i}$ 代表远期利率，下标 $i+1$ 代表远期利率的结束时间，下标 i 代表远期利率的开始时间。我们知道：

$$\left(1+\frac{r_i}{2}\right)^i\left(1+\frac{f_{i+1,i}}{2}\right)=\left(1+\frac{r_{i+1}}{2}\right)^{i+1} \tag{6-1}$$

由此，可以计算出各期的远期利率为

$$f_{2,1}, f_{3,2}, f_{4,3}, \cdots, f_{i+1,i}, \cdots, f_{n,n-1}$$

一个 $n/2$ 年到期的以 6 个月期 LIBOR 为浮动利率的利率互换，其固定利率 x 由下面的方程确定：

$$A \times \left[\frac{f_{1,0}}{\left(1+\frac{r_1}{2}\right)}+\frac{f_{2,1}}{\left(1+\frac{r_2}{2}\right)^2}+\frac{f_{3,2}}{\left(1+\frac{r_3}{2}\right)^3}+\cdots+\frac{f_{i,i-1}}{\left(1+\frac{r_i}{2}\right)^i}+\cdots+\frac{f_{n,n-1}}{\left(1+\frac{r_n}{2}\right)^n}\right]$$

$$= A \times \left[\frac{\frac{x}{2}}{\left(1+\frac{r_1}{2}\right)}+\frac{\frac{x}{2}}{\left(1+\frac{r_2}{2}\right)^2}+\frac{\frac{x}{2}}{\left(1+\frac{r_3}{2}\right)^3}+\cdots+\frac{\frac{x}{2}}{\left(1+\frac{r_i}{2}\right)^i}+\cdots+\frac{\frac{x}{2}}{\left(1+\frac{r_n}{2}\right)^n}\right] \tag{6-2}$$

式中：A 表示互换名义本金；$f_{1,0}$ 等于 r_1。

例如，利率的期限结构(以不付息债券的收益率表示)如表 6-4 的前两栏所示。由此确定一个 5 年期、名义本金 100 万美元、原始型(浮动利率与固定利率之间的单纯利率互换)利率互换的固定利率。

首先根据式(6-1)可以计算出远期利率，如表 6-4 的第三栏所示。

表 6-4 利率的期限结构和远期利率 　　　　　　单位：%

到期日	不付息债券的收益率	远期利率
1	6.14	6.14
2	6.42	6.70
3	6.60	6.96
4	6.84	7.56
5	7.02	7.74

到期日	不付息债券的收益率	远期利率
6	7.26	8.46
7	7.54	9.23
8	7.95	10.84
9	8.27	10.85
10	8.68	12.41

然后，将表 6-4 中的数据代入式(6-2)，得到：

$$100 \times \frac{1}{2} \times \left[\frac{6.14\%}{\left(1+\frac{6.14\%}{2}\right)} + \frac{6.70\%}{\left(1+\frac{6.70\%}{2}\right)^2} + \frac{6.96\%}{\left(1+\frac{6.96\%}{2}\right)^3} + \cdots + \frac{12.41\%}{\left(1+\frac{12.41\%}{2}\right)^n} \right]$$

$$= 100 \times \frac{1}{2} \times \left[\frac{x}{\left(1+\frac{6.14\%}{2}\right)} + \frac{x}{\left(1+\frac{6.70\%}{2}\right)^2} + \frac{x}{\left(1+\frac{6.96\%}{2}\right)^3} + \cdots + \frac{x}{\left(1+\frac{12.41\%}{2}\right)^n} \right]$$

最终求得：$x=8.45\%$。

即利率互换中的固定利率是 8.45%。

6.9　货币互换合约定价及其 Python 应用

货币互换是将一种货币的本金和固定利息与另一种货币的等价本金和固定利息进行交换的合约。与利率互换类似，在没有违约风险时，货币互换可以分解为两种债券的组合。

与利率互换不同的是，货币互换交换本金。

在不考虑违约风险的情况下，与利率互换的方式相似，货币互换可以分解为用两种债券表示的情况。假如有两个公司，一个是支付 10.8%年利率英镑债券的多头，另一个是支付 8.0%年利率美元债券的空头。如果用 V 表示互换的价值，对支付美元利率的那一方而言：

$$V = S \times B_{\mathrm{F}} - B_{\mathrm{D}}$$

式中：B_{F}——在互换中以外币形式衡量的外币债券价值；

B_{D}——互换中美元债券的价值；

S——即期汇率(以每单位外币等于若干本国货币数量来表示)。

因此，互换的价值可以由本国货币的利率期限结构、外币的利率期限结构以及即期汇率来确定。

如果我们定义 V 为收入美元并支付外币的货币互换价值，则有

$$V = B_{\mathrm{D}} - S \times B_{\mathrm{F}}$$

式中变量同上。

编制 Python 函数如下：

```
def curr_swap_price(S,time,cf1,cf2,y1,y2):
```

```
bf=cf1*exp(-y1*time)
bd=cf2*exp(-y2*time)
s1=sum(bf)
s2=sum(bd)
V= S*s1-s2
return V
```

例：假设日元和美元的利率期限结构都是平直的(平直指收益率与期限之间的关系是水平的,即无论期限如何变化,其收益率都是不变的),日元年利率为4%,美元年利率为9%(都用连续复利表示)。一家金融机构进行货币互换,它每年以日元收取年利率为5%的利息,以美元支付年利率为8%的利息,以两种货币表示的本金分别为120 000万日元和1000万美元,互换将持续3年,现在的汇率为1美元=110日元,试求支付美元收取日元的互换价值。

解：这里 $y_1=0.04$, $y_2=0.09$, $r_1=0.05$, $r_2=0.08$, $Q_1=1200$, $Q_2=10$, $t_1=1$, $t_2=2$, $t_3=3$, $S=1.0/110.0$。
所以有：

$$B_F = \sum_{i=1}^{3} r_1 Q_1 e^{-y_1 t_i} + Q_1 e^{-y_1 t_3} = r_1 Q_1 e^{-y_1 t_1} + r_1 Q_1 e^{-y_1 t_2} + r_1 Q_1 e^{-y_1 t_3} + Q_1 e^{-y_1 t_3}$$

$$= 0.05 \times 1200(e^{-0.04} + e^{-0.04 \times 2} + e^{-0.04 \times 3}) + 1200 e^{-0.04 \times 3}$$

$$= 60(e^{-0.04} + e^{-0.04 \times 2}) + 1260 e^{-0.04 \times 3}$$

$$B_D = \sum_{i=1}^{3} r_2 Q_2 e^{-y_2 t_i} + Q_2 e^{-y_2 t_3} = r_2 Q_2 e^{-y_2 t_1} + r_2 Q_2 e^{-y_2 t_2} + r_2 Q_2 e^{-y_2 t_3} + Q_2 e^{-y_2 t_3}$$

$$= 0.8 \times (e^{-0.09} + e^{-0.09 \times 2} + e^{-0.09 \times 3}) + 10 e^{-0.09 \times 3}$$

$$= 0.8 \times (e^{-0.09} + e^{-0.09 \times 2}) + 10.8 e^{-0.09 \times 3}$$

$$V = S \times B_F - B_D$$

Python 函数如下：

```
import pandas as pd
from numpy import *
S=1.0/110;y1=0.04;y2=0.09
time= pd.Series([1.0,2.0,3.0])
cf1= pd.Series([60.0,60.0,1260.0])
cf2= pd.Series([0.8,0.8,10.8])
res=curr_swap_price(S,time,cf1,cf2,y1,y2)
print "res=",res
res= 1.54299577469
```

可见,互换价值是1.54299577469万美元。如果这个金融机构一直支付日元收取美元,互换价值就变成了-1.54299577469万美元。

互换定价的另一种方法是将货币互换分解为一系列远期合约。假如图6-2中每年有一个支付日,B公司同意在每一个支付日收取108万英镑,并支付120万美元(1500万美元的8.0%),在最后支付日收取1000万英镑并支付1500万美元。这些交换的每一项都代表一份远期合约。假如 $t_i(1 \leq i \leq n)$ 为第 i 个清偿日, $r_i(1 \leq i \leq n)$ 为对应时间长度为 t_i 的美元连续复利率, $F_i(1 \leq i \leq n)$ 为对应时间长度为 t_i 的远期汇率。那么,根据远期合约多头的价值等于远期价格超过交割价格的现值,对应时刻 t_i 的利息交换,B公司的远期合约价值为

$$(108F_i - 120)e^{-r_i t_i}$$

对应时间 t_n 的本金交换,B公司的远期合约价值为

$$(1000F_n - 1500)e^{-r_n t_n}$$

　　假设用两种货币表示的本金数量在货币互换开始时完全相等。这时,互换的总价值为 0。然而,正如利率互换一样,这并不意味着互换合约中每一远期合约的价值为 0。因为,当两种货币利率明显不同时,低利率货币的支付者处于这样的情形:对应于早期利息交换的远期合约价值为正,而对应于最后本金交换的远期合约价值为负。高利率货币的支付者所处的情形很可能正相反。

　　因此,对于低利率货币的支付者,互换期内大多数时候其持有的互换合约价值为负。这是因为对应于早期支付交换的远期合约价值为正,一旦这些交换发生,其余远期合约总体价值为负。而高利率货币支付者的情况正好相反,互换期内多数时候其持有的互换合约价值为正。

思　考　题

1. 简述互换的概念,举例说明。
2. 解释利率互换与货币互换的区别。

第7章 期权合约及其策略

本章精粹

本章的内容包括：期权合约概念与分类；期权合约的价格；到期期权的定价与盈亏；期权合约的交易策略。

7.1　期权合约的概念与分类

7.1.1　期权合约的概念

期权是什么？期权其实就是一种选择的权利，这份权利你可以选择行使，也可以选择不行使。

如图 7-1 所示，设目前市场上一个杯子的售价为 10 元，我认为明年杯子的价格会上涨，明年我可能不会在市场上以 10 元的价格再买到这个杯子，但是我又不预先购入这个杯子放在家里，因为如果明年的价格为 10 元，选择不执行，如跌为 5 元，则损失 5 元。如以 0.01 元的价格购买这份权利。损失不是 10 元与 5 元的差价，而是 0.01 元。

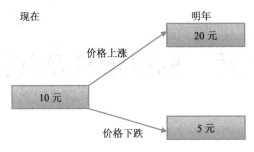

图 7-1　买杯子的期权例子

期权有很多功能(魅力)，但我们需要记住的是期权具有保险功能。所以期权的本质就是保险。

例如：IF1404(2014 年 4 月的指数期货)为 2200 点；

买行权价为 2200 点 PUT(看跌期权)——20 元钱；

市场下跌时，IF1404 到期下跌至 2100 点；

没有买期权的情况下，亏损 100 点——3 万元钱；

买了期权后，亏损为 0。只是付出了 20 元的期权费。

3 万元钱的亏损由卖出期权的人承担。

现在我们把保险和期权进行一下对比，就能对期权有更进一步的理解。

保险

买保险	花钱	发生风险被赔付	(投保人)
卖保险	收钱	发生风险赔付	(保险公司)

期权

买期权	花钱	发生风险被保护	(投资者)
卖期权	收钱	发生风险支付风险	(卖出期权的人)

所以期权又称为选择权，是指投资者(持有者)在未来特定时间内，按某一事先约定的价格(执行价格)，买进或卖出一定数量的特定标的资产的权利。在期权交易时，购买期权的一方叫作买方，出售期权的一方则叫作卖方；买方即是权利的受让人，卖方则是必须履行买方行使权利的义务人。

(1) 期权的这种权利对买方是一种权利，对卖方是一种义务，权利与义务不对等。

(2) 期权买方负有买进或卖出标的资产的权利，但不负有必须买进或卖出的义务。

(3) 期权卖方只有义务，无不履行的权利。

7.1.2 期权的分类

1. 按标的资产的买卖不同划分

按标的资产的买卖不同，可将期权分为看涨期权和看跌期权。

看涨期权是指赋予期权合约的买方在未来某一特定时期以交易双方约定的价格买入标的资产的权利，简称买权。

例如，ABC 公司的股票 9 月份的看涨期权就赋予其持有者在到期日或之前的任何时间以 90 元的价格购买一股 ABC 股票的权利。期权持有者不一定要行使期权，只有当购买的标的资产的市场价格超过执行价格时才会执行期权合约。当市值确实超过执行价格时，期权持有者要么卖掉该期权，要么执行该期权，从而获得利润，否则，就为零，不再有价值。

看跌期权，指赋予期权合约的买方在未来某一特定时期以交易双方约定的价格卖出标的资产的权利。简称卖权。

我们可以把期权理解为保险。但我们购买保险的时候需要支付保险费，获得了一个权利。当未来标的资产的价值低于保额时，可以获得补偿，例如，我为价值 10 万元的新车购买了汽车保险，支付保费 3000 元，保额为 10 万元，我获得了一个权利，如果我的车价值下跌，如因为碰撞使车的价值跌为 8 万元，保险公司赔付我 2 万元；如果我的车价值跌为 0，如我把车开到海里去了，保险公司赔付我 10 万元。因此，保险合同实际上是一个看跌期权。

2. 按期权行使的有效期不同划分

按期权行使的有效期不同，可将期权分为欧式期权和美式期权。

欧式期权是指买方只能在期权到期日才能执行期权(即行使买进或卖出标的资产的权利)。

美式期权是指买方可以在期权到期日以前的任意时刻执行期权，这样就增加了期权执行者的灵活性。

另外，还有亚式期权、百慕大期权、障碍期权等。

亚式期权是指可以按到期日之前的平均价格进行清算的期权。这是一种路径依赖型期权，由于执行价是平均价，所以不容易受到操纵，因而受到投资者青睐。

百慕大期权(Bermudan)是一种欧式期权和美式期权的混合期权。这种期权的持有者只能在期权到期日前的一个或多个指定交易日行权。与美式期权的区别在于，美式期权行权日不固定，是任意时刻。例如，一份权利期间还有 1 年的 Bermudan 看涨期权，其标的资产价格是 80\$，行权价格是\$100，年红利率是 0，无风险利率是 20%，年波动率是 25%，潜在行权时间分别是 3 个月、6 个月、9 个月。

障碍期权的收益取决于标的资产价格在一段特定时间内是否达到某一特定水平。这种特定水平称为障碍。障碍期权可分为敲出障碍期权和敲入障碍期权两类。敲出障碍期权是当标的资产价格达到一定障碍 H 时自动作废的期权；敲入障碍期权是当标的资产价格达到

一定障碍 H 时才开始存在的期权。

在敲出障碍看涨期权情况下，障碍一般低于行权价格($H<X$)，这类期权有时称为下降敲出障碍期权；在敲出障碍看跌期权情况下，障碍一般高于行权价格($H>X$)，这类期权一般称为上升敲出障碍期权。在敲入障碍看涨期权情况下($H<X$)，当标的资产碰到障碍 H 时才存在的看涨期权，称为下降敲入障碍期权；在敲入看跌情况下($H>X$)，当标的资产碰到障碍 H 时才存在的看跌期权，称为上升敲入障碍期权。

亚式期权、百慕大期权、障碍期权等这些期权比标准的欧式期权和美式期权更加复杂，所以叫"奇异期权"或"第二代期权"。奇异期权通常是为了满足特殊需求而开发的，很多金融机构热衷于开发和推销奇异期权，它们通常在场外交易或附加在债券中以增加对市场的吸引力。

7.2 期权合约的价格

7.2.1 期权合约价格的概念

由于期权买卖双方权利与义务不平等，产生了期权价格。期权价格简称"权价"，也称"权利金""权酬""期权手续费"等，是期权买卖双方在达成期权交易时，由买方向卖方支付的购买该项期权的金额。

期权的购买价格称为期权金，它表示如果执行期权有利，买方为获得执行的权利而付出的代价。

当投资者执行期权能产生利润时，称此期权为实值期权；当执行期权无利可图时，称为虚值期权，当执行价格等于标的资产市场价格时，称为两平期权。

期权的购买价格由内在价值和时间价值组成。

内在价值是指如果立即行权获得的收益，看涨期权内在价值是标的资产现价和执行价之差。如某看涨期权执行价为 100 元，股票价格为 107 元，那么内在价值就是 7 元。看跌期权内在价值是执行价和标的资产现价之差。

时间价值是指期权价格高于内在价值的部分，期权时间价值就是期权价格减去内在价值。如前例，如果期权价值为 8 元，那么该期权时间价值为 1 元。

7.2.2 影响期权价格的因素

影响期权价格的因素主要有如下几点。

1. 标的资产价格

这是指期权合约所涉及的标的资产价格。在期权敲定价格一定时，期权价格高低很大程度上由标的物价格决定。对于权证而言，权证对应的股票价格即为标的资产的价格。

2. 执行价格

对于看涨期权，敲定价格越低，则期权被执行的可能性越大，期权价格越高；反之，期权价格越低，但不可能为负值。而对于看跌期权，敲定价格越高，则期权被执行可能性越大，期权价格也越高。

3. 标的资产的价格波动率

无论是多头期权还是空头期权，期货价格的波动性越大，则执行的可能性就越大，期权价格也越高；反之，期权价格就越低。

4. 到期时间

到期时间越长，无论是空头期权还是多头期权，执行的可能性越大，期权价格就越高，期权时间价值越大；反之，执行的可能性越小，期权的时间价值越小。

5. 无风险利率

对于看涨期权而言，利率越高，期权被执行的可能性越大，期权价格越高；反之，短期利率越低，期权价格也相对下降。

另外，公司股息支付政策也影响期权价值。高额股息会减缓股价的增长，股价的抑制降低了看涨期权的潜在收益，从而降低其价值。

将上面的描述总结如表 7-1 所示。

表 7-1   5+1 个因素对期权价格的影响

因　　素	看涨期权价值的变化	看跌期权价值的变化	特　　征
标的资产价格	+	−	标的资产的价格越高，看涨期权的内在价值越大，标的资产的价格越高，看跌期权的内在价值越小
执行价格	−	+	执行价格越低，则看涨期权被执行的可能性越大，期权价格越高；执行价格越高，则看跌期权被执行的可能性越大，期权价格越高
到期期限	+	+	到期时间越长，执行的可能性越大，期权价格就越高，期权的时间价值就越大
标的资产的波动率	+	+	期货价格的波动性越大则执行的可能性就越大，期权价格也越高
无风险利率	+	−	利率越高，期权被执行的可能性也越大，期权价格也越高
股利(对股票期权而言)	−	+	分红付息等将使基础资产的价格下降，而协定价格并不进行相应调整。因此，在期权有效期内，基础资产产生收益将使看涨期权价格下降

7.3　到期期权的定价与盈亏

7.3.1　到期期权的定价

为了讨论期权的价格，我们使用股票期权。一个标准的股票期权合约给购买者在到期之前任何以执行价格购买或出售 100 股基本股票的权利。假设在时期 t：

股票价格　　S_T

现价　　　　S_0　　　(t=0)

执行价格　　X

到期时间　　T　　　($t \leqslant T$)

那么买权的今天价格用 C_0。

买权的到期真实值(固有值、内在价值)为

$$C_T = \max(S_T - X, 0)$$

例如，买权的执行价格为 100 美元，如果股票在买权到期时的价格小于 100 美元，如 80 美元，那么：

$$C_T = \max(80 - 100, 0) = 0 \,(\text{美元})$$

如果这时股价超过 100 美元，如 130 美元，那么：

$$C_T = \max(130 - 100, 0) = 30 \,(\text{美元})$$

类似地，卖权的到期真实值(固有值)为

$$P_T = \max(X - S_T, 0)$$

这两种情形可用图 7-2 所示。

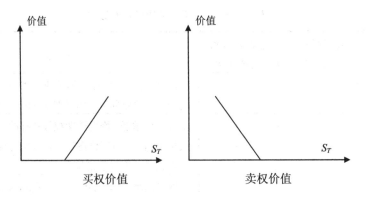

图 7-2　到期期权价值

从图 7-2 可见，期权的价格几乎不会比固有值小，总是超过其固有值。理由是市场的套利者(企图寻求证券价格的差异赚取无风险收益的投资者)持续地以差异控制期权价格，购买期权或执行期权，以此赚取无风险收益。

7.3.2　到期期权的盈亏

由于期权价格在到期时会发生变动，因而购买期权的买方和出售期权的卖方都需要研究期权的盈亏。

假设在初期买权和卖权的价格分别为 C_0、P_0，到期盈亏分别为 π_C、π_P，那么买权和卖权的到期盈亏分别为

$$\pi_C = C_T - C_0 = \max(S_T - X - C_0, -C_0)$$
$$\pi_P = P_T - P_0 = \max(X - S_T - P_0, -P_0)$$

例如，买权的执行价格为 100 美元，初期买权价格为 10 美元。如果到期股价为 115 美

元，那么：

$$\pi_C = \max(S_T - X - C_0, -C_0) = \max(115 - 100 - 10, -10) = 5 \text{（美元）}$$

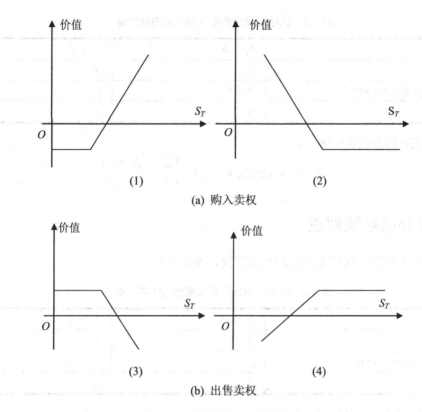

(a) 购入卖权

(b) 出售卖权

图 7-3　期权买卖双方到期盈余

图 7-3 中表示期权买卖双方的到期盈余，图 7-3(1)和图 7-3(3)、图 7-3(2)和图 7-3(4)两组分别是购买和出售买权、购买和出售卖权的情况。

从图 7-3(1)中可以看出，股价 S_T 在小于执行价格 X 时，投资者最多损失买权最初的购买价格 C_0。当股价超过执行价格时损失开始减少，直到超过执行价格与买权的最初价格 C_0 之和时开始有盈余，超过越多，盈余越大。

从图 7-3(2)中可以看出，股价 S_T 在小于执行价格 E 与最初卖权价格 P_0 之差时，投资者有盈余，当股价超过执行价格 E 与最初卖权价格 P_0 之差时，投资者遭到损失。当股价超过执行价格时，损失达到最初的卖权价格 P_0，而且投资者最多损失 P_0。

图 7-3(3)和图 7-3(4)分别可看作是图 7-3(1)和图 7-3(2)的镜像，图 7-3(3)中当股价超过执行价格后的损失是无限的，图 7-3(4)中当股价超过执行价格后的盈利是有限的。

7.4　期权合约策略

7.4.1　保护性看跌期权

假如你想投资某种股票，却不愿承担超过一定水平的潜在风险。全部购买股票看起来是有风险的，因为理论上可能会损失全部投资。你可以考虑既投资股票，又购买该股票的看跌期权。如表 7-2 所示。

表 7-2　到期时保护性看跌期权的内在价值

	$S_T \leqslant X$	$S_T > X$
投资股票	S_T	S_T
购买看跌期权的内在价值	$X - S_T$	0
总计	X	S_T

到期时期权的价值计算如下：

$$Y = S_T + \max(0, X - S_T) = \begin{cases} X & S_T \leqslant X \\ S_T & S_T > X \end{cases}$$

7.4.2　抛补的看涨期权

这是指买进股票的同时卖出它的看涨期权，如表 7-3 所示。

表 7-3　到期时抛补的看涨期权的内在价值

	$S_T \leqslant X$	$S_T > X$
买进股票	S_T	S_T
出售看涨期权的内在价值	0	$-(S_T - X)$
总计	S_T	X

到期时期权的价值计算如下：

$$Y = S_T - \max(0, S_T - X) = \begin{cases} S_T & S_T \leqslant X \\ X & S_T > X \end{cases}$$

7.4.3　对敲策略

同时买进具有相同执行价格与到期时间的同一种股票的看涨期权和看跌期权，就可以建立一个对敲策略，如表 7-4 所示。

表 7-4　到期时对敲的内在价值

	$S_T \leqslant X$	$S_T > X$
买进看涨期权的收益	0	$S_T - X$
买进看跌期权的收益	$X - S_T$	0
总计	$X - S_T$	$S_T - X$

对敲的内在价值计算如下：

$$Y = \max(0, S_T - X) + \max(0, X - S_T) = \begin{cases} S_T - X & S_T > X \\ X - S_T & S_T \leqslant X \end{cases}$$

7.4.4　期权价差策略

这是指不同执行价格或到期时间的两个或两个以上看涨期权(或看跌期权)的组合。有些期权是多头，有些期权是空头。货币期权价差是同时买入与卖出具有不同执行价格的期权，而时间价差是同时买入与卖出不同到期日期权。

考虑一种货币期权价差，其中买入的看涨期权的执行价格为 X_1，而同时卖出相同时间执行价格为 X_2 的看涨期权，如表 7-5 所示。

表 7-5　到期时牛市期权价差的内在价值

	$S_T \leqslant X_1$	$X_1 < S_T \leqslant X_2$	$S_T > X_2$
买进执行价格为 X_1 的看涨期权的收益	0	$S_T - X_1$	$S_T - X_1$
卖出执行价格为 X_2 的看涨期权的收益	–0	–0	$-(S_T - X_2)$
总计	0	$S_T - X_1$	$X_2 - X_1$

这里需要区别三种而非两种情况：①低价区，即 S_T 比 X_1 与 X_2 都低；②中间区，即 S_T 在 X_1 与 X_2 之间；③高价区，即 S_T 比 X_1 与 X_2 都高。这种策略被称为牛市期权价差，因为当股票价格升高时，其收益要么增加要么不受影响。牛市期权价差的投资者从股价升高中获利。牛市期权价差产生的一个原因是投资者认为某一期权的价值相对于其他期权来说被高估了。例如，如果某投资者认为，与 $X=110$ 美元的看涨期权相比，另一个 $X=100$ 美元的看涨期权很便宜，那么即便他并不看好这种股票，他也可能做期权价差。这种期权价差策略用公式表示如下：

$$Y = \max(0, S_T - X_1) - \max(0, S_T - X_2) = \begin{cases} X_2 - X_1 & S_T \geqslant X_2 \\ S_T - X & X_1 < S_T < X_2 \\ 0 & S_T \leqslant X_1 \end{cases}$$

7.4.5　双限期权策略

双限期权策略即把资产组合的价值限定在上下两个界限内。

双限期权适合于一定财富目标但不愿承担一定限度风险的投资者。

例如，你想购买价值 220 000 美元的房子，但你只有 200 000 美元，你不愿承担超过 20 000 美元的损失，你可以通过如下步骤建立双限期：①购买 2000 股股票，每股 100 美元；②购买 2000 个看跌期权(20 份期权合约)，执行价格为 90 美元；③卖出 2000 个看涨期权，执行价格为 110 美元。这样，你不必承担大于 20 000 美元的损失，却得到了获得 200 000 美元的资本利得的机会。

以每股为基础的收益表如表 7-6 所示。

双限期权提供了一个 90×2000=180 000 美元的最小支付额(代表最大损失为 20 000 美元)，以及一个 220 000 美元的最大支付额(即房屋成本)。

金融工程及其 Python 应用

表 7-6　以每股为基础的收益表

	$S_T \leqslant 90$	$90 < S_T \leqslant 110$	$S_T > 110$
买入股份	S_T	S_T	S_T
买进执行价格为 90 的看跌期权的收益	$90 - S_T$	0	0
卖出执行价格为 110 的看涨期权的收益	-0	-0	$-(S_T - 110)$
总计	90	S_T	110

思 考 题

1. 简述期权合约的策略。

2. 假设执行价格为 30 美元和 40 美元的股票看跌期权的价格分别为 4 美元和 10 美元。怎样使用这两种期权构建牛市价差期权和熊市价差期权,用表格表示两个价差期权的利润额收益。

第 8 章 Black-Scholes 期权定价模型及其 Python 应用

本章精粹

本章将讨论欧式看涨-看跌期权定价 Black-Scholes 模型导出及其计算过程，运用 Python 简化其计算，并将进一步研究 Black-Scholes 期权定价公式在股票风险度量中的应用，即根据期权的定价反过来对股票价格的波动性进行度量。

8.1 Black-Scholes 期权定价模型的推导

本节将介绍 Black-Scholes 期权定价模型的推导过程。

8.1.1 标准布朗运动(维纳过程)

在介绍维纳过程之前，先简单介绍一下马尔科夫过程。马尔科夫过程是一种特殊的随机过程，在该过程中，变量的变化仅依赖于该变量前一瞬间的状态。当变量遵从马尔科夫过程时，变量在相邻时间内变化的方差具有可加性，但标准差不具有可加性。马尔科夫过程的重要特征是，变量的随机变化是独立同分布的。

维纳过程是马尔科夫过程的特殊形式。如果变量服从维纳过程，则该变量的期望值为 0，方差为 1。股票价格模型通常用维纳过程表达。在物理学中，这种过程也称为布朗运动。

如果变量 $z = z(t)$ 服从维纳过程，则其增量 Δz 必须满足下列两个条件。

(1) Δz 与 Δt 之间满足关系：

$$\Delta z = \varepsilon \sqrt{\Delta t} \qquad (8\text{-}1)$$

式中：ε 为从标准正态分布中抽取的一个随机值，即 $\varepsilon \sim N(0,1)$。

(2) 在两个不同的时间间隔 Δt，Δz 的值相互独立。

条件(1)表示标准布朗运动的增量服从期望值为 0，方差为 $\sqrt{\Delta t}$ 的正态分布，条件(2)表示变量 $z = z(t)$ 服从马尔科夫过程。

由条件式(8-1)，当 $\Delta t \to 0$ 时，Δz 的微分形式为

$$\mathrm{d}z_t = \varepsilon \sqrt{\mathrm{d}t} \qquad (8\text{-}2)$$

8.1.2 一般布朗(Brown)运动(维纳过程)

变量 x 服从一般维纳过程的定义如下：

$$\mathrm{d}x = a\mathrm{d}t + b\mathrm{d}z \qquad (8\text{-}3)$$

式中：$\mathrm{d}x$ 表示随机变量 x 的瞬间变量；a 是一般维纳过程的预期漂移率，表示随机变量 x 的瞬间变量期望值(每单位时间 Δt)；b 是波动率，表示随机变量 x 的瞬间变量标准差(每单位时间 Δt)。

式(8-3)由两项组成，如果不考虑 $b\mathrm{d}z$，则有

$$\mathrm{d}x = a\mathrm{d}t \quad \text{或} \quad x = x_0 + at$$

其中 x_0 为 x 在 0 时刻的值，经过 t 时刻后，x 的增加值为 at。

如果仅考虑 $b\mathrm{d}z$，则有

$$\mathrm{d}x = b\mathrm{d}z$$

$b\mathrm{d}z$ 可以看作是附加在变量 x 轨迹上的噪声或者波动，这些噪声或波动是维纳过程的 b 倍。

将 $a\mathrm{d}t$ 与 $b\mathrm{d}z$ 一并来考虑，则有

$$\mathrm{d}x = a\mathrm{d}t + b\mathrm{d}z$$

经过时间增量 Δt 之后，x 的增量值为

$$\Delta x = a\Delta t + b\Delta z$$

将式(8-1)代入，有

$$\Delta x = a\Delta t + b\varepsilon\sqrt{\Delta t}$$

如前所述，ε 为服从标准正态分布中抽取的一个随机值，因此 Δx 服从正态分布，其均值为 $a\Delta t$，方差为 $b^2\Delta t$，标准差为 $b\sqrt{\Delta t}$。

类似上述讨论，我们可以得出任意时间 t 后，x 值得变化也服从均值是 at，方差为 $b^2 t$，标准差为 $b\sqrt{t}$ 的正态分布。

8.1.3　伊藤过程 σ 和伊藤引理

如果上面的随机过程中的 a 与 b 是 x 和 t 的函数，则可得伊藤过程：

$$dx = a(x,t)dt + b(x,t)dz$$

定理(伊藤引理)设 $dx = a(x,t)dt + b(x,t)dz$，其中 dz 是维纳过程，设 $G = G(x,t)$ 是 x 二次连续可微函数。则 $G(x,t)$ 遵从如下方程：

$$dG = \left(\frac{\partial G}{\partial x}a + \frac{\partial G}{\partial t} + \frac{1}{2}\frac{\partial^2 G}{\partial x^2}b^2\right)dt + \frac{\partial G}{\partial x}bdz \tag{8-4}$$

证明：由二元函数的 Taylor 展式：

$$dG = \frac{\partial G}{\partial x}\Delta x + \frac{\partial G}{\partial t}\Delta t + \frac{1}{2}\frac{\partial^2 G}{\partial x^2}\Delta x^2 + \frac{\partial^2 G}{\partial x\partial t}\Delta x\Delta t + \frac{1}{2}\frac{\partial^2 G}{\partial t^2}\Delta t^2 + \ldots \tag{8-5}$$

因为：

$$\Delta x = a(x,t)\Delta t + b(x,t)\varepsilon\sqrt{\Delta t} \tag{8-6}$$

所以有：

$$\Delta x^2 = b^2\varepsilon^2\Delta t + c(\Delta t) \tag{8-7}$$

$$\Delta x\Delta t = a(x,t)\Delta t^2 + b(x,t)\varepsilon\sqrt{(\Delta t)^3} = o(\Delta t) \tag{8-8}$$

把式(8-6)、式(8-7)、式(8-8)代入式(8-5)，得到

$$\Delta G = \frac{\partial G}{\partial x}\Delta x + \frac{\partial G}{\partial t}\Delta t + \frac{1}{2}\frac{\partial^2 G}{\partial x^2}b^2\Delta t + o(\Delta t)$$

令 $\Delta t \to 0$，得

$$dG = \frac{\partial G}{\partial x}dx + \frac{\partial G}{\partial t}dt + \frac{1}{2}\frac{\partial^2 G}{\partial x^2}b^2 dt \tag{8-9}$$

再将 $dx = a(x,t)dt + b(x,t)dz$ 代入式(8-9)，得

$$dG = \left(\frac{\partial G}{\partial x}a + \frac{\partial G}{\partial t} + \frac{1}{2}\frac{\partial^2 G}{\partial x^2}b^2\right)dt + \frac{\partial G}{\partial x}bdz$$

即式(8-4)成立。

由伊藤引理可知，如果 x,t 服从伊藤过程，则 x,t 的函数 G 也遵从伊藤过程，不过漂移率和波动率分别为

$$\frac{\partial G}{\partial x}a + \frac{\partial G}{\partial t} + \frac{1}{2}\frac{\partial^2 G}{\partial x^2}b^2 \text{ 和} \left(\frac{\partial G}{\partial x}b\right)^2 \text{。}$$

8.1.4　不支付红利股票价格的行为过程

股票价格 S_t 被认为是一个几何布朗运动：
$$S_t = f(x_T) = S_0 e^{x_T} = S_0 \exp(aT + bz_T)$$

其中 $x_T = aT + bz_T$ 是一个几何布朗运动。因为 $f(x) = S_0 e^x$，所以：
$$\partial f / \partial t = 0, \quad \partial f / \partial x = S_0 e^x = S_t, \quad \partial^2 f / \partial x^2 = S_0 e^x = S_t$$

应用 $It\hat{o}$ 公式：
$$dS_t = (\partial f / \partial t + a \times \partial f / \partial x + 1/2 b^2 \partial^2 f / \partial x^2)dt + b \times \partial f / \partial x \times dz_t$$
$$= (a + 0.5b^2)S_t dt + bS_t dz_t$$

对上式两端积分，我们得到
$$\ln \frac{S_T}{S_0} = (a + 0.5b^2)T + bz_t$$

设 $a = \mu S_T$，$b = \sigma S_T$，上面的公式变为
$$\ln \frac{S_T}{S_0} = (\mu S_T + 0.5\sigma^2 S_T^2)T + \sigma S_T z_t$$

对 $f(x) = \ln S_T$，我们有
$$\partial f / \partial t = 0, \quad \partial f / \partial x = 1 / S_T, \quad \partial^2 f / \partial x^2 = -1 / S_T^2$$

再次利用 $It\hat{o}$ 公式：
$$d \ln S_t = (\partial f / \partial t + \mu S_T \times \partial f / \partial x + 1/2 \sigma^2 S_T^2 \times \partial^2 f / \partial x^2)dt + \sigma S_T \times \partial f / \partial x \times dz_t$$
$$= \left(\frac{1}{S_T} \mu S_T - \frac{1}{S_T^2} \sigma^2 S_T^2 \right)dt + \frac{1}{S_T} \sigma S_T dz_t$$
$$= (\mu - 0.5\sigma^2)dt + \sigma dz_t$$

对上式两端积分，得：
$$S_T = S_0 \exp(\mu T - 0.5\sigma^2 T + \sigma \times z_T) \tag{8-10}$$

上式即为股票价格过程。

把上式改为
$$S_T = S_t \exp(\mu \tau - 0.5\sigma^2 \tau + \sigma \times z_\tau), \quad \tau = T - t$$

利用 $\varepsilon = dz_\tau / \sqrt{\tau}$，将 dz_τ 转化为标准正态变量，其中 $\varepsilon \sim N(0,1)$，上式变为
$$S_T = S_t \exp(\mu \tau - 0.5\sigma^2 \tau + \sigma \times \varepsilon \sqrt{\tau}) \tag{8-11}$$

上式的离散形式为
$$S_{t+\Delta t} = S_t \exp(\mu \tau - 0.5\sigma^2 \tau + \sigma \times \varepsilon \sqrt{\Delta t})$$

8.1.5　Black-Scholes 欧式看涨期权定价模型的导出

S_0 表示股票的当前价格，X 表示期权执行价格，T 表示(看涨或看跌)期权的到期期限，$a = e^{M\Delta} = e^{0.05\Delta}$ 表示无风险利率(与期权执行期限相同的无风险资产的连续复利的年收益率)，σ 表示股票连续复利的年收益率的标准差，$N(d)$ 表示对应的标准正态分布值(即标准正

态分布 d 的概率)，e 表示自然对数的底，ln 表示自然对数函数。股票在到期日之前不支付股息。收益率服从正态分布。

期望价值定价方法又称为风险中性定价方法，风险中性是指投资者是风险中性的，他们认为股票的预期收益率或漂移率等于无风险利率，即 $\mu = r_f$。在这样的风险中性的假设下，股票的几何布朗运动模型，由式(8-10)变为

$$S_T = S_0 \exp[(r_f - 0.5\sigma^2)T + \sigma \times \varepsilon\sqrt{T}]$$

上述方程被称为修正的几何布朗运动。

下面将利用修正的股票价格的几何布朗运动，对欧式看涨期权定价，其中到期时间为 T，执行价格为 X，期权多头的最终报酬是 $(S_T - X)^+ = \max\{S_T - X, 0\}$，对欧式看跌期权定价，其中到期时间为 T，执行价格为 X，期权多头的最终报酬是 $(X - S_T)^+ = \max\{X - S_T, 0\}$，因此

$$C = \mathrm{e}^{-r_f T} E[(S_T - X)^+]$$
$$P = \mathrm{e}^{-r_f T} E[(X - S_T)^+]$$

这里我们只讨论看涨期权 $C = \mathrm{e}^{-rT} E[(S_0 \exp[(r_f - 0.5\sigma^2)T + \sigma \times \varepsilon\sqrt{T}] - X)^+]$

从而

$$C = \frac{\mathrm{e}^{-r_f T}}{\sqrt{2\pi}} \int_{-\infty}^{+\infty} (S_0 \exp[(r_f - 0.5\sigma^2)T + \sigma \times \varepsilon\sqrt{T} - X)^+ \mathrm{e}^{-x^2/2} \mathrm{d}\varepsilon \tag{8-12}$$

通过积分的一些基本规则，我们将计算期望值。

推导过程如下：

首先计算式(8-12)括号中的表达式。当 $S_0 \exp[(r_f - 0.5\sigma^2)T + \sigma \times \varepsilon\sqrt{T}] - X > 0$ 成立时，括号中的表达式非零。那么，通过解 $S_0 \exp[(r_f - 0.5\sigma^2)T + \sigma \times a\sqrt{T}] - X = 0$，可得 a 值为

$$a = \frac{\ln(X/S_0) - (r_f - 0.5\sigma^2)T}{\sigma\sqrt{T}}$$

我们把积分 $C = \frac{\mathrm{e}^{-r_f T}}{\sqrt{2\pi}} \int_{a}^{+\infty} (S_0 \exp[(r_f - 0.5\sigma^2)T + \sigma \times \varepsilon\sqrt{T}] - X)^+ \mathrm{e}^{-\varepsilon^2/2} \mathrm{d}\varepsilon$ 分为两部分。

第一部分为

$$\frac{1}{\sqrt{2\pi}} \int_{a}^{\infty} -X\mathrm{e}^{-\varepsilon^2/2} \mathrm{d}\varepsilon = -X(1 - N(a)) = -XN(-a)$$

第二部分为

$$C = \frac{1}{\sqrt{2\pi}} \int_{a}^{+\infty} S_0 \exp[(r_f - 0.5\sigma^2)T + \sigma \times \varepsilon\sqrt{T}] \, \mathrm{e}^{-x^2/2} \mathrm{d}\varepsilon$$
$$= \frac{1}{\sqrt{2\pi}} S_0 \exp[(r_f - 0.5\sigma^2)T] \int_{a}^{\infty} \exp[-(\varepsilon^2/2 - \sigma\sqrt{T}\varepsilon)] \, \mathrm{d}\varepsilon$$

为得到最终的积分，我们采用凑平方的数学方法：

$$\varepsilon^2/2 - \sigma\sqrt{T}\varepsilon = \varepsilon^2/2 - \sigma\sqrt{T}\varepsilon + \sigma^2 T/2 - \sigma^2 T/2 = (\varepsilon - \sigma\sqrt{T})^2/2 - \sigma^2 T/2$$

则

$$\frac{1}{\sqrt{2\pi}} \int_{a}^{\infty} \exp[-(\varepsilon^2/2 - \sigma\sqrt{T}\varepsilon)] \mathrm{d}\varepsilon = \frac{1}{\sqrt{2\pi}} \int_{a}^{\infty} \exp[-((\varepsilon - \sigma\sqrt{T})^2/2 + \sigma^2 T/2)] \mathrm{d}\varepsilon$$

下面进行变量替换，令 $y = \varepsilon - \sigma\sqrt{T}$ ，积分变为

$$\exp(\sigma^2 T / 2)\frac{1}{\sqrt{2\pi}}\int_{a-\sigma\sqrt{T}}^{\infty}\exp(-y^2/2)\mathrm{d}y = \exp(\sigma^2 T/2)(1 - N(a - \sigma\sqrt{T}))$$

将第二部分中的 $\exp(\sigma^2 T/2)$ 简约，经过进一步变化，得

$$S_0\exp(-r_f T)N(-(a - \sigma\sqrt{T}))$$

根据上面的推导，我们将第一部分和第二部分的结果代入，得

$$C = \exp(-r_f T)E[(S_T - X)^+] = \exp(-r_f T)S_0 N(-(a - \sigma\sqrt{T})) - \exp(-r_f T)XN(-a)$$

$$= S_0 N(-(a - \sigma\sqrt{T})) - X\exp(-r_f T)N(-a)$$

由于 $a = \dfrac{\ln(X/S_0) - (r_f - 0.5\sigma^2)T}{\sigma\sqrt{T}}$ ，即 $-a = \dfrac{\ln(S_0/X) + (r_f - 0.5\sigma^2)T}{\sigma\sqrt{T}}$

同时 $-(a - \sigma\sqrt{T}) = \dfrac{\ln(S_0/X) + (r_f + 0.5\sigma^2)T}{\sigma\sqrt{T}}$

令 $d_2 = -a = d_1 - \sigma\sqrt{T}$, $d_1 = -(a - \sigma\sqrt{T}) = \dfrac{\ln(S_0/X) + (r_f + 0.5\sigma^2)T}{\sigma\sqrt{T}}$

则 $C = S_0 N(d_1) - X\exp(-r_f T)N(d_2)$

下面介绍另一种简洁的推导方法。

考虑一标的资产的看涨期权，其执行价格为 X ，现在我们期望到期时 $S_T > X$, $S_T \leqslant X$ 的概率如下：

$$p = \mathrm{Pr}ob(S_T > X), 1 - p = \mathrm{Pr}ob(S_T \leqslant X) \tag{8-13}$$

前面介绍一个欧式看涨期权到期的价格：

$$C_T = E[\max(S_T - X, 0] \tag{8-14}$$

贴现到现在，可表示为

$$C_0 = \mathrm{e}^{-r_f T}E[\max(S_T - X, 0] \tag{8-15}$$

将式(8-13)代入式(8-14)、式(8-15)得到：

$$C_0 = p\mathrm{e}^{-r_f T}E[S_T - X] + (1 - p) \times 0 = p\mathrm{e}^{-r_f T}E[S_T \mid S_T > X] - p\mathrm{e}^{-r_f T}X$$

由 Hull(2006)的计算可知：

$$p = \mathrm{Pr}ob(S_T > X) = N\left[\frac{\ln(S_0/X) + (r_f - 0.5\sigma^2)T}{\sigma\sqrt{T}}\right] = N(d_2)$$

其中 $d_2 = \dfrac{\ln(S_0/X) + (r_f - 0.5\sigma^2)T}{\sigma\sqrt{T}}$

$$p \times E[S_T \mid S_T > X] = S_0\mathrm{e}^{r_f T}N\left[\frac{\ln(S_0/X) + (r_f + 0.5\sigma^2)T}{\sigma\sqrt{T}}\right] = S_0\mathrm{e}^{r_f T}N(d_1)$$

其中的 $d_1 = \dfrac{\ln(S_0/X) + (r_f + 0.5\sigma^2)T}{\sigma\sqrt{T}}$

因此：

$$C_0 = \mathrm{e}^{-r_f T}pE[S_T \mid S_T > X] - p\mathrm{e}^{-r_f T}X = \mathrm{e}^{-r_f T}S_0\mathrm{e}^{r_f T}N(d_1) - N(d_2)\mathrm{e}^{-r_f T}X$$

$$= S_0 N(d_1) - X\mathrm{e}^{-r_f T}N(d_2)$$

在知道看涨期权的值之后，也可利用平价公式求出看跌期权。

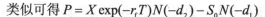

类似可得 $P = X \exp(-r_f T) N(-d_2) - S_0 N(-d_1)$

要注意的是，上面的 Black-Scholes 期权定价公式是建立在下面假设的基础之上。

(1)　股票价格行为服从对数正态分布模式。

(2)　在期权有效期内，无风险利率和金融资产收益变量是恒定的。

(3)　市场无摩擦，即不存在税收和交易成本。

(4)　金融资产在期权有效期内无红利及其他所得(该假设后被放弃)。

(5)　该期权是欧式期权，即在期权到期前不可实施。

(6)　不存在无风险套利机会。

(7)　证券交易是持续的。

(8)　投资者能够以无风险利率借贷。

因此，Black-Scholes 期权定价公式是特定的假设条件、金融学原理和数学计算三部分的有机结合。

8.2　Black-Scholes 期权定价模型的 Python 应用

根据 $C = S_0 N(d_1) - X \exp(-r_f T) N(d_2)$ 和 $P = X \exp(-r_f T) N(-d_2) - S_0 N(-d_1)$，我们编制 Black-Scholes 期权定价模型看涨、看跌期权的 Python 函数如下：

```
def bscall_option(S,X,rf,sigma,T):
 d1=(log(S/X)+(rf+0.5*sigma**2)*T)/(sigma*sqrt(T))
 d2=d1-sigma*sqrt(T)
 C=S*norm.cdf(d1)-X*exp(-rf*T)*norm.cdf(d2)
 return C

def bsput_option(S,X,rf,sigma,T):
 d1=(log(S/X)+(rf+0.5*sigma**2)*T)/(sigma*sqrt(T))
 d2=d1-sigma*sqrt(T)
 P=X*exp(-rf*T)*norm.cdf(-d2)- S*norm.cdf(-d1)
 return P
```

例：股票当前价格 S=25 元，执行价格 X=25 元，无风险年利率 r_f=8%，股票的波动率 σ=30%，期权到期期限 T=0.5 年，计算对应的欧式看涨期权和看跌期权的价格。

解：本例中，S=25 元，X=25 元，r_f=0.08，σ=0.30，T=0.5 年。

因此，Python 函数调用如下：

```
from numpy import *
from scipy.stats import norm
S=25;X=25;rf=0.08;sigma=0.30;T=0.5
bscall_option(S,X,rf,sigma,T)
```

得到如下结果：

```
Out[11]: 2.5970352516548232
bsput_option(S,X,rf,sigma,T)
```

得到如下结果：

```
Out[12]: 1.6167712304629021
```

例：假设政府在以招标形式转让土地的有偿使用权。有一投资商想要购买一块荒地用于开发城市居民区，那么投资商究竟应该投标多少金额呢？进一步假设投资商估计要在这片荒地上投入 10 亿元进行基础设施开发，然后按照现有可比性的相同住宅的现价，估计用 2 年时间将基础设施建成后，这片土地的价值为 15 亿元。并且投资测算出当前市场对未来土地价格预期的波动率是 0.3，同期无风险利率是 5%。

如果用净现值法求解的话，可能会选择这样的计算公式：

$$NPV = -10 + 15e^{-0.05 \times 2} = 3.57(亿元)$$

这里 S=15.0，X=10.0，r_f=0.05，sigma=0.30，T=2.0。即未来的预期价格是 15 亿元，当前的投入是 10 亿元，然后利用净现值法得出 3.57 亿元的估计。这种方法忽略了土地承载的许多不确定因素，如果按这个估计进行投标有可能竞标失败。因为投资商忽略了自己可能由于这些不确定性而获得高额回报的机会。

如果投资商把投标想象成为一个实物看涨期权。这个期权运行投资商在 2 年(T)后，以 10 亿元(执行价格 X)的代价，获得一片价值 15 亿元(标的价格 S)的土地资产，期间的无风险利率 r_f 是 5%，波动率 sigma 是 0.3，那么：

```
S=15.0;X=10.0;rf=0.05;sigma=0.30;T=2.0
bscall_option(S,X,rf,sigma,T)
```

得到如下结果：

```
Out[17]: 6.2296231513946774
```

从上可以得出该片土地的价值是 6.23 亿元，大于净现值法预测的 3.57 亿元的结果。投资商可以按照这个价格进行投标。

这里投资商之所以能用高于净现值的价格去投标，原因在于这项资产的波动率。波动率意味着投资商买下这片土地，2 年后土地的价值有可能高于预期的 15 亿元，因而他就能够获得更高的利益。当然，如果市场上其他的投标人也预测到 0.3 水平的波动率，他们也可能报出 6.23 亿元的投标价格。如果最后有人以高于这个价格获得这片土地，那么说明他判断未来土地价格的波动率高于市场上 0.3 的水平。

这个案例说明，只要某项资产的价格受特定的不确定性因素的影响，就可以应用实物期权对这项资产进行定价。定价时要明确找出影响其价格不确定性的来源，而不要简单地观察该项资产的历史价格波动。同时，应用 B-S 公式对实物期权进行定价时，一定要选取一个和待估资产承受相同不确定性的"复制资产"，然后在金融市场上，观察该"复制资产"的波动率。我们已经知道对于期权的投资者来说，一旦拥有了某项资产的期权，那么该项资产的不确定性越强，投资人手中的期权就越有价值。

8.3 红利对欧式期权价格影响的 Python 应用

在本节中，我们将讨论在权利期间内股票支付已知红利的情况，只讨论支付已知红利股票的欧式期权定价。

在将有红利支付的条件下，股票价格由支付已知红利现值和股票价格两部分决定。红利的发生将使股票价格在除息日下降，下降幅度为所支付红利的现值。在有红利将要发生时，只需用股票价格减去在期权有效期间所有红利按照无风险利率贴现的现值，

Black-Scholes 欧式期权定价公式仍然有用。

定理(支付已知红利股票的 Black-Scholes 欧式期权定价公式)设到期时刻为 T, 行权价格为 X, 已知红利的现值是 V, 则标的资产价格 S 满足几何布朗运动的股票欧式看涨期权的价格为

$$C = (S_0 - V)N(d_1) - X\exp(-r_f T)N(d_2)$$

$$d_1 = \frac{\ln[(S_0 - V)/X] + (r_f + 0.5\sigma^2)T}{\sigma\sqrt{T}}, \quad d_2 = d_1 - \sigma\sqrt{T}$$

根据欧式看涨期权和看跌期权之间的平价关系，容易得出相应的欧式看跌期权的定价公式：

$$P = X\exp(-r_f T)N(-d_2) - (S_0 - V)N(-d_1)$$

其中的 d_1、d_2 与看涨期权价格中的相同。

编制支付已知红利股票的欧式看涨期权定价 R 函数如下：

```
def divbscall_option(S,X,rf,div,divt,sigma,T):
  d1=(log(S/X)+(rf+0.5*sigma**2)*T)/(sigma*sqrt(T))
  d2=d1-sigma*sqrt(T)
  V=sum(div*exp(-rf*divt))
  C=(S-V)*norm.cdf(d1)-X*exp(-rf*T)*norm.cdf(d2)
  return C
def divbsput_option(S,X,rf,div,divt,sigma,T):
  d1=(log(S/X)+(rf+0.5*sigma**2)*T)/(sigma*sqrt(T))
  d2=d1-sigma*sqrt(T)
  V=sum(div*exp(-rf*divt))
  P=X*exp(-rf*T)*norm.cdf(-d2)-(S-V)*norm.cdf(-d1)
  return P
```

例：考虑到期时间还有 6 个月的股票欧式看涨期权和看跌期权。标的股票在 2 个月和 5 个月后各有一个除息日，每个除息日的红利期望值为$0.50。已知当前股票价格为$40，行权价格是$40，股票年波动率为 30%，无风险利率为 9%。试求两种期权的价格。

解：本例中，$S=40$，$X=40$，$r_f=0.09$，$\sigma=0.30$，$T=0.5$。

$$D_1 = 0.50, \quad t_1 = 2/12 = 0.1667, \quad D_2 = 0.50, \quad t_2 = 5/12 = 0.4167$$

因此：

$$V = D_1\exp(-r_f t_1) + D_2\exp(-r_f t_2) = 0.5\exp(-0.09\times 0.1667) + 0.5\exp(-0.09\times 0.4167)$$

$$d_1 = \frac{\ln[(S_0 - V)/X] + (r_f + 0.5\sigma^2)T}{\sigma\sqrt{T}} = \frac{\ln[(40-V)/40] + (0.09 + 0.5\times 0.3^2)\times 0.5}{0.3\sqrt{0.5}}$$

$$d_2 = d_1 - 0.3\sqrt{0.5}$$

$$C = (S_0 - V)N(d_1) - X\exp(-r_f T)N(d_2) = (40-V)N(d_1) - 40\exp(-0.09\times 0.5)N(d_2)$$

因此，Python 函数调用如下：

```
import pandas as pd
from numpy import *
from scipy.stats import norm
S=40.0;X=40.0;rf=0.09;sigma=0.30;T=0.5
div= pd.Series([0.5,0.5])
divt= pd.Series([0.1667,0.4167])
divbscall_option(S,X,rf,div,divt,sigma,T)
```

得到如下结果：

```
Out[5]: 3.6496126142078218
divbsput_option(S,X,rf,div,divt,sigma,T)
```

得到如下结果：

```
Out[11]: 2.8636621437386083
```

8.4 风险对冲的 Python 应用

风险对冲是指通过投资或购买与标的资产收益波动负相关的某种资产或衍生证券，来冲销标的资产潜在损失的一种策略。在进行风险对冲时经常用到的定量参数有：Delta、Gamma、Vega、Theta、Rho。这些参数一般是某些变量变化对另外一些变量变化的比率，反映了一些变量对另外一些变量的相对变化。根据这些参数的变化适时调整尺寸，可在一定程度上达到风险对冲的目的。本节我们不去讨论对冲策略的实施，而仅介绍上述对冲参数的概念和 Python 函数的计算函数。

1. Delta 对冲

Delta 定义为在其他变量不变的条件下期权价格变化 ΔC 与标的资产价格变化 ΔS 的比率，即

$$\text{Delta} = \frac{\Delta C}{\Delta S}$$

Delta 随着标的资产价格的变化和时间推移而不断变化，因此，在运用 Delta 对冲风险时，需要定期调整对冲头寸，否则就要承担头寸风险暴露的责任。

不支付红利的股票欧式看涨期权的 Delta 为

$$\text{Delta} = N(d_1)$$

根据该式，在对一个欧式看涨期权的空头进行 Delta 对冲时，在任何时候需要同时持有数量为 $N(d_1)$ 的标的资产多头。类似地，对一个欧式看涨期权的多头进行 Delta 对冲，在任何时候需要同时持有数量为 $N(d_1)$ 的标的资产空头。

不支付红利的股票欧式看跌期权的 Delta 为

$$\text{Delta} = N(d_1) - 1$$

根据该式，Delta 为负值，这意味着看跌期权的多头应该利用标的资产的多头头寸来对冲风险，看跌期权的空头应该利用标的资产的空头头寸来对冲风险。

2. Gamma 对冲

Gamma 反映了期权标的资产价格变动对期权 Delta 变动的影响程度，即

$$\text{Gamma} = \frac{\partial \text{Delta}}{\partial S}$$

Gamma 的大小反映了为保持 Delta 中性而需要调整的头寸。Delta 中性是指 Delta 等于 0 的状态。由于标的资产和衍生证券可以是多头和空头，所以 Delta 可大于 0，也可以小于 0。如果组合内标的资产和衍生证券数量匹配适当，整个组合的 Delta 等于 0。然而 Delta 并非固定不变，随着标的资产价格或者权利区间的变化，Delta 也在变化。因此，进行风险对冲时就必须不断随着 Delta 的变化来调整头寸，以保持 Delta 中性。在这种调整中，Gamma 就

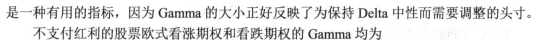

是一种有用的指标，因为 Gamma 的大小正好反映了为保持 Delta 中性而需要调整的头寸。

不支付红利的股票欧式看涨期权和看跌期权的 Gamma 均为

$$\text{Gamma} = \frac{n(d_1)}{\sigma S \sqrt{T}}$$

3. Vega 对冲

Vega 定义为在其他变量保持不变的条件下期权价格 C 变化对标的资产价格波动率 σ 变化的比率，即

$$\text{Vega} = \frac{\partial C}{\partial \sigma}$$

标的资产价格波动对期权价格有着重大影响。在其他条件一定的条件下，波动率越大，期权价格越高；波动率越小，期权价格越低。在对冲风险过程中，Vega 是一个重要指标。Black-Scholes 期权定价公式假定标的资产价格波动率为已知常数，这一假定是不符合实际的。所以，在实际交易过程中，投资者要面临着波动率变动的风险，为了避免这种风险，必须缩小期权的 Vega，把波动率变化可能造成的损失降低到最小。

不支付红利的股票欧式看涨期权和看跌期权的 Vega 均为

$$\text{Vega} = SN(d_1)\sqrt{T}$$

4 .Theta 对冲

Theta 定义为在其他变量不变时期权价格的变化相对于权力期间变化的比率，即

$$\text{Theta} = \frac{\partial C}{\partial T}$$

Theta 一般是负值，它反映了期权价格随着权力期间的减少而逐渐衰减的程度。因此，我们不可能用对冲的方法消除时间变化对期权价格的影响。

不支付红利的欧式看涨期权的 Theta 为

$$\text{Theta} = \frac{\partial C}{\partial T} = -Sn(d_1)\frac{1}{2}\sigma\frac{1}{\sqrt{T}} - r_f X \exp(-r_f T)N(d_2)$$

式中 $n(d_1) = \dfrac{1}{\sqrt{2\pi}}\exp(-x^2/2)$

不支付红利的欧式看跌期权的 Theta 为

$$\text{Theta} = \frac{\partial P}{\partial T} = -Sn(d_1)\frac{1}{2}\sigma\frac{1}{\sqrt{T}} + r_f X \exp(-r_f T)N(-d_2)$$

5. Rho 对冲

Rho 定义为在其他变量不变时期权价格 C 变化对利率 r_f 变化之间的比率，即

$$\text{Rho} = \frac{\partial C}{\partial r_f}$$

Rho 反映了利率变化对期权价格的影响程度，因此在利率变动比较频繁的时期，Rho 将是一个重要的敏感指标。由于利率变动对看涨期权的价格有正的影响，对看跌期权的价格有负的影响，所以看涨期权的 Rho 值一般大于 0，而看跌期权的 Rho 一般小于 0。

不支付红利的欧式看涨期权的 Rho 为

$$Rho = XT \exp(-r_f T) N(d_2)$$

不支付红利的欧式看跌期权的 Rho 为

$$Rho = XT \exp(-r_f T) N(-d_2)$$

编制不支付红利的欧式看涨期权的对冲参数 Python 函数如下：

```python
def dc_Delta(S,X,rf,sigma,T):
  Ts=sqrt(T)
  d1=(log(S/X)+(rf+0.5*sigma**2)*T)/(sigma*sqrt(T))
  d2=d1-sigma*Ts
  nd1=1/(sqrt(2.0*3.1415926))*exp(-d1**2.0/2.0)
  Delta=norm.cdf(d1)
  return Delta

def dc_Gamma(S,X,rf,sigma,T):
  Ts=sqrt(T)
  d1=(log(S/X)+(rf+0.5*sigma**2)*T)/(sigma*sqrt(T))
  d2=d1-sigma*Ts
  nd1=1/(sqrt(2.0*3.1415926))*exp(-d1**2.0/2.0)
  Gamma=nd1/(S*sigma*Ts)
  return Gamma

def dc_Vega(S,X,rf,sigma,T):
  Ts=sqrt(T)
  d1=(log(S/X)+(rf+0.5*sigma**2)*T)/(sigma*sqrt(T))
  d2=d1-sigma*Ts
  nd1=1/(sqrt(2.0*3.1415926))*exp(-d1**2.0/2.0)
  Vega=S*Ts*nd1
  return Vega

def dc_Theta(S,X,rf,sigma,T):
  Ts=sqrt(T)
  d1=(log(S/X)+(rf+0.5*sigma**2)*T)/(sigma*sqrt(T))
  d2=d1-sigma*Ts
  nd1=1/(sqrt(2.0*3.1415926))*exp(-d1**2.0/2.0)
  Theta=-(S*sigma*nd1)/(2.0*Ts)-rf*X*exp(-rf*T)*norm.cdf(d2)
  return Theta

def dc_Rho(S,X,rf,sigma,T):
  Ts=sqrt(T)
  d1=(log(S/X)+(rf+0.5*sigma**2)*T)/(sigma*sqrt(T))
  d2=d1-sigma*Ts
  nd1=1/(sqrt(2.0*3.1415926))*exp(-d1**2.0/2.0)
  Rho=X*T*exp(-rf*T)*norm.cdf(d2)
  return Rho
```

例：考虑一个不支付红利股票的欧式看涨期权，其标的资产价格是\$50，行权价格是\$50，无风险年利率是 10%，年波动率是 30%，权力期间还有 6 个月。试求其相应的对冲参数。

解：本例中，$S=50$，$X=50$，$r_f=0.10$，sigma$=0.3$，$T=0.5$，则

$$d_1 = \frac{\ln(S_0/X)+(r_f+0.5\sigma^2)T}{\sigma\sqrt{T}} = \frac{\ln(50/50)+(0.10+0.5\times0.3^2)\times0.5}{0.3\sqrt{0.5}}$$

$$d_2 = d_1 - 0.3\sqrt{0.5}$$

对冲参数计算如下：

$$Delta = N(d_1)$$

$$\text{Gamma} = \frac{n(d_1)}{\sigma S \sqrt{T}} = \frac{n(d_1)}{0.3 \times 50 \sqrt{0.5}}$$

$$\text{Theta} = -Sn(d_1)\frac{1}{2}\sigma\frac{1}{\sqrt{T}} - r_f X \exp(-r_f T) N(d_2)$$

$$= -50n(d_1)\frac{1}{2}0.3\frac{1}{\sqrt{0.5}} - 0.1 \times 50 \exp(-0.1 \times 0.5) N(d_2)$$

$$\text{Vege} = SN(d_1)\sqrt{T} = 50 \times N(d_1)\sqrt{0.5}$$

$$\text{Rho} = XT \exp(-r_f T) N(d_2) = 50 \times 0.5 \times \exp(-0.1 \times 0.5) N(d_2)$$

Python 函数调用如下：

```
import pandas as pd
from numpy import *
from scipy.stats import norm
S=50.0;X=50.0;rf=0.10;sigma=0.3;T=0.5
Res1=dc_Delta(S,X,rf,sigma,T)
print "Delta:";Res1
```

得到如下结果：

```
Out[32]: 0.63373735779722085
Res2=dc_Gamma(S,X,rf,sigma,T)
print "Gamma:";Res2
```

得到如下结果：

```
Out[33]: 0.035478872047177437
Res3=dc_Vega(S,X,rf,sigma,T)
print "Vega:";Res3
```

得到如下结果：

```
Out[34]: 13.304577017691539
Res4=dc_Theta(S,X,rf,sigma,T)
print "Theta:";Res4
```

得到如下结果：

```
Out[35]: -6.6147349016931951
Res5=dc_Rho(S,X,rf,sigma,T)
print "Rho:";Res5
```

得到如下结果：

```
Out[36]: 13.116808981928667
```

8.5　隐含波动率的 Python 应用

作为 Black-Scholes 欧式期权定价公式最重要的参数，波动率 σ 是标的资产本身的波动率。我们更关心的是当时的报价所反映的市场对波动率的估计，这个估计的波动率称为隐含波动率(Implied Volatility)。这里的过程实际上是在 Black-Scholes 欧式期权定价公式中，假设另外 4 个参数确定，期权价格已知，反解 σ：

```
# 设有关参数
spot = 2.45
```

```
strike = 2.50
maturity = 0.25
r = 0.05
vol = 0.25
# 基于 Black - Scholes 公式的期权定价公式
from math import log, sqrt, exp
from scipy.stats import norm
def call_option_pricer(spot, strike, maturity, r, vol):
    d1 = (log(spot/strike) + (r + 0.5 * vol *vol) * maturity) / vol / sqrt(maturity)
    d2 = d1 - vol * sqrt(maturity)
    price = spot * norm.cdf(d1) - strike * exp(-r*maturity) * norm.cdf(d2)
    return price
```

由于对于欧式看涨期权而言，其价格为对应波动率的单调递增函数，所以这个求解过程是稳定可行的。一般来说我们可以类似于试错法来实现。在 scipy 中已经有很多高效的算法可以为我们所用，例如 Brent 算法：

```
from scipy.optimize import brentq
# 目标函数，目标价格由 target 确定
class cost_function:
    def __init__(self, target):
        self.targetValue = target
    def __call__(self, x):
        return call_option_pricer(spot, strike, maturity, r, x) - self.targetValue
# 假设我们使用 vol 初值作为目标
target = call_option_pricer(spot, strike, maturity, r, vol)
cost_sampel = cost_function(target)
# 使用 Brent 算法求解
impliedVol = brentq(cost_sampel, 0.01, 0.5)
print u'真实波动率： %.2f' % (vol*100,) + '%'
print u'隐含波动率： %.2f' % (impliedVol*100,) + '%'
```

思 考 题

股票当前价格 $S=25$ 元，执行价格 $X=25$ 元，无风险年利率 $r=8\%$，股票的波动率 $\sigma=30\%$，期权到期期限 $T=0.5$ 年，用 B-S 期权定价模型计算对应的欧式看涨期权和看跌期权的价格。

第 9 章　期权定价的蒙特卡罗模拟法及其 Python 应用

本章精粹

蒙特卡罗模拟方法在现代金融财务研究中的应用越来越广，如股票价格的模拟、期权价格的模拟等。因此，本章将介绍期权定价蒙特卡罗模拟的 Python 语言函数计算方法。

9.1 蒙特卡罗法的基本原理

蒙特卡罗法是一种通过模拟标的资产价格运动而求解期权价格的一种数值方法。蒙特卡罗法的基本思想是：在风险中性的世界里，首先随机地产生标的资产价格的可能路径，并由此取得期权收益的期望值，然后再对其以无风险利率进行贴现，得到期权的价格。

考虑某个与标的变量 θ 有关的衍生证券，该衍生证券在 T 时刻产生收益。如果利率为常数，我们可以按照以下步骤来对衍生证券进行定价。

(1) 在风险中性世界里对变量 θ 的路径进行模拟。

(2) 计算衍生证券的收益。

(3) 重复第一步和第二步取得多个衍生证券的收益。

(4) 计算收益的平均值，这个平均值就是衍生证券在风险中性世界里预期收益的近似值。

(5) 用无风险利率对预期收益进行贴现，所得结果就是衍生证券的近似价格。

假设在风险中性的世界中标的变量 θ 服从标准差为 s，预期收益率为 $\hat{m}$ 的几何布朗运动，即

$$d\theta = \hat{m}\theta dt + s\theta \varepsilon \sqrt{dt} \tag{9-1}$$

其中：ε 是从正态分布中抽取的一个随机样本。

为了模拟标的变量 θ 的路径，考虑式(9-1)的离散形式。我们将衍生证券的有效期限分为 N 个长度为 Δt 时间段，并用式(9-2)对式(9-1)进行近似：

$$\Delta\theta = \hat{m}\theta\Delta t + s\theta \varepsilon \sqrt{\Delta t} \tag{9-2}$$

由式(9-2)，从 θ 的初值可以计算出 θ 在时间 Δt 后的值，由 Δt 后的值计算出 θ 在时间 $2\Delta t$ 后的值……这样我们便得到变量 θ 的一条路径，其终值对应衍生证券价格的一个样本终值。它可以看成是终值集合中的一个随机样本。使用同样方法，我们可以得到大量样本终值。求所有这些终值的算术平均值，可以得到证券终值的近似值，再以无风险利率对这个终值贴现，即可得出衍生证券的价格。

当存在多个标的变量时，处理方法类似。假设衍生证券收益与 n 个标的变量 $\theta_i(1 \leqslant i \leqslant n)$ 有关，定义 s_i 为标准差，$\hat{m}_i$ 是在风险中性中的预期收益率，ρ_{ij} 是 θ_i 和 θ_j 之间的瞬间相关系数。我们将衍生证券的有效期分成 N 个长度为 Δt 的时间段，则 θ_i 的离散过程形式为

$$\Delta\theta_i = \hat{m}_i\theta_i\Delta t + s_i\theta_i\varepsilon_i\sqrt{\Delta t} \tag{9-3}$$

其中：ε_i 是标准正态分布的随机样本，ε_i 和 ε_j 的相关系数是 $\rho_{ij}(1 \leqslant i, j \leqslant n)$。根据式(9-3)，我们对标的变量 θ_i 的路径进行模拟，每一次模拟都要从多维标准正态分布中随机抽取 $\varepsilon_i(1 \leqslant i \leqslant n)$ 的 N 个样本，然后代入式(9-3)后可产生 θ_i 的路径。由此可以计算衍生证券的价格。

蒙特卡罗法的优点如下：

(1) 可用于衍生证券收益与标的变量路径和终值均有关的场合。

(2) 当回报依赖于多个标的变量时，运行效率相对而言较高。

(3) 善于处理报酬形态很复杂的情况。

蒙特卡罗法的缺点是：计算速度缓慢，且较难处理提前行权情况的衍生证券。

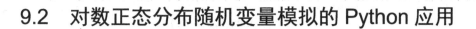

9.2　对数正态分布随机变量模拟的 Python 应用

在实际应用中，对标的变量 S 的对数 $\ln S$ 抽样通常比对 S 直接抽样更为精确。根据伊藤引理，$\ln S$ 服从过程

$$d \ln S = (r - 0.5\sigma^2)dt + \sigma\varepsilon\sqrt{dt} \tag{9-4}$$

式(9-4)的离散形式为

$$\ln S_{t+1} - \ln S_t = (r - 0.5\sigma^2)\Delta t + \sigma\varepsilon\sqrt{\Delta t}$$

等价于

$$S_{t+1} = S_t \exp[(r - 0.5\sigma^2)\Delta t + \sigma\varepsilon\sqrt{\Delta t}] \tag{9-5}$$

如果当前是 t 时刻，期权的到期日是 T，时间步长为 $\Delta t = T - t$，则在已知 S_i 的条件下，标的的变量在 T 时刻的值为

$$S_T = S_t \exp[(r - 0.5\sigma^2)(T - t) + \sigma\varepsilon\sqrt{T - t}] \tag{9-6}$$

根据式(9-5)，我们编制对数正态分布随机变量模拟的 Python 函数如下：

```
def sim_randvariable(S,rf,sigma,t):
  R=(rf-0.5*sigma**2)*t
  SD=sigma*sqrt(t)
  C=S*exp(R+SD*norm.cdf(1))
  return C
```

例： 假设标的资产现在价格 10 美元，无风险利率 r=0.01，年标准差 σ=0.3，距离下一时刻的时间为 6 个月。试计算下一时刻标的资产的价格。

解： 在本例中，S=10；r_f=0.01；σ=0.3；T-t=0.5。

因此，Python 函数调用如下：

```
from numpy import *
from scipy.stats import norm
S=10.0;rf=0.01;sigma=0.3;t=0.5
sim_randvariable(S,rf,sigma,t)
```

得到如下结果：

```
Out[11]: 11.746569794331222
```

注意： 这个结果每次模拟都不一样。

9.3　蒙特卡罗法模拟欧式期权定价及其 Python 应用

对于标的资产价格是 S_0，执行价格是 X 的欧式看涨期权，在期权到期日 T 的价格为

$$C_T = \max(0, S_T - X) \tag{9-7}$$

在风险中性的世界里，我们用无风险利率 r 贴现，得到期权在 t 时刻的价格为

$$C_t = e^{-r(T-t)}E[\max(0, S_T - X)] \tag{9-8}$$

在式(9-8)中，只有 S_T 与 C_t 有关，标的资产价格在时间 T-t 内的取值与 C_t 无关。所以，只要模拟 S_T，得到一系列值 $S_T^1, S_T^2, \cdots, S_T^n$，再将 S_T^i (i=1,2,$\cdots$,n)代入式(9-8)，得到 n 个 C_t 值

并求出平均值，然后用无风险利率 r 贴现，就可得出欧式看涨期权的价格，即

$$\hat{C}_t = e^{-r(T-t)} \frac{\sum_{i=1}^{n} \max(0, S_T^i - X)}{n} \tag{9-9}$$

用同样方法，可以给出欧式看跌期权的价格：

$$\hat{p}_t = e^{-r(T-t)} \frac{\sum_{i=1}^{n} \max(0, X - S_T^i)}{n} \tag{9-10}$$

我们编制蒙特卡罗模拟法计算欧式看涨期权的 Python 语言函数如下：

```
def qqdj(S0,X,T,r,sigma,N):
  z=random.standard_normal(N)
  ST=S0*exp((r-0.5*sigma*sigma)*T+sigma*z*sqrt(T))
  hT=maximum(ST-X,0)
  C0=exp(-r*T)*sum(hT)/N
  return C0
```

例：考虑不支付红利股票的欧式看涨期权，它们的标的资产价格是 100 元，执行价格是 100 元，无风险利率是 10%，年波动率是 25%，期权的有效期是 1 年，用蒙特卡罗法计算其欧式看涨期权的价格。

解：在本例中，$S_t = 100$，$X = 100$，$r = 0.1$，$\sigma = 0.25$，$T - t = 1$。

Python 函数调用如下：

```
from numpy import *
res=qqdj(100,100,1.0,0.1,0.25,50000)
print "res=",res
```

得到如下结果：

```
res= 15.0102132792
```

注意：上面的结果每次模拟的结果都不一样。

我们调用 B-S 期权定价公式 R 语言函数，并将上述计算结果与这里的 B-S 期权定价 Python 语言函数计算结果进行比较：

```
def bscall_option(S,X,rf,sigma,T):
  d1=(log(S/X)+(rf+0.5*sigma**2)*T)/(sigma*sqrt(T))
  d2=d1-sigma*sqrt(T)
  C=S*norm.cdf(d1)-X*exp(-rf*T)*norm.cdf(d2)
  return C
from scipy.stats import norm
from numpy import *
S=100.0;X=100.0;rf=0.1;sigma=0.25;T=1.0
bscall_option(S,X,rf,sigma,T)
```

得到如下结果：

```
Out[8]: 14.9757907783113
```

由上可见，蒙特卡罗模拟法的看涨期权价格的计算结果与 B-S 期权定价公式计算结果相当接近。

请读者思考，如果想求上面给定数据的欧式看跌期权，则上面的函数应如何修改？

9.4　对偶变量法蒙特卡罗模拟及其 Python 应用

蒙特卡罗模拟精度与模拟次数密切相关，模拟次数越多，其精度越高，但是次数增加又会增加计算量。实践表明，减少模拟方差可以提高稳定性，减少模拟次数。有很多方法可以减少方差，如对偶变量技术、控制变量技术、分层抽样、矩匹配、条件蒙特卡罗模拟等，但最简单且应用最为广泛的是对偶变量技术和控制变量技术。

对偶变量技术就是先随机抽样得到一组数据，然后以此为基础构造出另一组对偶变量。下面以正态分布为例介绍对偶变量技术，首先从正态分布变量中随机抽取 N 个样本值，分别为 $Z_i(i=1,2,\cdots,N)$，由此可以得到 N 个模拟值 $C_i(i=1,2,\cdots,N)$，那么衍生证券蒙特卡罗模拟估计值为

$$\hat{C}=\frac{1}{N}\sum_i C_i$$

以 $Z_i(i=1,2,\cdots,N)$ 为基础，构造对偶随机数 $\tilde{Z}_i=-Z_i$，$\tilde{Z}_i$ 是与 $Z_i(i=1,2,\cdots,N)$ 相互对偶的随机数，由正态分布性质可知，$\tilde{Z}_i=-Z_i(i=1,2,\cdots,N)$，也是服从正态分布，由对偶随机数生成的估计值为

$$\tilde{C}=\frac{1}{N}\sum_i \tilde{C}_i$$

对 $\tilde{C}$ 和 $\hat{C}$ 取平均，得到新的估计值：

$$C=\frac{1}{2}(\tilde{C}+\hat{C})=\frac{1}{N}\sum_i\left(\frac{\hat{C}_i+\tilde{C}_i}{2}\right)$$

如果随机抽样的样本 $Z_i(i=1,2,\cdots,N)$ 模拟得到的估计值比较小，那么与之对偶的随机抽样样本 $\tilde{Z}_i=-Z_i(i=1,2,\cdots,N)$ 得到的估计值可能会偏大，二者的平均值就可能会接近真实值。如果 $\operatorname{cov}(\hat{C}_i,\tilde{C}_i)\leqslant 0$，那么：

$$\operatorname{var}\left(\frac{\hat{C}_i+\tilde{C}_i}{2}\right)=\frac{1}{2}\operatorname{var}(\hat{C}_i)+\frac{1}{2}\operatorname{cov}(\hat{C}_i,\tilde{C}_i)\leqslant\frac{1}{2}\operatorname{var}(\hat{C}_i)$$

从上面的不等式可以看出，利用对偶技术可以增加估计稳定性、提高估计精度。

根据对偶变量法的基本思想，编写 R 语言函数的步骤大致如下：

(1)　模拟标的资产的价格路径。

(2)　计算两个期权损益值，其中一个是按照常规蒙特卡罗法计算的结果，另一个是改变所有正态分布符号计算出来的结果。

(3)　计算期权的价格，即计算上述两期权的平均值并将计算结果进行贴现。

我们编制对偶变量法模拟期权价格的 Python 代码如下。

```python
def doqqdj(S0,X,T,r,sigma,N):
 z=random.standard_normal(N)
 ST1=S0*exp((r-0.5*sigma*sigma)*T+sigma*z*sqrt(T))
 ST2=S0*exp((r-0.5*sigma*sigma)*T+sigma*(-z)*sqrt(T))
 hT1=maximum(ST1-X,0)
 hT2=maximum(ST2-X,0)
 C1=exp(-r*T)*sum(hT1)/N
```

```
C2=exp(-r*T)*sum(hT2)/N
return (C1+C2)/2
```

例：考虑不支付红利股票的欧式看涨期权，它们的标的资产价格是 100 元，执行价格是 100 元，无风险利率是 10%，年波动率是 25%，期权的有效期是 1 年，用对偶变量法计算其欧式看涨价格。

解：在本例中，S=100，X=100，r=0.1，$\sigma=0.25$，$T-t$=1。

利用对偶变量法计算期权价格的步骤如下：

(1) 模拟标的变量路径并计算 $\hat{C}$：

$$S_T^i = S_t \exp[(r - 0.5\sigma^2)(T-t) + \sigma\varepsilon\sqrt{T-t}]$$
$$= 100\exp[(0.1 - 0.5 \times 0.25^2) \times 1 + 0.25\varepsilon\sqrt{1}]$$
$$\hat{C} = \max(0, S_T^i - X)$$

(2) 改变随机变量 ε 的符号，模拟标的变量路径并计算 $\tilde{C}$：

$$S_T^{i'} = S_t \exp[(r - 0.5\sigma^2)(T-t) + \sigma(-\varepsilon)\sqrt{T-t}]$$
$$= 100\exp[(0.1 - 0.5 \times 0.25^2) \times 1 + 0.25(-\varepsilon)\sqrt{1}]$$
$$\tilde{C} = \max(0, S_T^{i'} - X)$$

(3) 计算 $\hat{C}$ 和 $\tilde{C}$ 的平均值：

$$C = \frac{1}{2}(\tilde{C} + \hat{C}) = \frac{1}{N}\sum_i \left(\frac{\hat{C}_i + \tilde{C}_i}{2}\right)$$

(4) 模拟 n 次并求 $\hat{C} = \max(0, S_T^i - X)$ 的平均值和 $\hat{C} = \max(0, S_T^{i'} - X)$ 的平均值，两者的算术平均值贴现后即为所求的期权价格。

Python 函数调用如下：

```
from numpy import *
S0=100.0;X=100.0;r=0.1;sigma=0.25;T=1.0;N=5000
res= doqqdj(S0,X,T,r,sigma,N)
res
```

得到如下结果：

```
Out[10]: 15.149823948317909
```

注意：上面的程序每次模拟的结果都不一样。

请读者思考，如果应用对偶变量法模拟上面给定数据的欧式看跌期权，则上面的函数应如何修改？

而使用 B-S 期权定价公式的结果如下：

```
from scipy.stats import norm
S=100.0;X=100.0;rf=0.1;sigma=0.25;T=1.0
bscall_option(S,X,rf,sigma,T)
```

得到如下结果：

```
Out[8]: 14.9757907783113
```

可见，在仅 5000 次模拟的情况下，对偶变量法给出的结果就非常接近 B-S 期权定价公式得到的结果。因此，对偶变量法兼顾了计算精度和运行效率。

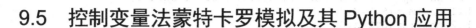

9.5　控制变量法蒙特卡罗模拟及其 Python 应用

控制变量法就是将与所估计的未知变量密切相关的另一个已知量的真实值和估计值之间的差异作为控制量，以提高估计精度。在定价实践中，将两种衍生证券用相同的随机抽样样本和时间间隔，实施同样的蒙特卡罗模拟过程，能够得到两个模拟估计值，以第二种衍生证券真实值与估计值之间的差异作为控制变量，最后得到第一种衍生证券的蒙特卡罗估计值。

假设 V_1 是需要估计的第一种衍生证券的价值，V_2 是价值容易估计的第二种衍生证券的价值，第一种证券与第二种证券相似，而 $\hat{V}_1$ 与 $\hat{V}_2$ 分别是第一种衍生证券和第二种衍生证券在同样的随机抽样样本的蒙特卡罗估计值，那么利用控制变量技术得到第一种衍生证券的价格估计值为

$$\hat{V}_1^{C1} = \hat{V}_1 + (V_2 - \hat{V}_2)$$

这里，$V_2 - \hat{V}_2$ 就是控制变量，它实际上是第二种衍生证券的蒙特卡罗模拟的估计误差，且上述方程的方差之间的关系为

$$\mathrm{var}(\hat{V}_1^{C1}) = \mathrm{var}(\hat{V}_1) + \mathrm{var}(\hat{V}_2) + 2\,\mathrm{cov}(\hat{V}_1, \hat{V}_2)$$

如果 $\mathrm{var}(\hat{V}_2) < 2\,\mathrm{cov}(\hat{V}_1, \hat{V}_2)$，一定有

$$\mathrm{var}(\hat{V}_1^{C1}) < \mathrm{var}(\hat{V}_1)$$

因此，当两种衍生证券的协方差很大时，或者当两种衍生证券的价格高度相关时，上述关系是成立的，两种衍生证券的正相关性越强，估计效率就越理想。然而从实际应用的角度看，这种控制变量技术的应用十分有限，因此，下面是更一般的控制变量技术，其控制变量的形式为

$$\hat{V}_1^{\beta} = \hat{V}_1 + \beta(V_2 - \hat{V}_2)$$

方差为

$$\mathrm{var}(\hat{V}_1^{\beta}) = \mathrm{var}(\hat{V}_1) + \beta^2\,\mathrm{var}(\hat{V}_2) - 2\beta\,\mathrm{cov}(\hat{V}_1, \hat{V}_2)$$

这是关于控制变量系数 β 的二次三项式，下面的目标是能够找到特殊的 β，使方差 $\mathrm{var}(\hat{V}_1^{\beta})$ 最小，这时只要取 $\beta = \dfrac{\mathrm{cov}(\hat{V}_1, \hat{V}_2)}{\mathrm{var}(\hat{V}_2)}$，就可以保证方差 $\mathrm{var}(\hat{V}_1^{\beta})$ 最小。这种控制变量技术的缺点是 β^* 需要提前知道协方差 $\mathrm{cov}(\hat{V}_1, \hat{V}_2)$ 的信息，而这一般需要靠经验实现。

我们编制控制变量法的 Python 函数如下：

```python
def bscall_option(S,X,r,sigma,T):
 d1=(log(S/X)+(r+0.5*sigma**2)*T)/(sigma*sqrt(T))
 d2=d1-sigma*sqrt(T)
 C=S*norm.cdf(d1)-X*exp(-r*T)*norm.cdf(d2)
 return C

def kzqqdj(S1,S2,X,T,r,sigma,N):
 BSC=bscall_option(S2,X,r,sigma,T)
 z1=random.standard_normal(N)
 z2=random.standard_normal(N)
```

```
ST1=S1*exp((r-0.5*sigma*sigma)*T+sigma*z1*sqrt(T))
ST2=S2*exp((r-0.5*sigma*sigma)*T+sigma*z2*sqrt(T))
hT1=maximum(ST1-X,0)
hT2=maximum(ST2-X,0)
C1=exp(-r*T)*sum(hT1)/N
C2=exp(-r*T)*sum(hT2)/N
return C1+BSC-C2
```

例：考虑不支付红利股票的欧式看涨期权，它们的标的资产价格是 100 元，执行价格是 100 元，无风险利率是 10%，年波动率是 25%，期权的有效期是 1 年，用对偶变量法计算其欧式看涨价格。

解：在本例中，$S=100$，$X=100$，$r=0.1$，$\sigma=0.25$，$T-t=1$。

利用控制变量法计算期权价格的步骤如下。

(1) 由 B-S 期权定价公式给出欧式看涨期权的价格 V_2。

(2) 由蒙特卡罗法计算 $\hat{V}_1$ 与 $\hat{V}_2$：

$$S_T^i = S_t \exp[(r-0.5\sigma^2)(T-t)+\sigma\varepsilon\sqrt{T-t}]$$
$$= 100\exp[(0.1-0.5\times 0.25^2)\times 1+0.25\varepsilon\sqrt{1}]$$
$$S_T^{i'} = S_t \exp[(r-0.5\sigma^2)(T-t)+\sigma\varepsilon\sqrt{T-t}]$$
$$= 100\exp[(0.1-0.5\times 0.25^2)\times 1+0.25\varepsilon\sqrt{1}]$$

从正态分布中随机抽取一个样本 ε 就给出一个 S_T^i 和一个 $S_T^{i'}$ 的值，取 $\max(0, S_T^i - X)$ 和 $\max(0, S_T^{i'} - X)$，则每模拟一次就得到两个欧式看涨期权在 T 时刻的值。假设模拟次数 5000，则分别给出 5000 个 S_T^i 和 5000 个 $S_T^{i'}$ 的值，从而有 5000 个 $\max(0, S_T^i - X)$ 和 $\max(0, S_T^{i'} - X)$，分别计算它们的算术平均值并无风险利率贴现，就得到了欧式看涨期权的两个估计值 $\hat{V}_1$ 与 $\hat{V}_2$。

(3) 将上述所得结果代入 $\hat{V}_1^{C1} = \hat{V}_1 + (V_2 - \hat{V}_2)$，得出欧式看涨期权的估值。

(4) 模拟 n 次并求 $\max(0, S_T^i - X)$ 的平均值和 $\max(0, S_T^{i'} - X)$ 的平均值，两者的算术平均值贴现后即为所求的期权价格。

Python 函数调用如下：

```
from numpy import *
from scipy.stats import norm
S=100.0;X=100.0;r=0.1;sigma=0.25;times=1.0;n=5000
res1= bscall_option(S,X,r,sigma,T)
res1
[1] 14.97579
S1=100;S2=100; X=100.0;r=0.1;sigma=0.25;T=1.0;N=5000
res2= kzqqdj(S1,S2,X,T,r,sigma,N)
res2
```

得到如下结果：

```
Out[13]: 15.005433990488878
```

注意：上面的程序每次模拟的结果都不一样。

请读者思考，如果应用对偶变量法模拟上面给定数据的欧式看跌期权，则上面的函数应如何修改？

　　上面的结果显示：在仅 5000 次模拟的情况下，控制变量法给出的结果就非常接近 B-S 期权定价公式得到的结果，而蒙特卡罗法模拟 50 000 次的结果是 15.0102132792。因此，控制变量法在计算精度和运行效率方面优于蒙特卡罗法。

思　考　题

　　分析蒙特卡罗模拟方法求解欧式看跌期权的具体过程。

第 10 章　二叉树法期权定价 及其 Python 应用

本章精粹

蒙特卡罗模拟法便于处理报酬函数复杂、标的变量多等问题，但是在处理提前行权问题时却表现出明显的不足。本章将要介绍的二叉树法可以弥补蒙特卡罗模拟法的这种不足。

二叉树的基本原理是：假设变量运动只有向上和向下两个方向，且假设在整个考察期内，标的变量每次向上或向下的概率和幅度不变。将考察期分为若干阶段，根据标的变量的历史波动率模拟标的变量在整个考察期内所有可能的发展路径，并由后向前以倒推的形式走过所有结点，同时用贴现法得到在 0 时刻的价格。如果存在提前行权的问题，必须在二叉树的每个结点处检查在这一点行权是否比下一个结点上更有利，然后重复上述过程。

10.1 二叉树法的单期欧式看涨期权定价

假设：

(1) 市场为无摩擦的完美市场，即市场投资没有交易成本。这意味着不支付税负，没有买卖价差(Bid-Ask Spread)、没有经纪商佣金(Brokerage Commission)、信息对称等。

(2) 投资者是价格的接受者，投资者的交易行为不能显著地影响价格。

(3) 允许以无风险利率借入和贷出资金。

(4) 允许完全使用卖空所得款项。

(5) 未来股票的价格将是两种可能值中的一种。

为了建立好二叉树期权定价模型，我们先假定存在一个时期，在此期间股票价格能够从现行价格上升或下降。

下面用实例来说明二叉树期权定价模型的定价方法。

1．单一时期内的买权定价

假设股票今天($t=0$)的价格是 100 美元，一年后($t=1$)将分别以 120 美元或 90 美元出售，就是 1 年后股价上升 20%或下降 10%。期权的执行价格为 110 美元。年无风险利率为 8%，投资者可以这个利率放款(购买这些利率 8%的债券)或借款(卖空这些债券)。如图 10-1 所示。

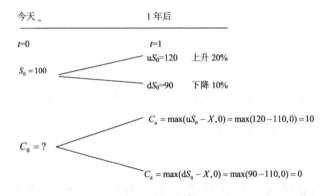

图 10-1 买权价格

图 10-1 表示股票买权的二叉树期权定价模型。现在股价为 100 美元，1 年后股价有两种状态：上升 20%后，股价记作 uS，为 120 美元，下降 10%后，股价记作 dS，为 90 美元，执行价格为 110 美元，根据前面的介绍，股票买权的到期价格分别为 10 美元和 0，那么在 $t=0$ 时买权的真实值(内在价值)$C_0 = ?$

为了给这个买权定价，我们可以用这个股票和无风险债券的投资组合来模拟买权的价值。这个投资组合在没有套利机会时等于这个买权的价格；相反，如果存在套利机会，投资者可以购买两种资产中较便宜的一种，出售较贵的另一种，而得到获利的机会。然而，这只能在很短的时间出现。这个投资组合不仅给出了买权的定价方法，而且还提供了一种对冲(套期保值)的方法。

假设投资者购买 N 股股票且投资 B_0 在无风险债券上，那么投资组合今天的值为

$$C_0 = N \times S_0 + B_0 \tag{10-1}$$

等式左端表示组合今天的值模拟买权的值，它们相等。

1 年后股价上升 20%，为 120 美元，买权价格为 10 美元；下降 10%，股价为 90 美元，买权价格为 0 美元。无风险债券为 $B_0(1+8\%)$，因此可得

$$120N + 1.08B_0 = 10 \tag{10-2}$$
$$90N + 1.08B_0 = 0 \tag{10-3}$$

从上面两式可以看出，1 年后，无论股价如何变动并影响无风险资产的投资，它都是 $1.08B_0$。由式(10-2)、式(10-3)可得

$$N = 10/(120 - 90) = 0.3333$$

和

$$B_0 = -0.3333 \times 90/1.08 = -27.78\,(美元)$$

B_0 的负值表示以无风险利率借 27.78 美元或卖空这种债券。代入式(10-1)，今天($t=0$)的买权值为

$$C_0 = N \times S_0 + B_0 = 0.3333 \times 100 - 27.78 = 5.55\,(美元)$$

如果今天的买权价格高于或低于 5.55 美元，即买权价格被高估或低估，这时投资者会采取什么行动呢？假设现在买权价格为 10 美元，投资者将以 10 美元出售这个买权，同时购买 0.3333 股股票且以无风险利率借 27.78 美元，那么在 $t=0$ 时投资者有净盈利：

$$10 - (0.3333 \times 100 - 27.78) = 4.45\,(美元)$$

在年底，即 $t=T=1$，投资者的净盈余如表 10-1 所示。

表 10-1　投资者的净盈余

组合成分	上升状态利润	下降状态利润
出售买权	−10	0
股票投资	0.3333×120=40	0.3333×90=30
贷款偿付	−27.78×1.08 = −30	−27.08×1.08=−30
净盈余	0	0

这就是说，无论股票的最终价格如何，净利润是零。投资者使用这种策略没有风险损失。只要买权定价在 10 美元，投资者现在都能得到不用付任何成本的盈利 4.45 美元。显然，这不是均衡状态，买权价格最终要调整到已知现在股价为 100 美元时的 5.55 美元。

如果买权 3 美元出售，这时它被低估，投资者将购买一个买权，卖空 0.3333 股股票且以无风险利率借 27.78 美元，那么在 $t=0$ 时投资者有净盈利：

$$0.3333 \times 100 - 27.78 - 3 = 2.55\,(美元)$$

在年底，即 $t=T=1$，投资者的净盈余如表 10-2 所示。

表 10-2　投资者的净盈余

组合成分	上升状态利润	下降状态利润
买权投资	10	0
偿付卖空股票	−0.3333×120=−40	−0.3333×90=−30

续表

组合成分	上升状态利润	下降状态利润
无风险投资	27.78×1.08= 30	27.08×1.08=30
净盈余	0	0

因此，净利润是零。投资者使用这种策略，无论股价最终是多少都没有风险损失。只要买权价格为 3 美元，投资者就可获得不需付任何成本的盈利 2.55 美元。因为这不是均衡状态，买权价格最终要调整到 5.55 美元。

2. 对冲比

使用股票和无风险债券的投资组合模拟股票的买权。如前面的介绍，借 27.78 美元且购买 0.3333 股股票，现在考虑股价变化的影响。因为 0.3333 股股票包含在投资组合中，那么股票每变化 1 美元，投资组合变化 0.3333 美元。由于买权和投资组合以相同价格出售，因此价格也随股价每变化 1 美元变化 0.3333 美元。这里 0.3333 是股票股份额 N，把它定义为期权对冲比，即

$$0.3333 = \frac{10-0}{120-90}$$

一般地，期权对冲比 h 可定义为

$$h = \frac{C_u - C_d}{uS_0 - dS_0} \tag{10-4}$$

式中 C_u，C_d 分别表示期权上升和下降状态的最终价格；uS_0, dS_0 分别表示股票上升和下降状态的最终价格。因此对冲比是期权与股票的上升状态和下降状态的最终价格之差的比，即基本资产变化 1 美元时期权的改变量。

用投资组合模拟买权，必须是购买 h 股股票，同时卖空债券或无风险借款。这个金额的现值是

$$B_0 = (C_d - h \times dS_0)/(1+r) \tag{10-5}$$

式中 r 表示年无风险利率。因此，$t=0$ 时的买权值是

$$C_0 = hS_0 + B_0 \tag{10-6}$$

它等于对冲比与现在股价乘积与无风险借款之和。它是式(10-1)的另一种解释。

将式(10-4)、式(10-5)入式(10-6)，整理可得 $C_0 = \dfrac{(1+r_f-d)C_u + (u-(1+r_f))C_d}{(1+r_f)(u-d)}$

令 $p = \dfrac{1+r_f-d}{u-d}$，则 $1-p = \dfrac{u-(1+r_f)}{u-d}$

所以 $C_0 = [pC_u + (1-p)C_d]/(1+r_f)$

10.2　二叉树法的两期与多期欧式看涨期权定价

股票价格在 1 年后不可能只有两个价格，我们可推广到多个价格的情形。现在，把 1 年分成两个时期，各 6 个月。如图 10-2 所示，在第 1 个时期($t=0.5T$)，假设价格可能上涨 20% 或下跌 10%，两个价格分别为 120 美元或 90 美元。在第二个时期($t=T$)价格可能还上涨 20%

或下跌 10%，因此，价格分别为 144 美元、108 美元和 81 美元。仍假设买权的执行价格为 110 美元，年无风险利率为 8%，那么今天的期权价格是多少？如图 10-2 所示。

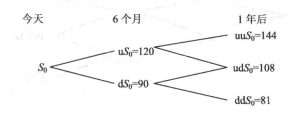

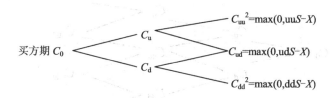

图 10-2　两个时期的买权价格

从图 10-2 中可知，只要能得到 $t=0.5T$ 的买权价格 C_u 就可推出 C_0，可根据式(10-4)、式 (10-5)、式(10-6)按顺序倒推出来。

首次，$C_d = 0$，因为年底股票价格低于 6 个月后的价格，或 6 个月后价格低于现在的价格。投资者认为没有价值，所以，不愿付任何价格购买。

其次，6 个月后，C_u 的对冲比为

$$h_{0.5T} = \frac{34 - 0}{144 - 108} = 0.9444$$

$$B_{0.5T} = -0.9444 \times 108/1.04 = -98.08$$

那么 6 个月后的买权值为

$$C_u = 0.9444 \times 120 - 98.08 = 15.25$$

最后，今天($t=0$)的对冲比为

$$h_0 = \frac{15.25 - 0}{120 - 90} = 0.5084$$

$$B_0 = -0.5084 \times 100/1.04 = -48.89$$

那么，今天的买权值为

$$C_0 = 0.5084 \times 100 - 48.89 = 1.95$$

对于上面的计算过程，我们可得到更为一般的式子，从第 2 期末到第 1 期末，有

$$C_u = \frac{pC_{uu} + (1-p)C_{ud}}{1 + r_f}, \quad C_d = \frac{pC_{ud} + (1-p)C_{dd}}{1 + r_f}$$

再从第 1 期末倒推到期初，我们有

$$C_0 = \frac{p^2 C_{uu} + 2p(1-p)C_{ud} + 1 - p)^2 C_{dd}}{(1 + r_f)^2}$$

这些步骤可以推广到可能有 $n(n \geqslant 2)$ 个股票价格的情形。只要把时期细分即可，如图 10-3 所示。

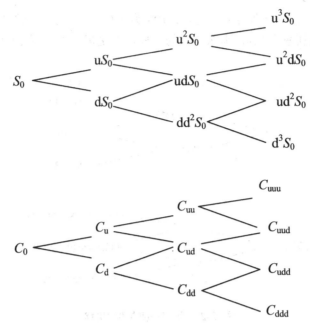

图 10-3　多期买权价格

例如，初始价格为 100 美元，股票价格上涨或下跌的可能性相同，三个时期内股票价格可能增加 20%或减少 10%，我们能从以下的计算中得出股票价格的概率分布。三时期内股票价格的变动有八种组合：uuu、uud、udu、duu、udd、dud、ddu、ddd。每种都有 1/8 的可能性。因此，股价在最后期末的概率分布如表 10-3 所示。

表 10-3　期末的概率分布

事　件	概　率	股票价格
3 升	1/8	100×1.2^3
2 升 1 降	3/8	$100 \times 1.2^2 \times 0.9$
1 升 2 降	3/8	$100 \times 1.2 \times 0.9^2$
3 降	1/8	100×0.9^3

多次利用前面介绍的对冲比，二叉树看涨期权价格就是所有这些概率与到期期权价格的加权和。

一般地，我们设在 n 期内股价上升 i 次(从而下降 $n-i$ 次)，则最终股价为 $S_n = u^i d^{n-i} S_0$，从而在 $i=n$ 的期权的价值为

$$\max(u^i d^{n-i} S_0 - X, 0)$$

一个有二项分布的随机变量，取 u 的概率为 p，取 d 的概率为 $1-p$，则取值 $u^i d^{n-i} S_0$ 的概率为

$$\frac{n!}{i! \times (n-i)!} p^i (1-p)^{n-i}$$

其中：p 表示风险中性概率。

由于 n 可取 $0，1，2，\cdots，n$，所以期权的期望价值为

$$\sum_{i=0}^{n}\frac{n!}{i!\times(n-i)!}p^i(1-p)^{n-i}\max(u^id^{n-i}S_0-X,0)$$

在 n 期的情形下，每一步朝后移动一期，最终得出均衡期权价格 C_0。因此，多期二叉树定价模型为

$$C_0=\frac{1}{(1+r)^n}\sum_{i=0}^{n}\frac{n!}{i!\times(n-i)!}p^i(1-p)^{n-i}\max[u^id^{n-i}S_0-X,0] \tag{10-7}$$

10.3　二叉树看跌期权定价与平价原理

10.3.1　二叉树看跌期权定价

同样，可以使用二叉树来评估卖权的真实值，如图 10-4 所示，图中股票的执行价格为 110 美元，年无风险利率为 8%，那么今天的卖权值是多少呢？可以用式(10-4)、式(10-5)、式(10-6)解决。

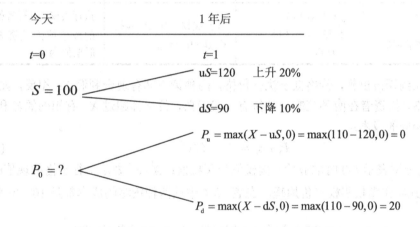

图 10-4　看跌期权定价

卖权的对冲比：

$$h_P=\frac{0-20}{120-90}=-0.6667(\text{股})$$

这个负值表示股价上升时卖权有较低的价格。

无风险投资额：

$$B_0=(20+0.6667\times90)/1.08=74.07(\text{美元})$$

因此今天的卖权值：

$$P_0=-0.6667\times100+74.07=7.40(\text{美元})$$

它可以看作是卖空 0.6667 股股票且投资无风险债券 74.07 美元的净成本。

10.3.2　平价原理

有相同执行价格和到期日的欧式买权和卖权的对冲比有下列关系：

$$h_C - 1 = h_P$$

其中 h_C、h_P 分别表示买权和卖权的对冲比。从上面的例子我们看到买权、卖权的执行价格为 110 美元，到期期限为 1 年，买权对冲比为 0.3333，卖权对冲比为-0.6667，即 0.3333-1=-0.6667。

现在使用上面的例子，比较两种买权和卖权的投资策略。

策略(一)：购买一个卖权和一支股票，这种策略叫作保护性策略的卖权购入。

策略(二)：购买一个买权并且以执行价格的现值金额投资无风险资产。

如表 10-4 所示。

表 10-4　期权策略

期权策略	最初成本(t=0)	到期值(t=1)	
购买一个卖权 购买一股股票	$P_0 + S_0 = 7.40 + 100$ $= 107.40$	$S_T \leqslant X$ 执行卖权的 110 美元	$S_T > X$ 放弃卖权，投资者的股票值为 S_T
购买一个买权 投资无风险资产的现值	$C_0 + X/(1+r)$ $= 5.55 + 110/1.08$ $= 107.40$	放弃买权，由无风险投资得 110 美元	执行买权，投资者得到的股票值为投资者的股票值 S_T

如果股票在到期日出售，价格低于执行价格，两种策略都有现金利润 X；相反，如果价格高于执行价格，投资者在两种策略中都持有一股股票，价格都超过 X，有相同的盈利。均衡中，它们有相同的成本：

$$P_0 + S_0 = C_0 + X/e^{rT} \tag{10-8}$$

其中：P_0, S_0, C_0 分别表示 $t=0$ 时的股价、卖权值和买权值；X/e^{rT} 表示执行价格的现值(使用复利)。这个等式叫作卖权买权平价原理。在表 10-4 中这两种策略的成本都是 107.40 美元。

10.4　二叉树法的解析式与计算步骤

10.4.1　解析式

假设一个不支付红利股票的美式看跌期权的权利期间被分成 N 个长度为 Δt 的小时间段。设 f_{ij} 为 $i\Delta t$ 时刻股票价格为 $Su^j d^{i-j}$ $(0 \leqslant i \leqslant N, 0 \leqslant j \leqslant i)$ 时的期权价格，也称为结点 (i,j) 的期权价格。由于美式看跌期权在到期日的价格为 $\max(X - S_T, 0)$，所以

$$f_{ij} = \max(0, X - Su^j d^{i-j}, 0), j = 0, 1, \cdots, N \tag{10-9}$$

假设在 $i\Delta t$ 时刻从结点 (i,j) 向 $(i+1)\Delta t$ 时刻的结点 $(i+1, j+1)$ 移动的概率是 P；在 $i\Delta t$ 时刻从结点 (i,j) 向 $(i+1)\Delta t$ 时刻的结点 $(i+1, j)$ 移动的概率是 $1-P$。

若不提前行权，在风险中性世界里期权的价格为

$$f_{ij} = e^{-r\Delta}[Pf_{i+1,j+1} + (1-P)f_{i+1,j}], 0 \leqslant i \leqslant N-1, 0 \leqslant j \leqslant i \tag{10-10}$$

考虑提前行权时，式中 f_{ij} 必须与看跌期权的内在价值进行比较，因此有

$$f_{ij} = \max(X - Su^j d^{i-j}, e^{-r\Delta}[Pf_{i+1,j+1} + (1-P)f_{i+1,j}]) \tag{10-11}$$

注意：因为是从 T 时刻倒推来计算期权价格的，所以 $i\Delta t$ 时刻的期权价格不仅反映了在 $i\Delta t$ 时刻提前行权对期权价格的影响，也反映了在以后的时间里提前行权对期权价格的影响。

10.4.2　计算步骤

根据上述二叉树法的基本原理和二叉树法的解析式，我们给出如下计算衍生证券价格的步骤。

(1) 将衍生证券的有效期分成 N 步等间隔时间段，每步步长 Δt。这样我们需要考虑 $N+1$ 个时间点：$0, \Delta t, 2\Delta t, \cdots, T$。

(2) 计算二叉树的参数 P，u 和 d。

(3) 构建二叉树。

(4) 通过二叉树倒推计算期权的价格。

注意：如果是美式期权，我们要在二叉树形图的每个结点检查在这一结点行权是否更有利。

10.5　二叉树法的无收益资产欧式期权定价 Python 应用

由 $C_0 = \dfrac{1}{(1+r)^n} \sum_{i=0}^{n} \dfrac{n!}{i!(n-i)!} p^i (1-p)^{n-i} \max[\mathrm{u}^i \mathrm{d}^{n-i} S_0 - X, 0]$ 和平价公式 $P_0 + S_0 = C_0 + X / \mathrm{e}^{rT}$

可知，n 期欧式看涨、看跌期权价格的二叉树计算公式如下。

$$\text{买权价格} = \sum_{i=0}^{n} \binom{n}{i} q_{\mathrm{u}}^i q_{\mathrm{d}}^{n-i} \max[S_0 \mathrm{u}^i \mathrm{d}^{n-i} - X, 0]$$

$$\text{卖权价格} = \sum_{i=0}^{n} \binom{n}{i} q_{\mathrm{u}}^i q_{\mathrm{d}}^{n-i} \max[X - S_0 \mathrm{u}^i \mathrm{d}^{n-i}, 0]$$

为了定义该公式的 Python 语言，应考虑更一般的情形：假设股票的当前价格为 S，股票在 1 年内的价格波动率为 σ，无风险债券的年利率为 r(VBA 语言中表示为 r_{f})，股票期权的执行期限 T，执行价格为 X，将时间区间平分为 n 份，看作 n 个时间周期，在每个时间周期内股票可能上涨也可能下跌，幅度分别记为 u 和 d，则结合二叉树期权定价公式，在每个阶段中上涨和下降的状态价格具有如下描述：

$$\Delta t = T / n, \quad R = \mathrm{e}^{r\Delta t} \approx 1 + r\Delta t$$

$$u = \mathrm{e}^{\sigma\sqrt{\Delta t}}, \quad d = \mathrm{e}^{-\sigma\sqrt{\Delta t}}$$

$$q_{\mathrm{u}} = \frac{R-d}{R(u-d)}, \quad q_{\mathrm{d}} = 1/R - q_{\mathrm{u}}$$

为什么 $u = \mathrm{e}^{\sigma\sqrt{\Delta t}}$，$d = \mathrm{e}^{-\sigma\sqrt{\Delta t}}$？

设股价初期价格为 S，如果投资无风险资产，经过 Δt 时间后价值为 $S\mathrm{e}^{r\Delta t}$，股票收益期望应为

$$S\mathrm{e}^{r\Delta t} = pSu + (1-p)Sd$$

即 　　　　　　　　　　　　$$\mathrm{e}^{r\Delta t} = pu + (1-p)d \tag{10-12}$$

如果标的资产服从一般的**布朗运动**，即 $\Delta S = S\mu\Delta t + S\sigma\sqrt{\Delta t}\times\varepsilon$，$\varepsilon$ 是服从标准正态分布的一个随机变量。

经过 Δt 后，其方差为 $S^2\sigma^2\Delta t$，必须和离散模型中的资产方差相等，离散资产方差根据公式 $D(X)=E(X^2)-(E(X))^2$，这样有

$$S^2\sigma^2\Delta t = pS^2u^2+(1-p)S^2d^2-S^2[pu+(1-p)d]^2$$

$$\sigma^2\Delta t = pu^2+(1-p)d^2-[pu+(1-p)d]^2 \tag{10-13}$$

选择 u、d 满足下面的关系：

$$u=1/d \tag{10-14}$$

由式(10-12)可以解出：$p=\dfrac{\mathrm{e}^{r\Delta}-d}{u-d}$

根据式(10-14)，令 $u=\mathrm{e}^{\sigma\sqrt{\Delta t}}$，$d=\mathrm{e}^{-\sigma\sqrt{\Delta t}}$

将上三式代入式(10-13)的右边，可得：

$$pu^2+(1-p)d^2-[pu+(1-p)d]^2=\mathrm{e}^{r\Delta}(\mathrm{e}^{\sigma\sqrt{\Delta t}}+\mathrm{e}^{-\sigma\sqrt{\Delta t}})-1-\mathrm{e}^{2r\Delta} \tag{10-15}$$

当 $\Delta t \to 0$ 时，有

$\mathrm{e}^{\sigma\sqrt{\Delta t}}\approx 1+\sigma\sqrt{\Delta t}+1/2\sigma^2\Delta t$，$\mathrm{e}^{-\sigma\sqrt{\Delta t}}\approx 1-\sigma\sqrt{\Delta t}+1/2\sigma^2\Delta t$

$\mathrm{e}^{r\Delta}\approx 1+\Delta t$，$\mathrm{e}^{2r\Delta}\approx 1+2r\Delta t$

将上面四式子代入式(10-13)中右边得：$\sigma^2\Delta t+r\sigma^2(\Delta t)^2$

当 $\Delta t \to 0$ 时，$r\sigma^2(\Delta t)^2 \to 0$，所以有式(10-13)左边等于右边。

这种表达方法保证了当 $\Delta t \to 0 (n \to \infty)$ 时，股票收益的分布接近于正态分布。

欧式期权定价可直接由 B-S 期权定价公式给出，但是，要说明如何开发二叉树 Python 语言函数并将二叉树的计算结果与 B-S 期权定价公式给出的结果进行比较。

二叉树法欧式看涨期权定价的 Python 语言函数设计如下：

```
def binary_tree_european_call_option_pricing(S,X,r,sigma,times,steps):
  R=math.exp(r*(times/steps))
  R_reciprocal=1.0/R
  u=math.exp(sigma*math.sqrt(times/steps))
  d=1.0/u
  u_square=u**2
  p_up=(R-d)/(u-d)
  p_down=1-p_up
  prices= np.zeros(steps+1)
  call_values= np.zeros(steps+1)
  prices[0]=S*d**(steps)
  for i in range(1,(steps+1)):
    prices[i]=u_square*prices[i-1]
  for i in range(0,steps+1):
    call_values[i]=max(0,prices[i]-X)
  for j in range(steps,0,-1):
    for i in range(0,j):
call_values[i]=(p_up*call_values[i+1]+p_down*call_values[i])*R_reciprocal
  return call_values[0]
```

以上仅给出了欧式看涨期权定价的二叉树法的 **Python** 语言函数，欧式看跌期权定价的二叉树法类似，由读者自己完成。

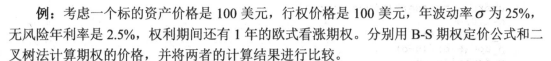

例：考虑一个标的资产价格是 100 美元，行权价格是 100 美元，年波动率 σ 为 25%，无风险年利率是 2.5%，权利期间还有 1 年的欧式看涨期权。分别用 B-S 期权定价公式和二叉树法计算期权的价格，并将两者的计算结果进行比较。

解：在本例中，S=100，X=100，r=0.025，σ=0.25，$T-t$=1.0。本例的计算步骤如下：

(1) 设定时间步数和时间步长。我们将 $T-t$ 分成 100 等份，步长为：

$$\Delta t = (T-t)/N = 1/100$$

(2) 计算二叉树的相关参数：

$$u = e^{\sigma\sqrt{\Delta t}} = e^{0.25\sqrt{\Delta t}}, \quad d = e^{-\sigma\sqrt{\Delta t}} = e^{-0.25\sqrt{\Delta t}}$$

$$a = e^{r\Delta t} = e^{0.025\times\Delta t}, \quad P = \frac{a-d}{u-d} = \frac{e^{0.025\times\Delta t} - e^{-0.025\times\sqrt{\Delta t}}}{e^{0.025\sqrt{\Delta t}} - e^{-0.025\times\sqrt{\Delta t}}}$$

(3) 构建二叉树。

(4) 通过二叉树倒推计算期权的价格。

二叉树法计算欧式看涨期权的 Python 语言函数调用如下：

```
from numpy import *
import numpy as np
S=100.0;X=100.0;r=0.025;sigma=0.25;times=1.0;steps=100
res1=binary_tree_european_call_option_pricing(S,X,r,sigma,times,steps)
res1
Out[43]: 11.083521101164466
```

我们调用 B-S 期权定价公式 Python 语言函数，并将上述计算结果与这里的 B-S 期权定价 Python 语言函数计算结果进行比较。

B-S 期权定价公式的 Python 语言函数如下：

```
def bscall_option(S,X,rf,sigma,T):
  d1=(log(S/X)+(rf+0.5*sigma**2)*T)/(sigma*sqrt(T))
  d2=d1-sigma*sqrt(T)
  C=S*norm.cdf(d1)-X*exp(-rf*T)*norm.cdf(d2)
  return C
```

B-S 期权定价公式的 Python 语言函数调用如下：

```
from scipy.stats import norm
S=100.0;X=100.0;r=0.025;sigma=0.25;T=1.0
bscall_option(S,X,r,sigma,T)
```

得到如下结果：

```
Out[17]: 11.108170269826189
```

可见上面两种计算方法的结果接近。

10.6 二叉树法的无收益资产美式期权定价 Python 应用

美式期权定价存在着提前行权的问题，因此要在上述欧式期权定价 Python 语言函数的基础上增加检查提前行权的语句。下面是考虑到提前行权问题后而给出的 Python 语言函数：

```
def binary_tree_American_call_option_pricing(S,X,r,sigma,times,steps):
  R=exp(r*(times/steps))
  R_reciprocal=1/R
```

```
      u=exp(sigma*sqrt(times/steps))
      d=1.0/u
      u_square=u**2
      p_up=(R-d)/(u-d)
      p_down=1-p_up
      prices= np.zeros(steps+1)
      prices[0]=S*d**(steps)
      for i in range(1,steps+1):
        prices[i]=u_square*prices[i-1]
      call_values= np.zeros(steps+1)
      for i in range(0,steps+1):
        call_values[i]=max(0,prices[i]-X)    ##检查是否行权
      for j in range(steps,0,-1):
        for i in range(0,j):
```
```
call_values[i]=(p_up*call_values[i+1]+p_down*call_values[i])*R_reciprocal
          prices[i]=d*prices[i+1]
          call_values[i]=max(call_values[i],prices[i]-X)
      return call_values[0]
```
```
    def binary_tree_American_put_option_pricing(S,X,r,sigma,times,steps):
      R=exp(r*(times/steps))
      R_reciprocal=1.0/R
      u=exp(sigma*sqrt(times/steps))
      d=1.0/u
      u_square=u**2
      p_up=(R-d)/(u-d)
      p_down=1-p_up
      prices=np.zeros(steps+1)
      prices[0]=S*d**(steps)
      for i in range(1,(steps+1)):
        prices[i]=u_square*prices[i-1]
      put_values=np.zeros(steps+1)
      for i in range(0,steps+1):
        put_values[i]=max(0,X-prices[i])    ##检查是否行权
      for j in range(steps,0,-1):
        for i in range(0,j):
```
```
put_values[i]=(p_up*put_values[i+1]+p_down*put_values[i])*R_reciprocal
          prices[i]=d*prices[i+1]
          put_values[i]=max(put_values[i],X-prices[i])
      return put_values[0]
```

例：考虑一个标的资产价格是 100 美元，行权价格是 100 美元，年波动率 σ 为 25%，无风险年利率是 10%，权利期间还有 1 年的美式看涨期权和看跌期权。用二叉树法计算两者的价格。

解：在本例中，S=100，X=100，r=0.1，σ=0.25，$T-t$=1.0。根据二叉树法的基本原理，我们按照如下步骤计算期权的价格。

(1) 设定时间步数和时间步长。我们将 $T-t$ 分成 100 等份，步长为

$$\Delta t = (T-t)/N = 1/100$$

(2) 计算二叉树的相关参数：

$$u = \mathrm{e}^{\sigma\sqrt{\Delta t}} = \mathrm{e}^{0.25\sqrt{\Delta t}}, \quad d = \mathrm{e}^{-\sigma\sqrt{\Delta t}} = \mathrm{e}^{-0.25\sqrt{\Delta t}}$$

$$a = \mathrm{e}^{r\Delta t} = \mathrm{e}^{0.1\times\Delta t}, \quad P = \frac{a-d}{u-d} = \frac{\mathrm{e}^{0.1\times\Delta t} - \mathrm{e}^{-0.25\sqrt{\Delta t}}}{\mathrm{e}^{0.25\sqrt{\Delta t}} - \mathrm{e}^{-0.25\sqrt{\Delta t}}}$$

(3)　构建二叉树。

(4)　通过二叉树倒推计算期权的价格。

> **注意：**由于是美式期权，故需要在每个结点检查是否行权。

二叉树法计算美式看涨期权的 Python 语言函数调用如下：

```
from numpy import *
import numpy as np
S=100.0;X=100.0;r=0.1;sigma=0.25;times=1.0;steps=100
res1=binary_tree_American_call_option_pricing(S,X,r,sigma,times,steps)
res1
Out[65]: 14.950509715369073
##这是二叉树法求美式看涨期权价格
res2=binary_tree_American_put_option_pricing(S,X,r,sigma,times,steps)
res2
Out[67]: 6.5469118610416226
##这是二叉树法求美式看跌期权价格
```

10.7　二叉树法的支付连续红利率美式期权定价 Python 应用

引入二叉树的重要目的之一是解决美式期权定价问题。有了上面的美式期权定价的 Python 语言函数设计基础，支付连续红利率的美式期权定价的 Python 语言函数设计就十分简单了。支付连续红利率是指标的资产在期权有限期的每个时刻都支付红利率。我们只要将上面 Python 语言函数中的参数 $a = e^{r\Delta}$ 改为 $a = e^{(r-y)\Delta}$ 即可给出美式期权定价的 Python 语言函数。

```
##支付连续红利率美式看涨期权定价
def binary_tree_Div_American_call_option_pricing(S,X,r,y,sigma,times,steps):
  R=exp(r*(times/steps))
  R_reciprocal=1/R
  u=exp(sigma*sqrt(times/steps))
  d=1.0/u
  u_square=u**2
  #p_up=(R-d)/(u-d)
  p_up=(exp((r-y)*(times/steps))-d)/(u-d)
  p_down=1-p_up
  prices= np.zeros(steps+1)
  prices[0]=S*d**(steps)
  for i in range(1,steps+1):
    prices[i]=u_square*prices[i-1]
  call_values= np.zeros(steps+1)
  for i in range(1,steps+1):
    call_values[i]=max(0,prices[i]-X)   ##检查是否行权
  for j in range(steps,0,-1):
    for i in range(0,j):
      call_values[i]=(p_up*call_values[i+1]+p_down*call_values[i])*R_reciprocal
      prices[i]=d*prices[i+1]
      call_values[i]=max(call_values[i],prices[i]-X)
  return call_values[0]
##支付连续红利率美式看跌期权定价
```

```
        def
binary_tree_Div_American_put_option_pricing(S,X,r,y,sigma,times,steps):
        R=exp(r*(times/steps))
        R_reciprocal=1.0/R
        u=exp(sigma*sqrt(times/steps))
        d=1.0/u
        u_square=u**2
        #p_up=(R-d)/(u-d)
        p_up=(exp((r-y)*(times/steps))-d)/(u-d)
        p_down=1-p_up
        prices=np.zeros(steps+1)
        prices[0]=S*d**(steps)
        for i in range(1,steps+1):
          prices[i]=u_square*prices[i-1]
        put_values=np.zeros(steps+1)
        for i in range(0,steps+1):
          put_values[i]=max(0,X-prices[i])    ##检查是否行权
        for j in range(steps,0,-1):
          for i in range(0,j):
put_values[i]=(p_up*put_values[i+1]+p_down*put_values[i])*R_reciprocal
            prices[i]=d*prices[i+1]
            put_values[i]=max(put_values[i],X-prices[i])
        return put_values[0]
```

例：考虑标的资产价格是 100 美元，行权价格是 100 美元，年波动率 σ 为 25%，无风险年利率是 10%，权利期间还有 1 年，连续红利率是 8%的美式看涨期权和看跌期权。用二叉树法计算两者的价格。

解：在本例中，S=100，X=100，r=0.1，y=0.08，σ=0.25，$T-t$=1.0。根据二叉树法的基本原理，我们按照如下步骤计算期权的价格。

(1) 设定时间步数和时间步长。我们将 $T-t$ 分成 100 等份，步长为

$$\Delta t = (T-t)/N = 1/100$$

(2) 计算二叉树的相关参数：

$$u = \mathrm{e}^{\sigma\sqrt{\Delta t}} = \mathrm{e}^{0.25\sqrt{\Delta t}}, \ d = \mathrm{e}^{-\sigma\sqrt{\Delta t}} = \mathrm{e}^{-0.25\sqrt{\Delta t}}$$

$$a = \mathrm{e}^{(r-y)\Delta t} = \mathrm{e}^{(0.1-0.08)\times\Delta t}, \ P = \frac{a-d}{u-d} = \frac{\mathrm{e}^{(0.1-0.08)\times\Delta t} - \mathrm{e}^{-0.25\sqrt{\Delta t}}}{\mathrm{e}^{0.25\sqrt{\Delta t}} - \mathrm{e}^{-0.25\sqrt{\Delta t}}}$$

(3) 构建二叉树。

(4) 通过二叉树倒推计算期权的价格。

注意：由于是美式期权，故需要在每个结点检查是否行权。

二叉树法计算美式看涨期权的 **Python** 语言函数调用如下：

```
from numpy import *
import numpy as np
S=100.0;X=100.0;r=0.1;y=0.08;sigma=0.25;times=1.0;steps=100
res1=binary_tree_Div_American_call_option_pricing(S,X,r,y,sigma,times,steps)
res1
Out[71]: 10.078227709901869
res2=binary_tree_Div_American_put_option_pricing(S,X,r,y,sigma,times,steps)
res2
Out[74]: 8.5900236386492494
```

10.8　应用二叉树期权定价模型进行项目投资决策

我们知道，企业进行实物资产项目投资时，最基本的分析方法是净现值法。这要求先预报投资后各年的现金流序列 $\hat{C}_1, \hat{C}_2, \cdots, \hat{C}_N$，然后确定适当的资本机会成本，即折现率 r，计算该项目的现值 $\mathrm{PV} = \sum_{i=1}^{N} \dfrac{\hat{C}_i}{(1+r)^i}$，如果资本支出的现值为 Cost，那么该项目的净现值为

$$\mathrm{NPV} = -\mathrm{Cost} + \mathrm{PV}$$

净现值准则告诉我们：若 NPV>0，则该项目上马；若 NPV≤0，则该项目不上马。

我们现在提出一个项目投资，相当于创造了一个以项目资产为标的资产的看涨期权，执行价格为资本投入的现值 Cost，标的资产的价格为该项目的现值 PV，PV 具有不确定性。如果现在就决定该项目是上马还是不上马，相当于看涨期权的执行日就是现在，因此该看涨期权的价值为：$V_{\mathrm{CT}} = \max\{0, \mathrm{PV} - \mathrm{Cost}\} = \max\{0, \mathrm{NPV}\}$，但如果不必马上做出投资决策，而是在今后 T 年内再作出投资决策，那么该投资项目就相当于执行期为 T 年的美式看涨期权，这显然比现在就做出项目决策有更大的价值。

这个看涨期权的标的资产，即项目资产是支付"红利"的，这里的"红利"就是项目上马后产生的现金流。该项目上马意味着提早得到现金流，但要投入资本 Cost；晚上马则意味着损失现金流，但可赢得投入资本 Cost 的利息。如果是好项目，晚上马会造成损失；如果是坏项目，晚上马或不上马会带来收益。权衡利弊得失，求出最优上马时间(或不上马)是管理者的任务，因为可以等待，管理者就有机会捕捉最有利的时机，增加收益，避免损失。

我们知道，无"红利"的美式看涨期权是不会提前执行的。有"红利"的也不会总是提前执行。但如果"红利"数额很大，会使其拥有者在"红利"支付前执行看涨期权。财务经理在投资决策时也会采取相同的行动：当投资项目的预报现金流充分大时，他们会马上投资，抓住这些现金流，当预报的现金流比较小时，他们会倾向于继续保持其看涨期权，而不是马上投资，甚至 NPV>0 时也是如此。这说明，为什么经理们有时对 NPV>0 的项目也犹豫不决，在 NPV 接近于 0 时，持有看涨期权会给企业增加最大的价值。

例：假设一个项目当前的现值为 100 万元，假设它每年的经营存在两种可能，一种是按当年的现值以 8%增长，另一种可能是则是按当年的现值以 6%负增长。如果允许在项目投资 2 年后，投资者可以 90 万元的价格卖掉这个项目。假设无风险利率为 5%。那么卖掉这个项目的权利的价值是多少呢？

这是一个典型的实物期权，2 年后项目的计算如图 10-5 所示。

其中风险中性概率的计算方法是

$$p = \frac{\mathrm{e}^{r(T-1)} - d}{u - d} = \frac{\mathrm{e}^{0.05 \times 1} - 0.94}{1.08 - 0.94} = 0.786, \quad 1 - p = 1 - 0.786 = 0.214$$

则这个权利的价值为

$$P_{\mathrm{u}} = [pP_{\mathrm{uu}} + (1-p)P_{\mathrm{ud}}]\mathrm{e}^{-r\Delta t} = 0$$

$$P_{\mathrm{d}} = [pP_{\mathrm{ud}} + (1-p)P_{\mathrm{dd}}]\mathrm{e}^{-r\Delta t} = (0.786 \times 0 + 0.214 \times 1.64)\mathrm{e}^{-0.05 \times 1} = 0.334(万元)$$

$$P = [pP_{\mathrm{u}} + (1-p)P_{\mathrm{d}}]\mathrm{e}^{-r\Delta t} = (0.786 \times 0 + 0.214 \times 0.334)\mathrm{e}^{-0.05 \times 1} = 0.064(万元)$$

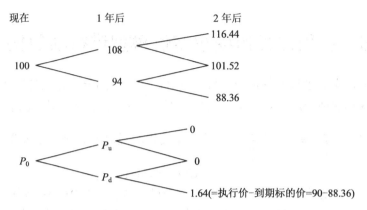

图 10-5　二叉树定价方法对实物期权的图解

所以卖掉这个项目的权利价值为 0.064 万元。

这里，Python 的函数调用如下：

```
from numpy import *
import numpy as np
X=90;S=100;r=0.05;times=2;steps=2;sigma=0.07;y=0.0
res2=binary_tree_Div_American_put_option_pricing(S,X,r,y,sigma,times,steps)
res2
Out[8]: 0.063695510997497359
```

思　考　题

1. 股票当前价格 S=25 元，执行价格 X=25 元，无风险年利率 r=8%，股票的波动率 σ=30%，期权到期期限 T=0.5 年，用二叉树期权定价模型计算对应的欧式看涨期权和看跌期权的价格。

2. 你要估计一看涨期权的价值：执行价为 100 美元，为期一年。标的股票不支付股息，现价为 100 美元。你认为价格涨至 120 美元或跌至 80 美元的可能性均为 50%，无风险利率为 10%。用两状态股价模型计算该看涨期权的价值。

第 11 章　期权定价的有限差分法 及其 Python 应用

本章精粹

我们知道，期权定价最终归结为一个二阶偏微分方程，而有限差分方法是计算偏微分方程的有效工具。有限差分法是独立于蒙特卡罗模拟法和二叉树法的一种新的金融衍生证券定价方法。有限差分法包括内含有限差分法和外推有限差分法。在本章中我们将介绍这两种方法，并利用它们解决相同的问题，从而便于读者了解它们之间的差异。

11.1 有限差分法的基本思想

偏微分方程在金融工程中占有重要位置，著名的 Black-Scholes 方程就是以二阶偏微分方程形式给出的。偏微分方程为求解复杂的金融衍生工具价格提供了有力手段，但是偏微分方程通常没有解析解，因此用数值计算方法求解衍生工具价格就成为金融工程的一项基本功。求解金融衍生工具价格与求解通常偏微分方程的区别主要在于一般偏微分方程是给定初值求解终值，而衍生品定价问题是给定终值求初值，属于倒向随机偏微分方程求解。

有限差分法的基本思想是：先将衍生证券所满足的偏微分方程转化为一系列近似的差分方程，再用迭代法求解这些差分方程，最后得出衍生证券的价格。

为说明这种方法，我们考虑一个不支付红利的股票期权，股票期权价格所满足的偏微分方程为

$$\frac{\partial f}{\partial t} + r\frac{\partial f}{\partial S}S + \frac{1}{2}\frac{\partial^2 f}{\partial S}\sigma^2 S^2 = rf \tag{11-1}$$

假设现在是 0 时刻，我们把 0 时刻至期权的到期日 T 分成 N 个等间隔的时间段，每段步长是 $\Delta t = T/N$，这样总共有 $N+1$ 个点：

$$0, \Delta t, 2\Delta t, 3\Delta t, \cdots, T$$

假设 S_{max} 为股票价格所能达到的最大值，定义价格步长为 $\Delta S = S_{max}/M$，其中 M 为价格步数。这样就有 $M+1$ 个股票价格点：

$$0, \Delta S, 2\Delta S, 3\Delta S, \cdots, S_{max}$$

上面的价格点与时间点构成了一个共有$(M+1) \times (N+1)$坐标点的方格。任意点(i, j)对应的时间是 $i\Delta t$，股票价格是 $j\Delta S$。

我们使用 f_{ij} 点(i, j)的期权价格。这样，就可以用离散算子逼近 $\dfrac{\partial f}{\partial t}$、$\dfrac{\partial f}{\partial S}$、$\dfrac{\partial^2 f}{\partial S}$ 各项，从而把上述偏微分方程转化为离散方程。

11.2 内含有限差分法和外推有限差分法

有限差分法有内含有限差分法和外推有限差分法。内含有限差分法和外推有限差分法如图 11-1 和图 11-2 所示。

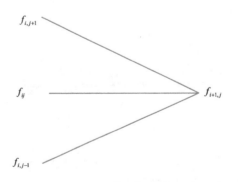

图 11-1 内含有限差分法

由图 11-1 和图 11-2 可知，内含有限差分法在 $i\Delta t$ 时刻的三个不同的期权价格 $f_{i,j+1}$、f_{ij}、$f_{i,j-1}$ 对应着 $(i+1)\Delta t$ 时刻的一个期权价格；外推有限差分法在 $i\Delta t$ 时刻的一个期权价格 f_{ij} 对应着 $(i+1)\Delta t$ 时刻的三个不同的期权价格 $f_{i+1,j+1}$、$f_{i+1,j}$、$f_{i+1,j-1}$。

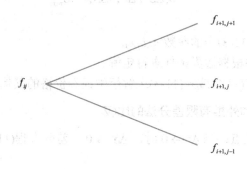

图 11-2　外推有限差分法

1. 内含有限差分法

通过对式(11-1)进行差分处理，我们得出内含有限差分法的表达式：

$$a_j f_{i,j-1} + b_j f_{i,j} + c_j f_{i,j+1} = f_{i+1,j} \tag{11-2}$$

式中：

$$a_j = \frac{1}{2}rj\Delta t - \frac{1}{2}\sigma^2 j^2 \Delta t \,,$$

$$b_j = 1 + r\Delta t + \sigma^2 j^2 \Delta t \,,$$

$$c_j = -\frac{1}{2}rj\Delta t - \frac{1}{2}\sigma^2 j^2 \Delta t$$

式(11-2)的解很多。要求某些特定的解，需要给出边界条件。

2. 外推有限差分法

通过对式(11-1)进行差分处理，我们得出外推有限差分法的表达式：

$$a_j f_{i+1,j-1} + b_j f_{i+1,j} + c_j f_{i+1,j+1} = f_{i,j} \tag{11-3}$$

式中：

$$a_j = \frac{1}{1+r\Delta t}\left(-\frac{1}{2}rj\Delta t + \frac{1}{2}\sigma^2 j^2 \Delta t\right),$$

$$b_j = \frac{1}{1+r\Delta t}\left(1 - \sigma^2 j^2 \Delta t\right),$$

$$c_j = \frac{1}{1+r\Delta t}\left(\frac{1}{2}rj\Delta t + \frac{1}{2}\sigma^2 j^2 \Delta t\right)$$

式(11-2)的解也很多。要求某些特定的解，同样需要给出边界条件。

3. 差分方程的求解步骤

差分方程(11-2)和方程(11-3)的求解步骤如下。

(1) 将衍生证券的有效期分成 N 步，每步步长是 Δt，这样总共有 $N+1$ 个时间点：

$$0, \Delta t, 2\Delta t, 3\Delta t, \cdots, T$$

假设 S_{max} 为标的资产价格所能达到的最大值，并将价格分成 M 步，每步步长为 S_{max}/M，这样就有 $M+1$ 个股票价格点：

$$0, \Delta S, 2\Delta S, 3\Delta S, \cdots, S_{max}$$

(2) 求式(11-2)和式(11-3)中的参数 a_j, b_j, c_j。

(3) 给出边界条件并根据边界条件求特定解。

(4) 使用迭代方程式(11-2)或式(11-3)求解衍生证券价格的其他值。

4. 内含有限差分法和外推有限差分法的比较

内含有限差分法的优点：当 $\Delta t \to 0$ 时，$\Delta S \to 0$，差分方程(11-2)的解总是收敛于偏微分方程(11-1)的解。

内含有限差分法的缺点：由 $f_{i+1,j}$ 计算 $f_{i,j}$，要同时求解 $M-1$ 个方程，增加了计算量。

外推有限差分法的优点：由于点 (i, j) 的 $\dfrac{\partial f}{\partial S}$、$\dfrac{\partial^2 f}{\partial S}$ 与点 $(i+1, j)$ 的相应值相同，所以可以克服内含有限差分法的上述不足。

外推有限差分法的缺点：由于与二叉树有关的概率可能为负值，故存在着差分方程(11-3)的解不收敛于偏微分方程(11-1)的解的情况。

11.3 外推有限差分法的欧式期权定价 Python 应用

按照外推有限差分法的计算步骤，给出欧式期权定价 Python 语言函数如下。它包括两部分：一是欧式看涨期权定价的函数；二是欧式看跌期权定价的函数。

```python
##外推有限差分法求欧式看涨期权
def
explicit_finite_diff_european_call_option_pricing(S,X,r,sigma,times,price_steps,times_steps):
    sigma_square=sigma**2
    M=np.zeros(1)
    if price_steps%2==1:
      M=price_step+1
    else:
      M=price_steps
    delta_S=2*S/M
    S_values=np.zeros(M+1)
    for i in range(1,M+1):
      S_values[i]=(i-1)*delta_S
    N=times_steps
    delta_t=times/N
    a=np.zeros(M)
    b=np.zeros(M)
    c=np.zeros(M)
    r1=1/(1+r*delta_t)
    r2=delta_t/(1+delta_t)
    for i in range(2,M):
      a[i]=r2*0.5*(i-1)*(-r+sigma_square*(i-1))
      b[i]=r1*(1-sigma_square*(i-1)**2*delta_t)
```

```
    c[i]=r2*0.5*(i-1)*(r+sigma_square*(i-1))
  f_next=np.zeros(M+1)
  for i in range(1,M+1):
    f_next[i]=max(0,S_values[i]-X)
  f=np.zeros(M+1)
  for j in range(N,1,-1):
    #f[1]=0
    for i in range(2,M):
      f[i]=a[i]*f_next[i-1]+b[i]*f_next[i]+c[i]*f_next[i+1]
    ##f[M+1]=0
    for i in range(1,M+1):
      f_next[i]=f[i]
  return f[M/2+1]
```

##外推有限差分法求欧式看跌期权
```
def explicit_finite_diff_european_put_option_pricing(S,X,r,sigma,times,
price_steps,times_steps):
  sigma_square=sigma**2
  M=np.zeros(1)
  if price_steps%2==1:
    M=price_step+1
  else:
    M=price_steps
  delta_S=2*S/M
  S_values=np.zeros(M)
  for i in range(0,M):
    S_values[i]=(i-1)*delta_S
  N=times_steps
  delta_t=times/N
  a=np.zeros(M)
  b=np.zeros(M)
  c=np.zeros(M)
  r1=1.0/(1+r*delta_t)
  r2=delta_t/(1+delta_t)
  for i in range(1,M):
    a[i]=r2*0.5*(i-1)*(-r+sigma_square*(i-1))
    b[i]=r1*(1-sigma_square*(i-1)**2*delta_t)
    c[i]=r2*0.5*(i-1)*(r+sigma_square*(i-1))
  f_next=np.zeros(M)
  for i in range(0,M):
    f_next[i]=max(0,X-S_values[i])
  f=np.zeros(M)
  for j in range(N-1,0,-1):
    f[0]=X
    for i in range(1,M-1):
      f[i]=a[i]*f_next[i-1]+b[i]*f_next[i]+c[i]*f_next[i+1]
    #f[M+1]=0
    for i in range(0,M):
      f_next[i]=f[i]
  return f[M/2]
```

例： 考虑一个 5 个月期的欧式期权，其标的资产价格是 50 美元，行权价格是 50 美元，年波动率的标准差为 0.4，无风险年利率为 10%，试用外推有限差分方法求解欧式看涨期权和看跌期权价格。

解： 在本例中，S=50.0，X=50，r=0.1，$\sigma = 0.4$，$T - t = 5/12 = 0.4167$。

我们按照如下步骤计算期权的价格。

(1) 取 $S = 2S_{max}$，价格步数为 M=20，则价格步长为

$$\Delta S = S_{max} / M = 2S / M = 2 \times 50 / 20$$

取时间步数为 $N=11$，则时间步长为

$$\Delta t = (T - t) / N = 0.4167 / 11$$

(2) 计算参数 a_j、b_j、c_j，根据外推有限差分法，有

$$a_j = \frac{1}{1 + r\Delta t}\left(-\frac{1}{2}rj\Delta t + \frac{1}{2}\sigma^2 j^2 \Delta t\right) = \frac{1}{1 + 0.1\Delta t}\left(-\frac{1}{2}0.1j\Delta t + \frac{1}{2}0.4^2 j^2 \Delta t\right),$$

$$b_j = \frac{1}{1 + r\Delta t}\left(1 - r^2 j^2 \Delta t\right) = \frac{1}{1 + 0.1\Delta t}\left(1 - 0.4^2 j^2 \Delta t\right),$$

$$c_j = \frac{1}{1 + r\Delta t}\left(\frac{1}{2}rj\Delta t + \frac{1}{2}\sigma^2 j^2 \Delta t\right) = \frac{1}{1 + 0.1\Delta t}\left(\frac{1}{2}0.1j\Delta t + \frac{1}{2}0.4^2 j^2 \Delta t\right)$$

给出 j，将 Δt 值代入上式，就可求出三个参数值。

(3) 根据欧式看涨期权和看跌期权的边界条件求特定解。

欧式看涨期权的边界条件为

$$f_{i0} = 0, i = 0,1,\cdots,N(S = 0时)$$

$$f_{Nj} = \max(0, j\Delta S - X, j = 0,1,\cdots,M)(T 时刻)$$

$$f_{iM} = S_{max}, i = 0,1,\cdots,N(S = S_{max})$$

欧式看跌期权的边界条件为

$$f_{i0} = X, i = 0,1,\cdots,N(S = 0时)$$

$$f_{Nj} = \max(0, X - j\Delta S, j = 0,1,\cdots,M)(T时刻)$$

$$f_{iM} = 0, i = 0,1,\cdots,N(S = S_{max})$$

(4) 求期权价格在其他点的值。由上述边界条件，再逐步递推其他各点的值。

Python 语言函数调用如下。

```
from numpy import *
import numpy as np
S=50.0;X=50.0;r=0.1;sigma=0.4;times=0.4167;price_steps=20;times_steps=11
res1=explicit_finite_diff_european_call_option_pricing(S,X,r,sigma,times,
price_steps,times_steps)
    res1
```

得到如下结果：

```
Out[28]: 3.9994822937955981
res2=explicit_finite_diff_european_put_option_pricing(S,X,r,sigma,times,
price_steps,times_steps)
    res2
```

得到如下结果：

```
Out[44]: 3.3002162790969862
```

读者可尝试调用 B-S 期权定价公式的相关程序，并将计算结果与这里的结果进行一下比较。

11.4　内含有限差分法的欧式期权定价 Python 应用

按照内含有限差分法的计算步骤，给出欧式期权定价 Python 语言函数如下。它包括两部分：一是欧式看涨期权定价的函数；二是欧式看跌期权定价的函数。

```python
##内含有限差分法求欧式看涨期权
def
implicit_finite_diff_european_call_option_pricing(S,X,r,sigma,times,price_steps,times_steps):
    sigma_square=sigma**2
    if price_steps%2==1:
        M=price_steps+1
    else:
        M=price_steps
    delta_S=2*S/M
    S_values=np.zeros(M+1)
    for i in range(0,M+1):
        S_values[i]=i*delta_S
    N=times_steps
    delta_t=times/N
    A=mat(np.zeros((M+1,M+1)))
    A[0,0]=1
    for i in range(1,M):
        A[i,i-1]=0.5*i*delta_t*(r-sigma_square*i)
        A[i,i]=1+delta_t*(r+sigma_square*i*i)
        A[i,i+1]=0.5*i*delta_t*(-r-sigma_square*i)
    A[M,M]=1
    B=mat(np.zeros((M+1,1)))
    for i in range(0,M+1):
        B[i,0]=max(0,S_values[i]-X)
    F=A.I*B
    for j in range(N-1,-1,-1):
        B=F
        F=A.I*B
    return F[M/2,0]


##内含有限差分法求欧式看跌期权
def
implicit_finite_diff_european_put_option_pricing(S,X,r,sigma,times,price_steps,times_steps):
    sigma_square=sigma**2
    if price_steps%2==1:
        M=price_steps+1
    else:
        M=price_steps
    delta_S=2*S/M
    S_values=np.zeros(M+1)
    for i in range(0,M+1):
        S_values[i]=i*delta_S
    N=times_steps
    delta_t=times/N
    A=mat(np.zeros((M+1,M+1)))
    A[0,0]=1
    for i in range(1,M):
        A[i,i-1]=0.5*i*delta_t*(r-sigma_square*i)
        A[i,i]=1+delta_t*(r+sigma_square*i*i)
```

```
        A[i,i+1]=0.5*i*delta_t*(-r-sigma_square*i)
    A[M,M]=1
    B=mat(np.zeros((M+1,1)))
    for i in range(0,M+1):
        B[i,0]=max(0,X-S_values[i])
    F=A.I*B
    for j in range(N-1,-1,-1):
        B=F
        F=A.I*B
    return F[M/2,0]
```

例：考虑一个 5 个月期的欧式期权，其标的资产价格是 50 美元，行权价格是 50 美元，年波动率的标准差为 0.4，无风险年利率为 10%，试用内含有限差分方法求解欧式看涨期权和看跌期权价格。

解：在本例中，$S=50.0$，$X=50$，$r=0.1$，$\sigma=0.4$，$T-t=5/12=0.4167$。

我们按照如下步骤计算期权的价格。

(1) 取 $S=2S_{max}$，价格步数为 $M=200$，则价格步长为

$$\Delta S = S_{max}/M = 2S/M = 2 \times 50/200$$

取时间步数为 $N=200$，则时间步长为

$$\Delta t = (T-t)/N = 0.4167/200$$

(2) 计算参数 a_j, b_j, c_j，根据内含有限差分法，有：

$$a_j = \frac{1}{2}rj\Delta t - \frac{1}{2}\sigma^2 j^2 \Delta t ,$$

$$b_j = 1 + r\Delta t + \sigma^2 j^2 \Delta t ,$$

$$c_j = -\frac{1}{2}rj\Delta t - \frac{1}{2}\sigma^2 j^2 \Delta t$$

给出 j，将 Δt 值代入上式，就可求出三个参数值。

(3) 根据欧式看涨期权和看跌期权的边界条件求特定解。

(4) 求期权价格在其他点的值。由上述边界条件，再逐步递推其他各点的值。

内含有限差分法的 **Python** 语言函数调用如下：

```
from numpy import *
import numpy as np
S=50.0;X=50;r=0.1;sigma=0.4;times=0.4167;price_steps=200;times_steps=200
res1=implicit_finite_diff_european_call_option_pricing(S,X,r,sigma,times,
price_steps,times_steps)
res1
Out[9]: 6.1268475083654703
res2=implicit_finite_diff_european_put_option_pricing(S,X,r,sigma,times,
price_steps,times_steps)
res2
Out[10]: 4.0794234795065147
```

我们编制 **B-S** 期权定价 **Python** 语言函数如下：

```
def bscall_option(S,X,rf,sigma,T):
 d1=(log(S/X)+(rf+0.5*sigma**2)*T)/(sigma*sqrt(T))
 d2=d1-sigma*sqrt(T)
 C=S*norm.cdf(d1)-X*exp(-rf*T)*norm.cdf(d2)
 return C
def bsput_option(S,X,rf,sigma,T):
```

```
d1=(log(S/X)+(rf+0.5*sigma**2)*T)/(sigma*sqrt(T))
d2=d1-sigma*sqrt(T)
P=X*exp(-rf*T)*norm.cdf(-d2)- S*norm.cdf(-d1)
return P
```

我们调用 B-S 期权定价公式 Python 语言函数，并将上述计算结果与这里的 B-S 期权定价 Python 语言函数计算结果进行比较：

```
from numpy import *
from scipy.stats import norm
S=50.0;X=50;rf=0.1;sigma=0.40;T=0.4167
bscall_option(S,X,rf,sigma,T)
Out[13]: 6.116787617955783
bsput_option(S,X,rf,sigma,T)
Out[14]: 4.0761006087696217
```

由上可见，外推有限差分法的计算结果与 B-S 期权定价公式计算结果相当接近。

思　考　题

已知股票价格为 50 元，执行价格为 52 元，到期日为 6 个月，股票年波动率的标准差为 30%，无风险利率为 3%，用外推和内含有限差分方法计算欧式看涨期权和欧式看跌期权的价格，并和 Black-Scholes 期权定价公式的计算结果比较。

第 12 章　奇异期权及其 Python 应用

本章精粹

前面我们介绍了欧式期权、美式期权等一些常见的衍生证券的定价，它们作为基础性金融资产在更复杂衍生证券的开发过程中得到了非常广泛的应用。本章将介绍更复杂的衍生证券的定价及其 Python 语言函数计算方法。

12.1　奇异期权的特点

奇异期权是比标准欧式期权或美式期权报酬形态更加复杂的期权。奇异期权通常是在场外交易或附加在债券中以增加对市场的吸引力。奇异期权通常是为了满足市场特殊需求而开发的，有很多金融机构热衷于开发和推销奇异期权。

奇异期权有如下类别。

(1) 亚式期权。这是当今金融衍生产品市场上交易最为活跃的奇异期权之一。亚式期权的重要特点是到期收益依赖于标的资产在一段特定时间(整个期权有效期或其中部分时段)内的平均价格。

(2) 回望期权。这类期权收益是与在期权有效期内标的资产价格的最大值或最小值有关的期权。

(3) 障碍期权。这类期权的收益依赖于标的资产价格在一段特定时间内是否达到了某个特定的水平(临界值)，即"障碍"水平的期权。

(4) 非标准美式期权。标准美式期权在有效期内任何时间都可以行权且行权价格总是相同。但是，实际交易中的美式期权并不一定总是具有这些标准特征。例如 Bermudan 期权，这类期权的提前行权只限于在期权有效内的特定日期。还有些非标准美式期权，行权价格随着时间的增长而增长。例如，5 年期的认股权证，其行权价格在头两年里是 30$，在后两年是 32$，而在最后一年是 33$。这类期权是放弃一定价值的资产而获得另外一项资产价值的期权。

除了上述期权外，还有资产交换期权、打包期权、远期开始期权、任选期权、两值期权以及根据客户需求专门定制的期权等。

12.2　亚式期权的 Python 应用

亚式期权是收益依赖于标的资产在有效期内一段时间平均价格的期权。最常见的亚式期权有平均价格期权和平均行权价格期权。本节主要讨论平均价格期权。根据计算平均价格方法的不同，可以将平均价格期权进一步分为几何平均价格期权和算术平均价格期权。

12.2.1　几何平均价格期权的 Python 函数计算

几何平均价格看涨期权和看跌期权的收益分别为

$$c_T = \max(0, \bar{S} - X)$$
$$p_T = \max(0, X - \bar{S})$$

这类的 $\bar{S}$ 是按预定时间计算的标的资产价格的平均值，X 为行权价格。

假设标的资产价格 S 服从对数正态分布，且 $\bar{S}$ 是 S 的几何平均值，如果 S 的标准差为 σ，标的资产的红利率为 q，无风险利率为 r，则在风险中性的世界里，欧式几何平均价格期权可以按标准差 $\sigma/\sqrt{3}$，红利率 $\frac{1}{2}\left(r + q + \frac{\sigma^2}{6}\right)$ 处理。将它们代入欧式看涨期权定价公式，就可

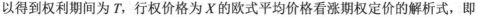

以得到权利期间为 T，行权价格为 X 的欧式平均价格看涨期权定价的解析式，即

$$c = \bar{S}e^{-q'(T-t)}N(d_1) - Xe^{-r(T-t)}N(d_2)$$

$$d_1 = \frac{\ln(\bar{S}/X) + (r - q' + \sigma'^2/2)(T-t)}{\sigma'\sqrt{T-t}}, \quad d_2 = d_1 - \sigma'\sqrt{T-t}$$

$$\sigma' = \sigma/\sqrt{3}, \quad q' = \frac{1}{2}\left(r + q + \frac{\sigma^2}{6}\right)$$

为此，我们编制 Python 函数如下：

```
def geoaverpcall(Save,X,r,q,sigma,t):
  sigmasqr=sigma**2
  qp=0.5*(r+q+sigmasqr/6)
  sigmap=sigma/sqrt(3)
  sigmapsqr=sigmap**2
  tsqr=sqrt(t)
  d1=(log(Save/X)+(r-qp+0.5*sigmapsqr)*t)/(sigmap*tsqr)
  d2=d1-sigmap*tsqr
  callp=Save*exp(-qp*t)*norm.cdf(d1)-X*exp(-r*t)*norm.cdf(d2)
  return callp
```

例：考虑一个几何平均价格欧式看涨期权，其标的资产平均价格是 100 元，行权价格是 100 元，无风险利率是 6%，年红利率 2%，年波动率 25%，权利期间是 1 年，试求该期权的价格。

解：在本例中，$\bar{S} = 100$，$X = 100$，$r = 0.06$，$q = 0.02$，$\sigma = 0.25$，$T - t = 1$。

按照如下步骤计算期权价格：

$$\sigma' = \sigma/\sqrt{3}, \quad q' = \frac{1}{2}\left(r + q + \frac{\sigma^2}{6}\right)$$

$$d_1 = \frac{\ln(\bar{S}/X) + (r - q' + \sigma'^2/2)(T-t)}{\sigma'\sqrt{T-t}}, \quad d_2 = d_1 - \sigma'\sqrt{T-t}$$

$$c = \bar{S}e^{-q'(T-t)}N(d_1) - Xe^{-r(T-t)}N(d_2)$$

函数调用如下：

```
from numpy import *
from scipy.stats import norm
Save=100;X=100;r=0.06;q=0.02;sigma=0.25;t=1
res=geoaverpcall(Save,X,r,q,sigma,t)
res
```

最后得到如下结果：

```
Out[3.]: 6.188846415634373
```

12.2.2　算术平均价格期权的 Python 函数计算

算术平均价格期权是一种比几何平均价格期权更普遍的一种期权。这种期权的价格是没有解析定价公式的，因为我们不能用解析式来表示对数正态分布变量的算术平均值所服从的分布。但是这一分布可近似为对数正态分布，并可得出一个很好的解析近似式。

考虑一个刚刚开始的亚式期权，期权在 T 时刻(到期日)的收益基于 $0 \sim T$ 时刻的标的资

产价格 S 的算术平均值。在风险中性的世界里，可以证明，期权价格的算术平均值的一阶矩和二阶矩的计算公式分别为

$$M_1 = \frac{e^{(r-q)T} - 1}{(r-q)T} S$$

$$M_2 = \frac{2e^{[2(r-q)+\sigma^2]T}S^2}{(r-q+\sigma^2)(2r-2q+\sigma^2)T^2} + \frac{2S^2}{(r-q)T^2}\left[\frac{1}{2r-2q+\sigma^2} - \frac{e^{(r-q)T}}{r-q+\sigma^2}\right]$$

以上公式假设 $r \neq q$，其中 r 为无风险利率，q 为红利率。

如果假设平均价格的分布为对数正态分布，则可以将算术平均价格期权处理为关于期货的期权，即其看涨期权的价格：

$$c = e^{-rT}[F_0 N(d_1) - XN(d_2)]$$

式中 X 为行权价格，而

$$F_0 = M_1, \quad \sigma^2 = \frac{1}{T}\ln\left(\frac{M_2}{M_1^2}\right)$$

$$d_1 = \frac{\ln(F_0/X) + \sigma^2/2 \times T}{\sigma\sqrt{T}}, \quad d_2 = d_1 - \sigma\sqrt{T}$$

为此，我们编制 Python 函数如下：

```
def ariaverpcall(S,X,r,q,sigma,t):
  sigmasqr=sigma**2
  tsqr=sqrt(t)
  m1=S*(exp((r-q)*t)-1)/((r-q)*t)
  m2=(2*S*S*exp((2*(r-q)+sigmasqr)*t))/((r-q+sigmasqr)*(2*r-2*q+sigmasqr)
*t**2)+2*S*S/((r-q)*t**2)*(1/(2*(r-q)+sigmasqr)-exp((r-q)*t)/(r-q+sigmasqr))
  F=m1
  sigma_a=1/t*log(m2/(m1*m1))
  d1=(log(F/X)+(0.5*sigma_a**2)*t)/(sqrt(sigma_a)*tsqr)
  d2=d1-sqrt(sigma_a)*tsqr
  c=exp(-r*t)*(F*norm.cdf(d1)-X*norm.cdf(d2))
  return c
```

例：考虑一个算术平均价格看涨期权，其标的资产平均价格是 100，行权价格是 30，无风险利率是 5%，年红利率 3%，年波动率 30%，权利期间是 1 年，试求该看涨期权的价格。

解：在本例中，$S = 100$，$X = 30$，$r = 0.05$，$q = 0.03$，$\sigma = 0.3$，$T = 1$。

按照如下步骤计算期权价格：

$$M_1 = \frac{e^{(r-q)T} - 1}{(r-q)T} S$$

$$M_2 = \frac{2e^{[2(r-q)+\sigma^2]T}S^2}{(r-q+\sigma^2)(2r-2q+\sigma^2)T^2} + \frac{2S^2}{(r-q)T^2}\left[\frac{1}{2r-2q+\sigma^2} - \frac{e^{(r-q)T}}{r-q+\sigma^2}\right]$$

$$F_0 = M_1, \quad \sigma^2 = \frac{1}{T}\ln\left(\frac{M_2}{M_1^2}\right)$$

$$d_1 = \frac{\ln(F_0/X) + \sigma^2/2 \times T}{\sigma\sqrt{T}}, \quad d_2 = d_1 - \sigma\sqrt{T}$$

$$c = e^{-rT}[F_0 N(d_1) - XN(d_2)]$$

函数调用如下：

```
from numpy import *
from scipy.stats import norm
S=100;X=30;r=0.05;q=0.03;sigma=0.3;t=1
res=ariaverpcall(S,X,r,q,sigma,t)
res
Out[5]: 67.543662503950728
```

12.3 回望期权的 Python 应用

回望期权的收益依赖于期权在有效期内标的资产达到的最大价格或最小价格。如果 S_1 是曾经达到过的最小价格，S_2 是曾经达到过的最大价格，S_T 是到期的最终价格，则回望看涨期权和看跌期权的收益分别为

$$\max(0, S_T - S_1), \max(0, S_2 - S_T)$$

欧式回望期权现在已经有精确的定价公式。假设现在是 t 时刻，则欧式回望看涨期权的公式为

$$c = Se^{-q(T-t)}N(a_1) - Se^{-q(T-t)}\frac{\sigma^2}{2(r-q)}N(-a_2) - S_{\min}e^{-r(T-t)}\left(N(a_2) - \frac{\sigma^2}{2(r-q)}e^{Y_1}N(-a_3)\right)$$

式中 $S_{\min}$ 为截止到现在的价格的最小值，S 为标的资产价格，q 为红利率，而：

$$a_1 = \frac{\ln(S/S_{\min}) + (r-q+\sigma^2/2)(T-t)}{\sigma\sqrt{T-t}}, \quad a_2 = a_1 - \sigma\sqrt{T-t}$$

$$a_3 = \frac{\ln(S/S_{\min}) + (-r+q+\sigma^2/2)(T-t)}{\sigma\sqrt{T-t}}, \quad Y_1 = -\frac{2(r-q-\sigma^2/2)\ln(S/S_{\min})}{\sigma^2}$$

欧式回望看跌期权的公式为

$$p = S_{\max}e^{-r(T-t)}\left(N(b_1) - \frac{\sigma^2}{2(r-q)}e^{Y_2}N(-b_3)\right) + Se^{-q(T-t)}\frac{\sigma^2}{2(r-q)}N(-b_2) - Se^{-q(T-t)}N(b_2)$$

式中 $S_{\max}$ 为截止到现在的价格的最大值，S 为标的资产价格，q 为红利率，而

$$b_1 = \frac{\ln(S_{\max}/S) + (-r+q+\sigma^2/2)(T-t)}{\sigma\sqrt{T-t}}, \quad b_2 = b_1 - \sigma\sqrt{T-t}$$

$$b_3 = \frac{\ln(S_{\max}/S) + (r-q-\sigma^2/2)(T-t)}{\sigma\sqrt{T-t}}, \quad Y_2 = \frac{2(r-q-\sigma^2/2)\ln(S_{\max}/S)}{\sigma^2}$$

为此，我们编制 Python 函数如下：

```
def lookbackcall(S,Smin,r,q,sigma,t):
  sigmasqr=sigma**2
  tsqr=sqrt(t)
  a1=(log(S/Smin)+(r-q+sigmasqr/2)*t)/(sigma*tsqr)
  a2=a1-sigma*tsqr
  a3=(log(S/Smin)+(-r+q+sigmasqr/2)*t)/(sigma*tsqr)
  Y1=2.0*(r-q-sigmasqr/2.0)*log(S/Smin)/sigmasqr

c=S*exp(-q*t)*norm.cdf(a1)-S*exp(-q*t)*(sigmasqr/(2.0*(r-q)))*norm.cdf(-a1)-
Smin*exp(-r*t)*(norm.cdf(a2)-(sigmasqr/(2*(r-q)))*exp(Y1)*norm.cdf(-a3))
    return c
```

例：考虑一个权利期间还有 1 年的欧式回望看涨期权，其标的资产平均价格是 100，标的资产价格截止到现在的最小值是 100，无风险利率是 6%，年红利率 0，年波动率 34.6%，试求该期权的价格。

解：在本例中，$S=100$，$S_{\min}=100$，$r=0.06$，$q=0.0$，$\sigma=0.346$，$T-t=1$。

按照如下步骤计算期权价格：

$$a_1 = \frac{\ln(S/S_{\min}) + (r-q+\sigma^2/2)(T-t)}{\sigma\sqrt{T-t}}$$

$$a_2 = a_1 - \sigma\sqrt{T-t}$$

$$a_3 = \frac{\ln(S/S_{\min}) + (-r+q+\sigma^2/2)(T-t)}{\sigma\sqrt{T-t}}$$

$$Y_1 = -\frac{2(r-q-\sigma^2/2)\ln(S/S_{\min})}{\sigma^2}$$

$$p = S_{\max}e^{-r(T-t)}\left(N(b_1) - \frac{\sigma^2}{2(r-q)}e^{Y_2}N(-b_3)\right) + Se^{-q(T-t)}\frac{\sigma^2}{2(r-q)}N(-b_2) - Se^{-q'(T-t)}N(b_2)$$

函数调用如下：

```
from numpy import *
from scipy.stats import norm
S=100.0;Smin=100.0;r=0.06;q=0.0;sigma=0.346;t=1.0
res=lookbackcall(S,Smin,r,q,sigma,t)
res
Out[7]: 27.071359744743205
```

12.4　障碍期权的 Python 应用

障碍期权的收益取决于标的资产价格在一段特定时间内是否达到某一特定水平。这种特定水平称作障碍。障碍期权可分为敲出障碍期权和敲入障碍期权两类。敲出障碍期权是当标的资产价格达到一定障碍 H 时自动作废的期权；敲入障碍期权是当标的资产价格达到一定障碍 H 时才开始存在的期权。

在敲出障碍看涨期权情况下，障碍一般低于行权价格($H<X$)，这类期权有时称为下降敲出障碍期权；在敲出障碍看跌期权情况下，障碍一般高于行权价格($H>X$)，这类期权有时称为上升敲出障碍期权。在敲入障碍看涨期权情况下($H<X$)，当标的资产价格碰到障碍 H 时才存在的看涨期权，称为下降敲入障碍期权；在敲入障碍看跌期权的情况下($H>X$)，当标的资产价格碰到障碍 H 时才存在的看跌期权，称为上升敲入障碍期权。美式障碍期权定价比较复杂，这里仅给出欧式障碍期权定价公式和程序。

当标的资产价格服从几何布朗运动时，欧式下降敲入障碍看涨期权价格的公式为

$$c = Se^{-q'(T-t)}(H/S)^{2\lambda}N(y) - Xe^{-r(T-t)}(H/S)^{2\lambda-2}N(y-\sigma\sqrt{T-t})$$

欧式上升敲入障碍看跌期权价格的公式为

$$p = Xe^{-r(T-t)}(H/S)^{2\lambda-2}N(-y+\sigma\sqrt{T-t}) - Se^{-q'(T-t)}(H/S)^{2\lambda}N(-y)$$

其中：r 为市场年利率，q 为红利率，设 r_f 为无风险利率，而

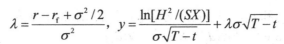

$$\lambda = \frac{r - r_{\mathrm{f}} + \sigma^2 / 2}{\sigma^2}, \quad y = \frac{\ln[H^2/(SX)]}{\sigma\sqrt{T-t}} + \lambda\sigma\sqrt{T-t}$$

为此，我们编制 Python 函数如下：

```
def baroppcall(S,X,H,r,rf,q,sigma,t):
  sigmasqr=sigma**2
  tsqr=sqrt(t)
  lamda=(r-rf+0.5*sigmasqr)/sigmasqr
  y=(log((H*H)/(S*X)))/(sigma*tsqr)

c=S*exp(-q*t)*(H/S)**(2*lamda)*norm.cdf(y)-X*exp(-r*t)*(H/S)**(2*lamda-2)*norm.cdf(y-sigma*tsqr)
  return c
  def baroppput(S,X,H,r,rf,q,sigma,t):
  sigmasqr=sigma**2
  tsqr=sqrt(t)
  lamda=(r-rf+0.5*sigmasqr)/sigmasqr
  y=(log((H*H)/(S*X)))/(sigma*tsqr)

p=X*exp(-r*t)*(H/S)**(2*lamda-2)*norm.cdf(-y+sigma*tsqr)-S*exp(-q*t)*(H/S)**(2*lamda)*norm.cdf(-y)
  return p
```

例：考虑一个权利期间还有 1 年的欧式下降敲入看涨期权与一份欧式上升敲入看跌期权，它们的标的资产的价格是 80，行权价格是 100，特定障碍水平是 90，无风险利率是 1%，年红利率 3%，市场年利率是 2%，年波动率 25%，试求这两份期权的价格。

解：在本例中：

$S = 80$，$X = 100$，$H = 90$，$r = 0.02$，$r_{\mathrm{f}} = 0.01$，$q = 0.03$，$\sigma = 0.25$，$T - t = 1$。

按照如下步骤计算期权价格：

$$\lambda = \frac{r - r_{\mathrm{f}} + \sigma^2 / 2}{\sigma^2}$$

$$y = \frac{\ln[H^2/(SX)]}{\sigma\sqrt{T-t}} + \lambda\sigma\sqrt{T-t}$$

$$c = Se^{-q'(T-t)}(H/S)^{2\lambda}N(y) - Xe^{-r(T-t)}(H/S)^{2\lambda-2}N(y - \sigma\sqrt{T-t})$$

函数调用如下：

```
from numpy import *
from scipy.stats import norm
S=80.0;X=100.0;H=90.0;r=0.02;rf=0.01;q=0.03;sigma=0.25;t=1.0
res=baroppcall(S,X,H,r,rf,q,sigma,t)
res
Out[16]: 9.0888853857213192
res1=baroppput(S,X,H,r,rf,q,sigma,t)
res1
Out[17]: 8.8694412822155329
```

12.5　资产交换期权的 Python 应用

资产交换期权是放弃一项资产 1 而获得另外一项资产 2 的期权。假设两项资产的价格 S_1 和 S_2 均遵循几何布朗运动，它们的标准差分别是 σ_1 和 σ_2，瞬间相关系数是 ρ，S_1 和 S_2

提供收益率分别是 q_1 和 q_2，则该资产交换欧式看涨期权的价格为

$$c = S_2 e^{-q_2(T-t)} N(d_1) - S_1 e^{-q_1(T-t)} N(d_2)$$

$$d_1 = \frac{\ln(S_2/S_1) + (q_1 - q_2 + 0.5\sigma^2)(T-t)}{\sigma\sqrt{T-t}}, \quad d_2 = d_1 - \sigma\sqrt{T-t}$$

$$\sigma = \sqrt{\sigma_1^2 + \sigma_2^2 - 2\rho\sigma_1\sigma_2}$$

为此，我们编制 Python 函数如下：

```
def assetexchangecall(S1,S2,q1,q2,sigma1,sigma2,rho,t):
  sigma1sqr=sigma1**2
  sigma2sqr=sigma2**2
  tsqr=sqrt(t)
  sigma=sqrt(sigma1sqr+sigma2sqr-2*rho*sigma1*sigma2)
  d1=(log(S2/S1)+(q1-q2+0.5*sigma**2)*t)/(sigma*tsqr)
  d2=d1-sigma*tsqr
  c=S2*exp(-q2*t)*norm.cdf(d1)-S1*exp(-q1*t)*norm.cdf(d2)
  return c
```

例：考虑一个权利期间还有 1 年的欧式资产交换期权，设资产 1 为放弃的资产，资产 2 为收回的资产，资产 1 的价格是 90，收益率是 2.5%，年波动率是 2%，资产 2 的价格是 100，收益率是 3%，年波动率是 1%，资产 1 和资产 2 的相关系数是 0.89，试求该期权的价格。

解：在本例中：

$$S_1 = 90, \ S_2 = 100, \ q_1 = 0.025, \ q_2 = 0.03, \ \sigma_1 = 0.2, \ \sigma_2 = 0.1, \ T-t = 1, \ \rho = 0.89$$

按照如下步骤计算期权价格：

$$d_1 = \frac{\ln(S_2/S_1) + (q_1 - q_2 + 0.5\sigma^2)(T-t)}{\sigma\sqrt{T-t}}$$

$$d_2 = d_1 - \sigma\sqrt{T-t}$$

$$\sigma = \sqrt{\sigma_1^2 + \sigma_2^2 - 2\rho\sigma_1\sigma_2}$$

$$c = S_2 e^{-q_2(T-t)} N(d_1) - S_1 e^{-q_1(T-t)} N(d_2)$$

函数调用如下：

```
from numpy import *
from scipy.stats import norm
S1=90.0;S2=100.0;q1=0.025;q2=0.03;sigma1=0.02;sigma2=0.01;rho=0.89;t=1.0
res=assetexchangecall(S1,S2,q1,q2,sigma1,sigma2,rho,t)
res
Out[19]: 9.2666612723008797
```

奇异期权是比欧式期权和美式期权报酬形态更为复杂的期权。这种期权的种类很多，本章介绍的仅仅是其中的一小部分，包括亚式期权、回望期权、障碍期权、资产交换期权等。奇异期权定价很复杂，需要综合运用前面介绍的 B-S 期权定价公式、蒙特卡罗模拟法、二叉树法和有限差分法等知识。

思 考 题

1. 简述奇异期权主要类型。
2. 按照书上的例题应用 Python 函数对不同的奇异期权进行定价计算。

第 13 章 利率衍生证券及其 Python 应用

本章精粹

利率衍生证券是一种在盈亏上依赖于利率变化的证券。利率衍生证券的定价可分为传统的定价方法与考虑利率期限结构的定价方法。传统的定价方法不考虑债券价格波动特性，直接应用 B-S 期权定价公式，或者利用 B-S 期权定价公式的拓展模型进行定价。考虑利率期限结构的定价方法必须先对债券价格波动的整个利率期限结构给予描述，然后利用其确定期权价格。考虑利率期限结构的定价模型主要有均衡模型和无套利定价模型。本章主要介绍传统定价模型和均衡模型及其 Python 语言函数计算。

13.1 利率衍生证券概述

利率衍生证券的品种很多，主要有债券期权、可赎回债券、可转换债券、抵押债券、互换期权、利率上限、利率下限和利率双限等。

债券期权是指交易双方在合约中事先规定在约定的日期或约定的到期日之前的任意时间，按照预先约定的价格买入或卖出一定数量的某一债券的权利。

可赎回债券是一种包含允许发债公司在未来的某一时间内按照预先确定的价格购回债券条款的利率衍生证券。这种债券的持有者出售给发行公司一个看涨期权，看涨期权的价值体现在债券的收益率上，因此可赎回债券给投资者提供了比没有赎回条款的债券更高的收益率。还有一种可退还债券，它允许持有者在未来的一段时间内以预先约定的价格提前收回现金。这种债券相当于投资者在购买债券的同时还购买了该债券的看跌期权。由于看跌期权增加了债券持有者手中的价值，所以这类债券的收益率比没有退还条款的债券收益率低。

可转换债券是一种可以在特定时间、按特定的转换条件转换为普通股的特殊的企业债券，具有债券和股票的双重性质。可转换债券通常具有较低的票面利率，因为可以转换成股票的权利是对债券持有人的一种补偿。另外，将可转换债券转换为普通股时，所换得股票价值一般大于原债券的价值。从本质上讲，可转换债券是在发行公司债券的基础上，附加了一份期权，并允许购买人在规定的时间范围内将其购买的债券转换成指定公司的股票。

抵押债券是指先将抵押资产打包成资产池，然后以其作为债券抵押品的一种资产支持债券，包括抵押转手债券、抵押担保债券、分离抵押债券等。抵押债券中的抵押品具有某种提前付款特权，这意味着抵押债券的持有者给予抵押资金的借入者一系列利率期权。一般来说，投资者对抵押债券有比对其他固定收益证券更高要求的利率以补偿这种提前付款特权。

互换期权赋予了持有者在未来某一段时间内进行某个确定利率互换的权利。一个互换期权可以看成是一个把固定利率债券换成互换本金的期权。如果一个互换期权给予了其持有者支付固定利息和收取浮动利息的权利，它就是一个行权价格等于本金的固定利率债券的看跌期权。如果一个互换期权赋予了其持有者支付浮动利息和收取固定利息的权利，它就是一个行权价格等于本金的固定利率债券的看涨期权。

利率上限是为了保证浮动利率贷款的利率不超过某一利率水平(上限利率)而设计的一种衍生证券。它保证贷款者在任何给定的时刻所支付的贷款利率是市场当前利率与上限利率中的最小者。

利率下限与利率上限类似，是为了保证浮动利率贷款的利率不低于某一利率水平而设定的一个下限。

利率双限与利率上限和利率下限类似，是为了保证浮动利率贷款的利率能够维持在某一设定利率区间而设计的一种衍生证券。

除了上述介绍的之外，还有利率远期、利率期货和利率掉期等利率衍生证券。

13.2　利率衍生证券定价及其 Python 应用

在本节，我们仅讨论利率上限、债券期权的定价问题。对于欧式利率衍生证券一般采用传统的定价方法，即应用 B-S 期权定价公式或者是其拓展模型进行定价。

13.2.1　利率上限定价

利率上限可以看成是一个基于浮动利率的看涨期权组合。假设利率上限为 R_X，本金为 L，利率上限从有效期开始在 $\tau, 2\tau, \cdots, n\tau$ 时刻支付利息，则利率上限出售方在 $k+1$ 时刻需支付的金额是

$$\tau L \max(R_k - R_X, 0) \tag{13-1}$$

其中 R_k 是 $k\tau$ 时刻将被利率上限盯住的利率值。设 F_k 是 $k\tau$ 到 $(k+1)\tau$ 时刻之间的远期利率值，利率 R_X、R_k 和 F_k 都用 τ 的复利率来表示。作为近似，我们用 F_k 作为 $k\tau$ 到 $(k+1)\tau$ 时刻之间的贴现率，所以在 $(k+1)\tau$ 时刻的支付额等于 $k\tau$ 时刻的支付额

$$\frac{\tau L}{1 + \tau F_k} \max(R_k - R_X, 0) \tag{13-2}$$

由式(13-2)，我们就可以把每个利率上限看成是一个基于 τ 期间的欧式利率看涨期权。该期权标的资产是远期利率 F_k，在到期日 τ 取得回报，期权本金是 $\dfrac{\tau L}{1 + \tau F_k}$，假设远期利率 F_k 的标准差是 σ_F，则根据 B-S 期权定价公式，看涨期权的价格为

$$c = \frac{\tau L}{1 + \tau F_k} \mathrm{e}^{-rk\tau} [F_k N(d_1) - R_X N(d_2)] \tag{13-3}$$

其中 $N(x)$ 是正态分布的累积分布函数，d_1、d_2 分别为

$$d_1 = \frac{\ln(F_k / R_X) + \sigma_F^2 k\tau / 2}{\sigma_F \sqrt{k\tau}}, d_2 = d_1 - \sigma_F \sqrt{k\tau}$$

为此，我们编制 Python 语言函数如下。

##Fk 远期利率，Rx 利率上限，L 本金，r 无风险利率，sigma 为 Fk 的波动率，tau 有效期，k 付息次数

```
def rateupoption(Fk,Rx,L,r,sigma,tau,k):
  sigmasqr=sigma**2
  tausqrt=sqrt(k*tau)
  d1=(log(Fk/Rx)+0.5*sigmasqr*k*tau)/(sigma*tausqrt)
  d2=d1-sigma*tausqrt

callp=(tau*L)/(1+tau*Fk)*exp(-r*k*tau)*(Fk*norm.cdf(d1)-Rx*norm.cdf(d2))
  return callp
```

例：考虑一个贷款金额是 10 000 元，1 年后开始将上限利率限制在年利率 8%(每季度计复利一次)的 3 个月贷款合约。假设 1 年后开始的 3 个月远期利率是每年 7%(每季度计复利一次)，现在的 1 年期利率是 6.5%(每季度计复利一次)，90 天期的远期利率的年标准差是 20%，试求该利率上限的价格。

解：在本例中，$F_k = 0.07$，$\tau = 0.25$，$L = 10\,000$，$R_X = 0.08$，$r = 0.065$，$\sigma = 0.20$，$k\tau = 1$。

按照如下步骤计算期权价格：

$$d_1 = \frac{\ln(F_k/R_X) + \sigma_F^2 k\tau/2}{\sigma_F\sqrt{k\tau}}$$

$$d_2 = d_1 - \sigma_F\sqrt{k\tau}$$

$$c = \frac{\tau L}{1+\tau F_k}\,\mathrm{e}^{-rk\tau}[F_k N(d_1) - R_X N(d_2)]$$

函数调用如下：

```
from scipy.stats import norm
import pandas as pd
from numpy import *
Fk=0.07;Rx=0.08;L=10000;r=0.065;sigma=0.2;tau=0.25;k=4
res=rateupoption(Fk,Rx,L,r,sigma,tau,k)
res
```

最后得到如下结果：

```
Out[26]: 5.1843470650992325
```

更为准确的定价方法是把利率上限看作是一个基于贴现债券的看跌期权组合。由式 (13-1)式可知，在 $(k+1)\tau$ 时刻的收益等于 $k\tau$ 时刻的收益 $\dfrac{\tau L}{1+\tau F_k}\max(R_k - R_X, 0)$，经过变换简化为

$$\max\left(L - \frac{L(1+R_X\tau)}{1+\tau F_k}, 0\right) \tag{13-4}$$

其中 $\dfrac{L(1+R_X\tau)}{1+\tau F_k}$ 是在 $(k+1)\tau$ 时刻收益为 $L(1+R_X\tau)$ 的贴现债券在 $k\tau$ 时刻的价值。这样，我们就可以把利率上限看成是一个到期期限是 $k\tau$，$(k+1)\tau$ 时刻到期的贴现债券的看跌期权，其面值为 $L(1+R_X\tau)$，行权价格是 L，根据 B-S 期权定价公式，利率上限的价格为

$$p = Le^{-rk\tau}N(-d_1) - \frac{L(1+R_X\tau)}{1+\tau F_k}N(d_2) \tag{13-5}$$

$$d_1 = \frac{\ln\left(\dfrac{1+R_X\tau}{1+\tau F_k}\right) + (r+\sigma_L^2/2)k\tau}{\sigma_L\sqrt{k\tau}}, \quad d_2 = d_1 - \sigma_L\sqrt{k\tau}$$

这里 σ_L 是贴现债券的波动率。

式(13-5)的 Python 语言函数设计也十分简单，只需将 B-S 期权定价公式的相关程序稍加改进即可。

除了上述利率上限之外，经常见到的还有利率下限和利率双限。利率下限为应支付利率设置一个下限。一个利率下限是一个基于利率的看跌期权的组合或者是一个基于贴现债券的看涨期权的组合，可以利用类似利率上限的方法定价。利率下限的出售方通常是浮动利率资金的借款方。利率双限为将要支付的利率，既规定上限又规定下限。一个利率双限可由一个利率上限的多头和一个利率下限的空头组合而成，我们可以分别给出利率上限和

利率下限的价格，然后将二者合成，即可得出利率双限的价格。

13.2.2　债券期权定价

债券期权是一种盈亏依赖于债券价格的期权。欧式债券期权一般可直接应用 B-S 期权定价公式进行定价。

1. 零息债券期权定价

在零息债券的情况下，任意 t 时刻看涨期权的价格 c 和看跌期权的价格 p 可以由 B-S 期权定价公式给出

$$c = BN(d_1) - Xe^{-R(T-t)}N(d_2) \tag{13-6}$$
$$p = Xe^{-R(T-t)}N(-d_2) - BN(-d_1)$$

其中 $d_1 = \dfrac{\ln(B/X) + (R + 0.5\sigma^2)(T-t)}{\sigma\sqrt{T-t}}, d_2 = d_1 - \sigma\sqrt{T-t}$

式中：B——债券现价；

　　　T——期权到期日；

　　　X——期权的行权价格；

　　　R——T 时刻到期的无风险利率的当前值；

　　　σ——债券价格的标准差。

为此，我们编制 Python 语言函数如下：

```
##看涨期权定价
def zerobopcall(B,X,R,sigma,t):
  sigmasqr=sigma**2
  tsqr=sqrt(t)
  d1=(log(B/X)+(R+0.5*sigmasqr)*t)/(sigma*tsqr)
  d2=d1-sigma*tsqr
  c=B*norm.cdf(d1)-X*exp(-R*t)*norm.cdf(d2)
  return c
```

```
##看跌期权定价
def zerobopput(B,X,R,sigma,t):
  sigmasqr=sigma**2
  tsqr=sqrt(t)
  d1=(log(B/X)+(R+0.5*sigmasqr)*t)/(sigma*tsqr)
  d2=d1-sigma*tsqr
  p= X*exp(-R*t)*norm.cdf(-d2)-B*norm.cdf(-d1)
  return p
```

例： 考虑基于零息债券的欧式看涨期权和看跌期权。已知债券的价格是 864.55 元，行权价格是 1000 元，无风险利率为 10%，年波动率是 9%，距离期权到期时间为 10 个月，试求该债券欧式期权的价格。

解： 在本例中，$B = 864.55$，$X = 1000$，$R = 0.1$，$\sigma = 0.09$，$T - t = 10/12$。

按照如下步骤计算期权价格：

$$d_1 = \frac{\ln(B/X) + (R + 0.5\sigma^2)(T-t)}{\sigma\sqrt{T-t}}, d_2 = d_1 - \sigma\sqrt{T-t}$$

$$c = BN(d_1) - Xe^{-R(T-t)}N(d_2)$$

$$p = Xe^{-R(T-t)}N(-d_2) - BN(-d_1)$$

Python 函数计算调用如下：

```
from scipy.stats import norm
import pandas as pd
from numpy import *
B=864.55;X=1000;R=0.1;sigma=0.09;t=10.0/12.0
res1=zerobopcall(B,X,R,sigma,t)
res2= zerobopput(B,X,R,sigma,t)
res1
Out[30]: 9.4870286016232228
res2
Out[31]: 64.981443230946752
```

2. 附息债券期权定价

如果债券在有效期内支付利息，则利息可按股票红利来处理。这样，从债券价格 B 中减去利息的现值，其标准差是债券价格减掉利息现值后的标准差，就可给出附息债券看涨期权的价格 c 和看跌期权的价格 p 定价公式，即

$$c = \left[B - \sum_{i=1}^{T} D_i e^{-R(T-t_i)} \right] N(d_1) - Xe^{-R(T-t)}N(d_2) \qquad (13\text{-}7)$$

$$p = Xe^{-R(T-t)}N(-d_2) - \left[B - \sum_{i=1}^{T} D_i e^{-R(T-t_i)} \right] N(-d_1)$$

其中：D_i 为 t_i 时刻所付利息，t_i 为利息发生时间。

```
##零息债券的看涨期权价格
def B_S_bond_call_option_pricing(B,X,r,sigma,times):
  d1=(log(B/X)+(r+0.5*sigma**2)*times)/(sigma*sqrt(times))
  d2=d1-sigma*sqrt(times)
  return B*norm.cdf(d1)-X*exp(-r*times)*norm.cdf(d2)
##零息债券的看跌期权价格
def B_S_bond_put_option_pricing(B,X,r,sigma,times):
  d1=(log(B/X)+(r+0.5*sigma^2)*times)/(sigma*sqrt(times))
  d2=d1-sigma*sqrt(times)
  return (-B)*norm.cdf(-d1)+X*exp(-r*times)*norm.cdf(-d2)
##附息债券的看涨期权价格
def B_S_bond_call_option_pricing(B,X,r,sigma,times,div,t):
  d1=(log(B/X)+(r+0.5*sigma**2)*times)/(sigma*sqrt(times))
  d2=d1-sigma*sqrt(times)
  cf=div*exp(-r*t)
  dd=sum(cf)
  return (B-dd)*norm.cdf(d1)-X*exp(-r*times)*norm.cdf(d2)
##附息债券的看跌期权价格
def B_S_bond_put_option_pricing(B,X,r,sigma,times,div,t):
  d1=(log(B/X)+(r+0.5*sigma**2)*times)/(sigma*sqrt(times))
  d2=d1-sigma*sqrt(times)
  cf=div*exp(-r*t)
  dd=sum(cf)
  return (dd-B)*norm.cdf(-d1)+X*exp(-r*times)*norm.cdf(-d2)
```

例：考虑债券的欧式看涨期权和看跌期权。已知债券的价格是 100 美元，行权价格是 100 美元，无风险年利率为 5%，年波动率是 10%，距离期权到期时间 1 年，支付利息时间还有 6 个月，支付利息额 1 美元。试求该债券期权的价格，并将计算结果与相同条件下零

息债券期权的价格相比较。

解： 在本例中，$B=100$，$X=100$，$R=0.05$，$\sigma=0.1$，$T-t=1$，$D=1$，$t=0.5$。
按照如下步骤计算期权价格：

$$d_1=\frac{\ln(B/X)+(R+0.5\sigma^2)(T-t)}{\sigma\sqrt{T-t}}=\frac{\ln\left(\dfrac{100-1\times e^{-0.05\times0.5}}{100}\right)+(0.05+0.5\times0.1^2)\times1}{0.1\sqrt{1}}$$

$$d_2=d_1-0.1\sqrt{1}$$

$$c=[100-1\times e^{-0.05\times0.5}]N(d_1)-100e^{-0.05\times0.5}N(d_2) \tag{13-8}$$

$$p=100e^{-0.05\times0.5}N(-d_2)-[100-1\times e^{-0.05\times0.5}]N(-d_1)$$

```
from scipy.stats import norm
import pandas as pd
from numpy import *
B=100;X=100;r=0.05;sigma=0.1;times=1
t= pd.Series([0.5])
div=pd.Series([1.0])
##零息债券的看涨期权价格
res1=B_S_bond_call_option_pricing(B,X,r,sigma,times)
res1
Out[22]: 6.8049577088822144
##零息债券的看跌期权价格
res2=B_S_bond_put_option_pricing(B,X,r,sigma,times)
res2
Out[25]: 1.92790015889355
##附息债券的看涨期权价格
res3=ddB_S_bond_call_option_pricing(B,X,r,sigma,times,div,t)
res3
Out[32]: 6.1136187253015493
##附息债券的看跌期权价格
res4=ddB_S_bond_put_option_pricing(B,X,r,sigma,times,div,t)
res4
Out[33]: 2.2118710874012919
```

3. 使用远期债券价格定价

上述两个债券定价模型是建立在假设债券价格的标准差为常熟的基础上。然而实际上，债券价格的标准差要依赖于债券到期时间的长短。债券到期时间越长，债券价格的标准差就越大。因此，当期权的有效期与标的债券的有效期相比显得很重要时，假设债券标准差在期权有效期内为常数显然是不合理的。

在这种情况下，对欧式期权定价的方法之一是，认为该期权是按照期权行权时交割债券的远期价格卖出的。这个价格是在期权到期日和债券到期日之间延续的债券远期的价格 F。当期权到期时，远期债券价格等于标的债券的价格，这意味着我们所考虑的远期债券期权与所要定价的现货债券期权是一样的。这种方法使得我们可以直接使用 B-S 期权定价公式进行定价，这时欧式看涨期权和看跌期权的价格分别为

$$c=e^{-R(T-t)}[FN(d_1)-XN(d_2)]$$

$$p=e^{-R(T-t)}[XN(-d_2)-FN(-d_1)]$$

$$d_1=\frac{\ln(F/X)+0.5\sigma^2(T-t)}{\sigma\sqrt{T-t}},\quad d_2=d_1-\sigma\sqrt{T-t}$$

其中远期价格 $F = (B - I)e^{-R(T-t)}$

I：期权有效期内附息债券利息的现值。

T：权利期间。

X：期权的行权价格。

R：T 时刻到期的无风险利率的当前值。

sigma：远期价格 F 的标准差。

计算远期债券价格的 Python 语言函数留给读者思考。

```
##看涨期权定价
def bopcallfuture(F,X,R,sigma,t):
  sigmasqr=sigma**2
  tsqr=sqrt(t)
  d1=(log(F/X)+0.5*sigmasqr*t)/(sigma*tsqr)
  d2=d1-sigma*tsqr
  c=exp(-R*t)*(F*norm.cdf(d1)-X*norm.cdf(d2))
  return c
```

```
##看跌期权定价
def bopputfuture(F,X,R,sigma,t):
  sigmasqr=sigma**2
  tsqr=sqrt(t)
  d1=(log(F/X)+0.5*sigmasqr*t)/(sigma*tsqr)
  d2=d1-sigma*tsqr
  p=exp(-R*t)*(X*norm.cdf(-d2)-F*norm.cdf(-d1))
  return p
```

例：考虑一个 3 年期的欧式看涨期权和看跌期权。该期权的标的资产是某个面值为 100元，票面利率是 10%的 5 年期债券。假设期权被执行的远期债券的价格是 95 元，行权价格是 98 元，3 年期的无风险年率是 11%，远期债券价格的年标准差为 2.5%。试求该债券期权的价格。

解：在本例中，$F = 95$，$X = 98$，$R = 0.11$，$\sigma = 0.025$，$T - t = 3$。

按照如下步骤计算期权价格：

$$d_1 = \frac{\ln(F/X) + 0.5\sigma^2(T-t)}{\sigma\sqrt{T-t}}, \quad d_2 = d_1 - \sigma\sqrt{T-t}$$

$$c = e^{-R(T-t)}[FN(d_1) - XN(d_2)]$$

$$p = e^{-R(T-t)}[XN(-d_2) - FN(-d_1)]$$

函数调用如下：

```
F=95.0;X=98.0;R=0.11;sigma=0.025;t=3.0
res1= bopcallfuture(F,X,R,sigma,t)
res2= bopputfuture(F,X,R,sigma,t)
```

得到如下结果：

```
res1
Out[51]: 0.41617751765057109
res2
   Out[52]: 2.5729487179463444
```

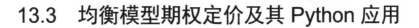

13.3　均衡模型期权定价及其 Python 应用

目前为止，我们给出的利率衍生证券定价模型不是 B-S 期权定价公式的直接应用，就是它的拓展模型。这样处理问题有方便的一面，但同时也存在不少问题，最为突出的是，这种方法仅适用于欧式期权定价。如果对美式期权进行定价，就存在一个如何处理在债券期权的有效期内债券价格的不确定性问题。这种不确定性与利率的期限结构有关，所以在解决这类问题之前必须先要解决债券的期限结构问题，然后由债券期限结构模型给出债券期权定价问题。在本节讨论的所有债券期权定价中，首先要给出关于利率期限结构的均衡模型，如 Rendlmmen-Bartter 模型、Vasicek 模型等；然后在此基础上给出债券价格波动的表达式；最后给出期权的定价模型。

13.3.1　Rendlmmen-Bartter 模型与债券期权定价

在 Rendlmmen 和 Bartter 之前，通常假设在风险中性的世界中利率 r 的演化形式是：

$$\mathrm{d}r = m(r)\mathrm{d}t + s(r)\mathrm{d}z \tag{13-9}$$

其中 $m(r)$ 为瞬间漂移率，$s(r)$ 为瞬间标准差，z 服从维纳过程，也称布朗运动。

Rendlmmen 和 Bartter 对式(11-1)中的 $m(r)$ 和 $s(r)$ 做了非常简单的假设，即假设 $m(r) = Mr$、$s(r) = Sr$，其中 M 和 S 为常数。这意味着 r 服从几何布朗运动，它们在风险中性的世界里有固定的期望增长率 M 和固定的标准差 S，即

$$\mathrm{d}r = Mr\mathrm{d}t + Sr\mathrm{d}z \tag{13-10}$$

Rendlmmen-Bartter 模型可以用一个类似股票的二叉树来构造。各个参数的选择如下：

$$P = \frac{a-d}{u-d}, \ u = \mathrm{e}^{S\sqrt{\Delta t}}, \ d = \mathrm{e}^{-S\sqrt{\Delta t}}, \ a = \mathrm{e}^{M\Delta t} \tag{13-11}$$

若已知利率初值，则由以上参数可以构建利率二叉树。必须强调的是：二叉树所表现的利率变动是在风险中性的世界中，而不是在真实的世界中的。

分析：使用 Rendlmmen-Bartter 模型计算美式期权价格的步骤如下：

①计算利率二叉树的各个参数；②构造利率二叉树图；③计算二叉树每一结点上的债券价格；④通过利率二叉树倒推计算期权价格。

以 Rendlmmen-Bartter 模型计算债券期权的 Python 语言函数留给读者思考。

例：考虑一个 4 年期的零息债券美式看涨期权，标的债券 5 年后到期，面值是 1000 美元，行权价格是 950 美元，利率的期望增长率是 5%，标准差是 15%，短期利率的初值是 10%，求该债券期权的价格。

解：在本例中，$V = 1000$，$X = 950$，$M = 0.05$，$S = 0.15$，$r = 0.1$，$T_1 = 4$，$T_2 = 5$。

根据 Rendlmmen-Bartter 模型计算债券期权的步骤如下：

(1) 确定二叉树步数、步长并计算利率二叉树参数。

将当前日至债券到期日分成 100 等份，则步长 $\Delta t = 5/100$，利率二叉树各参数为

$$u = \mathrm{e}^{S\sqrt{\Delta t}} = \mathrm{e}^{0.15\sqrt{\Delta t}} \quad , \quad d = \mathrm{e}^{-S\sqrt{\Delta t}} = \mathrm{e}^{-0.15\sqrt{\Delta t}}$$

$$a = e^{M\Delta t} = e^{0.05\Delta t}, \quad P = \frac{a-d}{u-d} = \frac{e^{0.05\Delta t} - e^{-0.15\sqrt{\Delta t}}}{e^{0.15\sqrt{\Delta t}} - e^{-0.15\sqrt{\Delta t}}}$$

(2) 构造利率二叉树。

(3) 计算利率二叉树中每个结点对应的债券价格。已知在债券到期日,债券面值为 1000 美元,上一时刻的价值可通过利率二叉树倒推求得。

(4) 计算零息债券美式看涨期权的价格为 0.007136613。

13.3.2 Vasicek 债券期权定价模型

Rendlmmen-Bartter 模型的缺陷是,没有刻画出利率随着时间的推移而向某个长期平均水平收敛的趋势,即均值回复性。当利率 r 较高时,均值回复性使得利率 r 具有负的漂移率;当利率 r 较低时,均值回复性会使得利率 r 具有正的漂移率。

为了弥补上述模型的不足,Vasicek 提出过一个模型。该模型假设当 a,b 和 σ 为常数时,$dr = m(r)dt + s(r)dz$ 中的 $m(r) = a(b-r)$,$s(r) = \sigma$。因此,短期利率的风险中性过程为

$$dr = a(b-r)dt + \sigma dz \tag{13-12}$$

这个模型称为 Vasicek 模型。在该模型中,短期利率以速率 a 被拉向 b 水平,在这个"拉"项上还加上了一个正态分布随机项 σdz。

定义在 T 时刻支付一单位货币的零息债券在任意 t 时刻的价格为

$$P(t,T) = \hat{E}[e^{-\bar{r}(T-t)}] \tag{13-13}$$

式中 $\bar{r}$ 为 t 时刻到 T 时刻时间内 r 的平均值,$\hat{E}$ 为中性世界的期望值。

1. 零息债券的价格

Vasicektg 通过解方程(11-5)得到了零息债券价格的解析式:

$$P(t,T) = A(t,T)e^{-B(t,T)r(t)} \tag{13-14}$$

式中 $r(t)$ 为 r 在 t 时刻的值,当 $a \neq 0$ 时

$$B(t,T) = \frac{1 - e^{-a(T-t)}}{a}$$

$$A(t,T) = \exp\left[\frac{(B(t,T) - T + t)(a^2 b - \sigma^2/2)}{a^2} - \frac{\sigma^2 B(t,T)^2}{4a}\right]$$

当 $a=0$ 时,$B(t,T) = T - t, A(t,T) = \exp\left[\frac{\sigma^2 (T-t)^3}{6}\right]$

选择 a、b、σ,整个期限结构就可以由一个 $r(t)$ 的函数确定,其图形可以是上升形状、下降形状或具有轻微"驼峰"形状。

为此,我们编制 Python 语言函数如下:

```
def vasicek(t,r,a,b,sigma):
  sigmasqr=sigma**2
  aa=a*a
  if a==0.0:
    B=t
    A=exp(sigmasqr*t**3/6)
  else:
    B=(1.0-exp(-a*t))/a
```

```
A=exp(((B-t)*(aa*b-0.5*sigmasqr))/aa-((sigmasqr*B*B)/(4*a)))
dfact=A*exp(-B*r)
return dfact
```

例： 考虑一个 1 年期的零息债券价格。无风险年率是 5%，利率变化服从 Vasicek 模型，各参数分别为 a=0.1、b=0.1，年波动率为 2%。试求该零息债券的价格。

解： 在本例中，$t=1$，$r=0.05$，$a=0.1$，$b=0.1$，$\sigma=0.02$。

按照如下步骤计算期权价格：

当 $a \neq 0$ 时：

$$B(t,T) = \frac{1-\mathrm{e}^{-a(T-t)}}{a}$$

$$A(t,T) = \exp\left[\frac{(B(t,T)-T+t)(a^2b-\sigma^2/2)}{a^2} - \frac{\sigma^2 B(t,T)^2}{4a}\right]$$

当 a=0 时，$B(t,T)=T-t, A(t,T)=\exp\left[\dfrac{\sigma^2(T-t)^3}{6}\right]$

$$P(t,T) = A(t,T)\mathrm{e}^{-B(t,T)r(t)}$$

函数调用如下：

```
t=1;r=0.05;a=0.1;b=0.1;sigma=0.02
res=vasicek(t,r,a,b,sigma)
```

得到如下结果：

```
res
Out[64]: 0.94899019048521271
```

2. 贴现债券期权的价格

Jamshidian 指出，贴现债券期权的价格可由 Vasicek 模型求出。设贴现债券面值为 1 元，到期日为 s，在 t 时刻基于该贴现债券的 T 时刻到期的欧式看涨期权和看跌期权的价格分别计算如下：

$$c = P(t,s)N(h) - XP(t,T)N(h-\sigma_p)] \tag{13-15}$$

$$p = [XP(t,T)N(-h+\sigma_p) - P(t,s)N(-h)]$$

其中 X 为执行价格，而：

$$a \neq 0, \quad h = \frac{1}{\sigma_p}\ln\frac{P(t,s)}{P(t,T)X} + \frac{\sigma_p}{2}, \quad \sigma_p = v(t,T)B(T,s), \quad v(t,T)^2 = \frac{\sigma^2(1-\mathrm{e}^{-2a(T-t)})}{2a}$$

$$a = 0, \quad v(t,T) = \sigma\sqrt{T-t}, \quad \sigma_p = \sigma(s-T)\sqrt{T-t}$$

为此，我们编制 Python 语言函数如下：

```
def bpvasicek(X,r,t,tma,a,b,sigma):
  T_t=t
  s_t=tma
  T_s=s_t-T_t
  if a==0.0:
    v_t_T=sigma*sqrt(T_t)
    sigma_P=sigma*T_s*sqrt(T_t)
  else:
    v_t_T=sqrt(sigma*sigma*(1.0-exp(-2*a*T_t))/(2*a))
    B_T_s=(1-exp(-a*T_s))/a
```

```
    sigma_P=v_t_T*B_T_s
```

```
h=(1.0/sigma_P)*log(vasicek(s_t,r,a,b,sigma)/(vasicek(T_t,r,a,b,sigma)*X))
```

```
c=vasicek(s_t,r,a,b,sigma)*norm.cdf(h)-X*vasicek(T_t,r,a,b,sigma)*norm.cdf(h
-sigma_P)
    return c
```

例：考虑一个 1 年期的零息债券价格。无风险年率是 5%，利率变化服从 Vasicek 模型，各参数分别为 $a=0.1$、$b=0.1$，年波动率为 2%。试求该零息债券的价格。

解：在本例中，$t=5$，$r=0.05$，$a=0.1$，$b=0.1$，$\sigma=0.02$。

按照如下步骤计算期权价格：

当 $a \neq 0$ 时：

$$B(t,T) = \frac{1-e^{-a(T-t)}}{a}$$

$$A(t,T) = \exp\left[\frac{(B(t,T)-T+t)(a^2b-\sigma^2/2)}{a^2} - \frac{\sigma^2 B(t,T)^2}{4a}\right]$$

当 $a=0$ 时，$B(t,T) = T-t$，$A(t,T) = \exp\left[\frac{\sigma^2(T-t)^3}{6}\right]$

$$P(t,T) = A(t,T)e^{-B(t,T)r(t)}$$

函数调用如下：

```
a=0.1;b=0.1;sigma=0.02;r=0.05;X=0.9;t=1;tma=5
res=bpvasicek(X,r,t,tma,a,b,sigma)
```

得到如下结果：

```
res
Out[69]: 0.00022605014666013737
```

13.4   无套利模型

上一节所讨论的利率期限结构模型的缺点在于与当前的利率期限结构相吻合，而无套利模型能弥补这种不足。代表性的无套利模型包括 Heath-Jarrow-Morton 模型、Ho-lee 模型，Hull-White 模型等。

1. Heath-Jarrow-Morton 模型

在套利模型中，假设在时间 T 到期的贴现债券在时间 t 的价格 $B(t,T)$ 的相对变化满足如下 Ito 过程：

$$\frac{\mathrm{d}B(t,T)}{B(t,T)} = \mu(t,T)\mathrm{d}t + \sigma(t,T)\mathrm{d}z \tag{13-16}$$

其中 $\mu(t,T)$ 为贴现债券价格 $B(t,T)$ 在时间 t 的预期瞬间收益；$\sigma(t,T)$ 为贴现债券价格 $B(t,T)$ 在时间 t 的瞬间变动；z 为标准布朗运动。

套利模型与均衡模型最大区别是，在套利模型中，假设的是债券价格 $B(t,T)$ 的相对变化过程，而非绝对变化过程，因此，债券价格取负值的概率为 0。

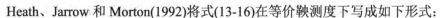

Heath、Jarrow 和 Morton(1992)将式(13-16)在等价鞅测度下写成如下形式:

$$\frac{\mathrm{d}B(t,T)}{B(t,T)} = r_t\mathrm{d}t + \sigma(t,T)\mathrm{d}z$$

z 为另一个测度下的标准布朗运动。

根据 Ito 理解上面的随机微分方程,得到:

$$B(t,T) = B(0,T)\exp[\int_0^t r_s\mathrm{d}s + \int_0^t \sigma(s,T)\mathrm{d}z - 0.5\int_0^t \sigma^2(s,T)\mathrm{d}s]$$

可以从方程中消除短期利率,过程如下。

首先,利用条件 $B(t,t)=1$,得到:

$$1 = B(t,t) = B(0,t)\exp[\int_0^t r_s\mathrm{d}s + \int_0^t \sigma(s,t)\mathrm{d}z - 0.5\int_0^t \sigma^2(s,t)\mathrm{d}s]$$

$$B(t,T) = \frac{B(0,T)}{B(0,t)}\exp[\int_0^t (\sigma(s,T) - \sigma(s,t))\mathrm{d}z - 0.5\int_0^t (\sigma^2(s,T) - \sigma^2(s,t))\mathrm{d}s] \tag{13-17}$$

式(13-17)表明,债券的价格仅取决于当前的期限结构(贴现债券价格 $B(0,t)$ 和 $B(0,T)$ 以及波动性结构 $\sigma(s,t)$ 和 $\sigma(s,T)$,其中,$0 \leq s \leq t$。

根据式(13-17),还可以推出到期期限为 T 的贴现债券在时间 t 的利率 $R(t,T-t)$ 以及在时间 t 计算的,起息日为时间 T 的瞬时远期利率 $f(t,T)$,由

$$R(t,T-t) = -\frac{1}{T-t}\ln B(t,T)$$

$$f(t,T) = -\frac{\partial \ln B(t,T)}{\partial T}$$

可以推得

$$R(t,T-t) = -\frac{1}{T-t}\left[\ln\frac{B(0,t)}{B(0,T)} - \int_0^t (\sigma(s,T) - \sigma(s,t))\mathrm{d}z + 0.5\int_0^t (\sigma^2(s,T) - \sigma^2(s,t))\mathrm{d}s\right]$$

$$f(t,T) = f(0,T) - \int_0^t \gamma(s,T)\mathrm{d}z + \int_0^t \sigma(s,T)\gamma(s,T)\mathrm{d}s \tag{13-18}$$

其中:$\gamma(s,T)$ 为瞬间远期利率 $f(t,T)$ 的波动,它满足:

$$\gamma(s,T) = \frac{\partial \sigma(s,T)}{\partial T}$$

由式(13-18),还可以得到

$$r_t = f(t,t) = f(0,t) - \int_0^t \gamma(s,t)\mathrm{d}z + \int_0^t \sigma(s,t)\gamma(s,t)\mathrm{d}s \tag{13-19}$$

在这个模型中,由于式(13-19)中的波动率 σ 及其导数 γ 可能是在时间 t 之前的一些随机变量的函数,所以 $r_t(t \geq 0)$ 过程不一定是马尔科夫过程(即满足无记忆和与路径无关的过程,用式子表示:$P(X_T = x \mid X_{t-k},\cdots,X_{t-2},X_{t-1}) = P(X_T = x \mid X_{t-1})$ 这使得模型计算复杂而且难以运用,例如,考虑离散时间情况下的利率树,由于短期利率过程不一定是马尔科夫过程,这意味着,为了推导出 r_t 的概率分布,需要了解有关短期利率在时间 t 之前所遵循的变化路径信息,即先上移后下移不等于先下移后上移。于是在这种情况下,就不能构建出一个重组树,而需要构建一个分叉树。

当短期利率服从马尔科夫过程时,就可以建立重组树,此时只有结点重要,而到结点的路劲并不重要。而当短期利率不服从马尔科夫过程时,只能建立非重组树,此时每个结点的路径是唯一的。于是,n 期的重组树有 $n+1$ 个不同结点,而 n 期的非重组树有 $2n$ 个不

同结点。所以，当短期利率不服从马尔科夫过程时，对或有要求权定价几乎是不可能的。

在这样的情况下，Heath-Jarrow-Morton 模型的马尔科夫特例就有很大的实践意义。接下来介绍的 Ho-Lee 模型和 Hull-White 模型都是 Heath-Jarrow-Morton 模型的马尔科夫特例。

2. Ho-Lee 模型

Ho 和 Lee 在 1986 年的一篇论文中首先提出了关于期限结构的无套利模型——Ho-Lee 模型。这个模型是一个二叉树模型，其中包含两个参数，一个是短期利率的标准差，另一个是短期利率的风险市场价格。可以证明，Ho-Lee 模型在连续时间的极限为

$$dr = \theta(t)dt + \sigma dz$$

其中短期利率 r 的瞬间标准差 σ 是常数，而 $\theta(t) = F_t^{'}(0,t) + \sigma^2 t$，其选取标准是确保模型与初期的期限结构相吻合，式中 $F_t(0,t)$ 为时间 0 所观察到的在 t 时刻的远期利率。

在 Ho-Lee 模型中，贴现债券和贴现债券欧式期权的价格都可以给出解析式，其中贴现债券价格为

$$P(t,T) = A(t,T)e^{-r(T-t)}$$

这里 $\ln A(t,T) = \ln \dfrac{P(0,T)}{P(t,T)} - (T-t)\dfrac{\partial \ln P(0,t)}{\partial t} - 0.5\sigma^2 t(T-t)^2$

贴现欧式看涨期权和看跌期权的价格分别为

$$c = P(t,s)N(h) - XP(t,T)N(h - \sigma_p)$$

$$p = XP(t,T)N(-h + \sigma_p) - P(t,s)N(-h)$$

这里 X 为行权价格，而

$$h = \frac{1}{\sigma_p}\ln\frac{P(t,s)}{P(t,T)X} + \frac{\sigma_p}{2}, \quad \sigma_p = \sigma(s-T)\sqrt{T-t}, \quad v(t,T)^2 = \frac{\sigma^2(1 - e^{-2a(T-t)})}{2a}$$

附息债券的欧式期权可以通过把它们分解为贴现债券欧式期权组合进行定价，方法与前面的 Jamshidian 的方法相同。美式期权可以通过二叉树法定价，二叉树的画法用 Ho 和 Lee 所述的方法。

Ho-Lee 模型的优点是：它是解析的马尔科夫过程的扩展模型，应用简便而且能够比较准确地符合当前的利率期限结构，该模型的缺陷之一是：它不具有均值回复性。

3. Hull-White 模型

Hull 和 White(1990)探讨了如何将 Vasicek 期限结构模型推广到与初期期限结构相吻合的情形。他们所考虑的是 Vasicek 期限结构模型的一种扩展形式：

$$dr = [\theta(t) - ar]dt + \sigma dz$$

其中 a、σ 是常数，z 服从维纳过程。通常这个模型被称为 Hull-White 模型。

在 Hull-White 模型中，t 时刻的债券价格为

$$P(t,T) = A(t,T)e^{-B(t-T)r}$$

其中：

$$B(t,T) = \frac{1 - e^{-a(T-t)}}{a}$$

$$\ln A(t,T) = \ln \frac{P(0,T)}{P(t,T)} - B(t,T)\frac{\partial \ln P(0,t)}{\partial t} - \frac{\sigma^2}{4a^3}(\mathrm{e}^{-aT} - \mathrm{e}^{-at})(\mathrm{e}^{2at} - 1)$$

基于 Hull-White 模型的贴现债券的欧式期权价格与前面给出的定价公式一样。附息债券的欧式期权可以用 Jamshidian 的方法分解成贴现债券的期权来定价。

我们介绍了两个无套利模型，基于这两个模型的欧式期权价格都是 B-S 期权定价公式的拓展模型，Python 语言函数设计比较简单，此不赘述。

思 考 题

1. 利率期限结构的定价模型主要有哪些？

2. 按照书上的例题，应用 Python 语言函数，对不同的利率期限结构的定价模型进行定价计算。

第 14 章　量化金融数据分析及其 Python 应用

本章精粹

本章将介绍如下 5 个量化金融的实例。

(1)　战胜股票市场策略可视化的 Python 应用。

(2)　股票数据正态性检验的 Python 应用。

(3)　标准均值方差模型及其 Python 应用。

(4)　投资组合有效边界的 Python 绘制。

(5)　Markowitz 投资组合优化的 Python 应用。

14.1 战胜股票市场策略可视化的 Python 应用

1. 使用 Pandas 导入数据

首先导入数据：

```
import pandas.io.data as web
from pandas import DataFrame
data_feed = {}
data_feed[1] = web.get_data_yahoo('AAPL', '05/1/2016', '10/1/2016')
data_feed[2] = web.get_data_yahoo('FB', '05/1/2016', '10/1/2016')
data_feed[3] = web.get_data_yahoo('GOOG', '05/1/2016', '10/1/2016')
data_feed[4] = web.get_data_yahoo('SPLK', '05/1/2016', '10/1/2016')
data_feed[5] = web.get_data_yahoo('YELP', '05/1/2016', '10/1/2016')
data_feed[6] = web.get_data_yahoo('GG', '05/1/2016', '10/1/2016')
data_feed[7] = web.get_data_yahoo('BP', '05/1/2016', '10/1/2016')
data_feed[8] = web.get_data_yahoo('SCPJ', '05/1/2016', '10/1/2016')
data_feed[9] = web.get_data_yahoo('JNJ', '05/1/2016', '10/1/2016')
price = DataFrame({tic: data['Adj Close'] for tic, data in
data_feed.iteritems()})
volume = DataFrame({tic: data['Volume'] for tic, data in
data_feed.iteritems()})
```

2. 收益率

要确定收益率百分比并进行分析，可以调用 return DataFrame 方法和 plot 方法。这可以通过调用 sum 对 DataFrame 中的各列求和来实现，该函数执行了大量工作来创建图 14-1 中所示的图形。

```
returns = price.pct_change()
import matplotlib.pyplot as plt
returns.sum().plot(kind='bar',title="% return For Year")
plt.show()
```

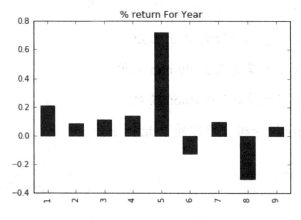

图 14-1　收益率直方图

如图 14-1 所示，SCPJ 进行了 IPO，并且年初至今它的损失接近 IPO 值的 40%。相比之下，Yelp(在同一个行业中)获利几乎为 80%。事后看来，卖空 SCPJ 而买进 Yelp 几乎可以让原始投资翻倍。

3. 原始输出总和

sum()命令的文本输出在该代码中展示了年收益的实际原始值：

```
In [12]: returns.sum()
Out[15]:
1    0.209309
2    0.084193
3    0.112291
4    0.137510
5    0.721123
6   -0.124810
7    0.095181
8   -0.302034
9    0.062589
dtype: float64
```

4. 创建一幅日收益率柱状图

考虑数据的另一个方法是创建全年日收益率变化的柱状图，了解这是否反映了数据的底层洞察。幸运的是，这非常简单，代码如下：

```
returns.diff().hist()
plt.show()
```

得到的输出结果如下，图形如图 14-2 所示。

```
Out[16]:
array([[<matplotlib.axes._subplots.AxesSubplot object at 0x0B7FE1D0>,
        <matplotlib.axes._subplots.AxesSubplot object at 0x0B9697B0>,
        <matplotlib.axes._subplots.AxesSubplot object at 0x0BB18210>],
       [<matplotlib.axes._subplots.AxesSubplot object at 0x0BB4D1F0>,
        <matplotlib.axes._subplots.AxesSubplot object at 0x0BB89B70>,
        <matplotlib.axes._subplots.AxesSubplot object at 0x0BC3C750>],
       [<matplotlib.axes._subplots.AxesSubplot object at 0x0BC8C0F0>,
        <matplotlib.axes._subplots.AxesSubplot object at 0x0BCD5770>,
        <matplotlib.axes._subplots.AxesSubplot object at 0x0BD8FD50>]], dtype=object)
```

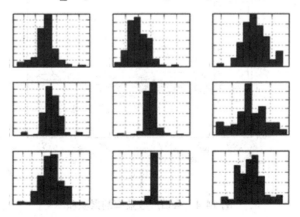

图 14-2　直方图

5. Pandas 投资组合相关性的年度线性图

另一个查看数据的方法是记下日收益率并绘制年度线性图。下面的代码展示了如何操作：

```
returns.plot(title="% Daily Change For Year")
plt.show()
```

得到如图 14-3 所示的图形。

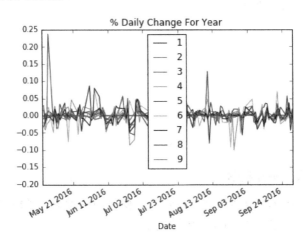

图 14-3　投资组合相关性的年度线性图

6. 各资产收益率的累积和

这种简单图表存在的问题是不太容易理解图中的信息。处理时间序列数据的方法是使用 cumsum 函数，将数据绘成图表：

```
ts = returns.cumsum()
plt.figure(); ts.plot(); plt.legend(loc='upper left')
plt.show()
```

得到如图 14-4 所示的图形。

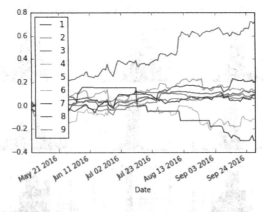

图 14-4　各资产收益率的累积和

图 14-4 所示的结果告诉了我们关于投资组合的更多信息。通过进行时间序列分析并绘制结果图标，SCPJ 显然面临着比原来想象的更加困难的时刻，年收益下降了近 40%，九月份甚至一度下降了 40%。有关股票走势的其他数据表明，SCPJ 的标准偏差相当高。因为标准偏差是风险的大致表现，所以，在制订该组合并确定权重时，应重点关注这个地方。

7. Pandas 组合相关性的百分比变化

确定九种股票间百分比变化的相关性与调用 DataFrame 收益 corr 的方法一样简单：

```
returns.corr()
Out[21]:
          1         2         3         4         5         6         7 \
1  1.000000  0.416977  0.441595  0.359194  0.117748  0.076796  0.201243
2  0.416977  1.000000  0.615684  0.431009  0.379273  0.061064  0.336605
3  0.441595  0.615684  1.000000  0.441726  0.373359  0.068465  0.351125
4  0.359194  0.431009  0.441726  1.000000  0.274183  0.007723  0.460048
5  0.117748  0.379273  0.373359  0.274183  1.000000  0.194522  0.222843
6  0.076796  0.061064  0.068465  0.007723  0.194522  1.000000  0.203828
7  0.201243  0.336605  0.351125  0.460048  0.222843  0.203828  1.000000
8  0.089218  0.077398  0.082808  0.081331  0.182187  0.175279  0.071175
9  0.261049  0.440014  0.534019  0.265154  0.199166  0.151390  0.332621
          8         9
1  0.089218  0.261049
2  0.077398  0.440014
3  0.082808  0.534019
4  0.081331  0.265154
5  0.182187  0.199166
6  0.175279  0.151390
7  0.071175  0.332621
8  1.000000  0.144818
9  0.144818  1.000000
```

8. SPY 标准普尔 500 指数的累积收益率图

在下面的标准普通 500 的实例中，创建了另一个 DataFrame，在同一时间周期内，它可以充当"市场投资组合"。图 14-5 中的图表展示了 SPY 生成的收益率，SPY 是标准普尔 500 指数的代理。

```
market_data_feed = {}
market_data_feed[1] = web.get_data_yahoo('SPY', '05/1/2016', '10/1/2016')
market_symbols=['SPY']
for ticker in market_symbols:
  market_data_feed[ticker] = web.get_data_yahoo (ticker, '05/1/2016',
'10/1/2016')
  market_price = DataFrame({tic: data['Adj Close'] for tic, data in market_
data_feed.iteritems()})
  market_volume = DataFrame({tic: data['Volume']for tic, data in market_data_
feed.iteritems()})
  #收盘价转为收益率
  market_returns = market_price.pct_change()
  #累积收益率
market_returns.cumsum()
mts = market_returns.cumsum()
plt.figure(); mts.plot(); plt.legend(loc='upper left')
plt.show()
```

得到如图 14-5 所示的图形。

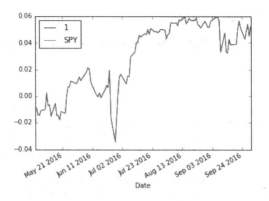

图 14-5　标准普尔 500 指数收益率的累积和

9. 战胜股票市场的数据展示

在完成两个时间序列的图表后，下一步是分析查看与市场投资组合相对的产品投资组合。两种临时应急的方法如下。

(1)　查看您的组合与市场投资组合的平均收益率。

(2)　查看标准差(stdev)，这是一种关于上述投资组合与市场投资组合的大致风险代理。

```
sum_returns = returns.sum()
sum_returns.mean()
Out[37]: 0.11059463984630956
market_returns.sum().mean()
Out[38]: 0.052580101035346494
market_returns.std()
Out[39]:
1      0.007627
SPY    0.007627
dtype: float64
returns.std().mean()
Out[40]: 0.01834054247037963
```

在最后交互实例中，可以通过 11.06%的投资组合收益率与 5.3% 的市场投资组合收益率来战胜股市。在启动对冲基金之前，我们可能需了解为什么市场投资组合获得 0.76% 的标准差，而我们的投资组合只获得了 1.83%的标准差。快速回答是，我们冒了较大风险，而且只是幸运罢了。进一步的分析涉及确定 alpha、beta、预期收益，以及进行 Fama-French 和有效边界优化之类的高级分析。

在本节中，Python 用于执行临时应急的投资组合分析。Python 逐渐变成用于真实数据分析的首选语言。Pandas(时间序列分析)、Pyomo(线性优化)、Numpy(数值计算)、Scipy(科学计算)和IPython (Python 交互式计算和开发环境)之类的库使得在 Python 中应用高等数学知识变得更加轻松。

14.2　股票数据描述性统计的 Python 应用

(1)　程序包准备。

#使用免费、开源的 Python 财经数据接口包 Tushare 来获取数据

```
import tushare as ts            #需先安装 tushare 程序包
#此程序包的安装是在 Anaconda Prompt 状态下，输入命令：pip install tushare
import pandas as pd
import numpy as np
import statsmodels.api as sm
import scipy.stats as scs
import matplotlib.pyplot as plt
```

(2)　选择股票代号获取股票数据。

```
symbols = ['hs300', '600000', '000980', '000981']
#把相对应股票的收盘价按照时间的顺序存入 DataFrame 对象中
data = pd.DataFrame()
hs300_data = ts.get_hist_data('hs300','2016-01-01','2016-12-31')
hs300_data = hs300_data['close']
hs300_data = hs300_data[::-1]
data['hs300'] = hs300_data
data1 = ts.get_hist_data('600000','2016-01-01','2016-12-31')
data1 = data1['close']
data1 = data1[::-1]
data['600000'] = data1
data2 = ts.get_hist_data('000980','2016-01-01','2016-12-31')
data2 = data2['close']
data2 = data2[::-1]
data['000980'] = data2
data3 = ts.get_hist_data('000981','2016-01-01','2016-12-31')
data3 = data3['close']
data3 = data3[::-1]
data['000981'] = data3
```

(3)　查看数据和清理数据。

```
#查看股票收盘价
data.info()
<class 'pandas.core.frame.DataFrame'>
Index: 184 entries, 2016-01-04 to 2016-09-30
Data columns (total 4 columns):
hs300    184 non-null float64
600000   166 non-null float64
000980   106 non-null float64
000981   137 non-null float64
dtypes: float64(4)
```

由上可见各个股票的记录不一致。

```
#查看数据
data.head()
Out[40]:
              hs300   600000  000980  000981
date
2016-01-04  3469.066   17.73    NaN     NaN
2016-01-05  3478.780   17.96    NaN     NaN
2016-01-06  3539.808   18.11    NaN     NaN
2016-01-07  3294.384   17.63    NaN     NaN
2016-01-08  3361.563   17.49    NaN     NaN
```

由上可见 000980 与 000981 股票的记录有 null 值。

```
#数据清理
data=data.dropna()
```

(4) 股票数据的可视化。

```
#直接比较 4 只股票，但是规范化为起始值 100
(data / data.ix[0] * 100).plot(figsize = (8, 4))
```

得到如图 14-6 所示的图形。

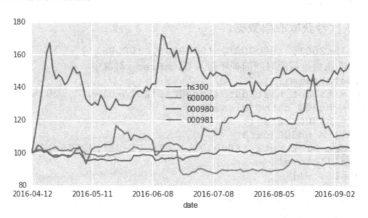

图 14-6　股票数据规范后价格变化

用 pandas 计算对数收益率比 Numpy 更方便一些，可使用 shift 方法：

```
log_returns = np.log(data / data.shift(1))
log_returns.head()
log_returns.hist(bins=50, figsize=(9,4))
```

得到如图 14-7 所示的图形。

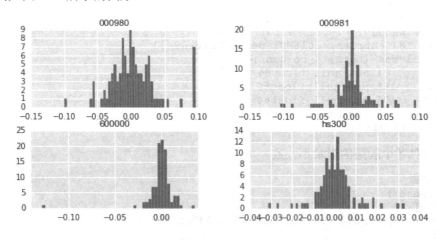

图 14-7　收益率的直方图

(5) 不同时间序列数据集的不同统计数值。

下一步我们考虑时间序列数据集的不同统计数值。

```
#峰度值似乎在所有 4 个数据集上都与正态分布的要求相差太多
#定义 print_statistics 函数，为了更加易于理解的方式
#输出给定 (历史或者模拟) 数据集均值、偏斜度或者峰度等统计数字
```

```
def print_statistics(array):
    sta = scs.describe(array)
    print "%14s %15s"  % ('statistic', 'value')
    print 30 * "-"
    print "%14s %15.5f" % ('size', sta[0])
    print "%14s %15.5f" % ('min', sta[1][0])
    print "%14s %15.5f" % ('max', sta[1][1])
    print "%14s %15.5f" % ('mean', sta[2])
    print "%14s %15.5f" % ('std', np.sqrt(sta[3]))
    print "%14s %15.5f" % ('skew', sta[4])
    print "%14s %15.5f" % ('kurtosis', sta[5])
for sym in symbols:
    print "\nResults for symbol %s" % sym
    print 30 * "-"
    log_data = np.array(log_returns[sym].dropna())
    print_statistics(log_data)
```

得到如下结果：

```
Results for symbol hs300
------------------------------
     statistic           value
------------------------------
          size       105.00000
           min        -0.03135
           max         0.03299
          mean         0.00029
           std         0.00912
          skew         0.20305
      kurtosis         3.30681


Results for symbol 600000
------------------------------
     statistic           value
------------------------------
          size       105.00000
           min        -0.12875
           max         0.03545
          mean        -0.00060
           std         0.01537
          skew        -5.46813
      kurtosis        44.53671

Results for symbol 000980
------------------------------
     statistic           value
------------------------------
          size       105.00000
           min        -0.10059
           max         0.09586
          mean         0.00415
           std         0.03576
          skew         0.68620
      kurtosis         1.37199

Results for symbol 000981
------------------------------
     statistic           value
```

```
-----------------------------
       size      105.00000
        min       -0.10512
        max        0.09578
       mean        0.00100
        std        0.03058
       skew       -0.21642
   kurtosis        3.31592
```

(6) 通过分位数图检查代码的数据。

```
#下面是 HS300 对数收益率 分位数-分位数图
sm.qqplot(log_returns['hs300'].dropna(), line='s')
plt.grid(True)
plt.xlabel('theoretical quantiles')
plt.ylabel('sample quantiles')
```

得到如图 14-8 所示的图形。

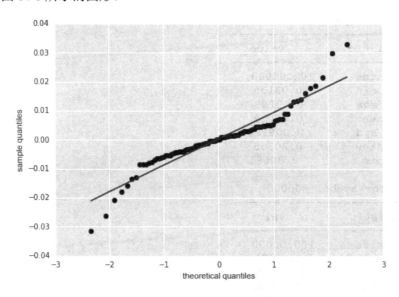

图 14-8 HS300 对数收益率分位数-分位数图

从图 14-8 中可以看出：很显然，样本的分位数值不在一条直线上，表明"非正态性"。

```
#在左侧和右侧分别有许多值远低于和远高于直线。
#换句话说，这一时间序列信息展现出"大尾巴"(Fat tails)。
#大尾巴指的是(频率)分布中观察到的正负异常值
#多于正态分布应有表现的情况。
#浦发银行 600000 对数收益率分位数-分位数图
sm.qqplot(log_returns['600000'].dropna(), line='s')
plt.grid(True)
plt.xlabel('theoretical quantiles')
plt.ylabel('sample quantiles')
```

得到如图 14-9 所示的图形。

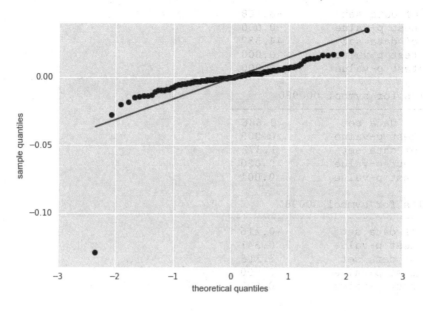

图 14-9　浦发银行 600000 对数收益率分位数-分位数图

(7)　正态性检验。

```
def normality_tests(arr):
    ''''Tests for normality distribution of given data set.
    normality_tests 函数组合了 3 种不同的统计学测试:
    偏斜度测试(Skewtest)
        测试样本数据的偏斜度是否"正态"(也就是值足够接近 0)
    峰度测试(kurtosistest)
        与上一种测试类似, 测试样本数据的峰度是否"正态"(同样是值足够接近 0)
    正态性测试(normaltest)
        组合其他两种测试方法, 检验正态性
    '''
    print "Skew of data set %14.3f" % scs.skew(arr)
    print "Skew test p-value %14.3f" % scs.skewtest(arr)[1]
    print "Kurt of data set %14.3f" % scs.kurtosis(arr)
    print "Kurt test p-value %14.3f" % scs.kurtosistest(arr)[1]
    print "Norm test p-value %14.3f" % scs.normaltest(arr)[1]
for sym in symbols:
    print "\nResults for symbol %s" % sym
    print 32 * "-"
    log_data = np.array(log_returns[sym].dropna())
    normality_tests(log_data)
```

得到如下结果:

```
Results for symbol hs300
--------------------------------
Skew of data set        0.203
Skew test p-value       0.371
Kurt of data set        3.307
Kurt test p-value       0.000
Norm test p-value       0.001


Results for symbol 600000
--------------------------------
```

```
Skew of data set           -5.468
Skew test p-value           0.000
Kurt of data set           44.537
Kurt test p-value           0.000
Norm test p-value           0.000

Results for symbol 000980
-------------------------------
Skew of data set            0.686
Skew test p-value           0.005
Kurt of data set            1.372
Kurt test p-value           0.020
Norm test p-value           0.001

Results for symbol 000981
-------------------------------
Skew of data set           -0.216
Skew test p-value           0.341
Kurt of data set            3.316
Kurt test p-value           0.000
Norm test p-value           0.001
```

14.3　资产组合标准均值方差模型及其 Python 应用

本节先介绍资产组合均值方差模型要用到的一些概念，包括资产组合的可行集、资产组合的有效集、最优资产组合等。然后介绍标准的标准均值方差模型及其应用。

14.3.1　资产组合的可行集

选择每个资产的投资比例，就确定了一个资产组合，在预期收益率 $E(r_p)$ 和标准差 σ_p 构成的坐标平面 σ_p-$E(r_p)$ 上就确定了一个点。因此，每个资产组合对应着 σ_p-$E(r_p)$ 坐标平面上的一个点；反之，σ_p-$E(r_p)$ 坐标平面上的一个点对应着某个特定的资产组合。如果投资者选择了所有可能的投资比例，则这些众多的资产组合点将在 σ_p-$E(r_p)$ 坐标平面上构成一个区域。这个区域称为资产组合的可行集或可行域。简而言之，可行集是实际投资中所有可能的集合。也就是说，所有可能的组合将位于可行集的边界和内部。

14.3.2　有效边界与有效组合

1. 有效边界的定义

对于一个理性的投资者，他们都是厌恶风险而偏好收益的。在一定的收益下，他们将选择风险最小的资产组合；在一定的风险下，他们将选择收益最大的资产组合。同时满足这两个条件的资产组合的集合就是有效集，又称为有效边界。位于有效边界上的资产组合为有效组合。

2. 有效集的位置

有效集是可行集的一个子集。可行集、有效集、有效组合如图 14-10 所示。

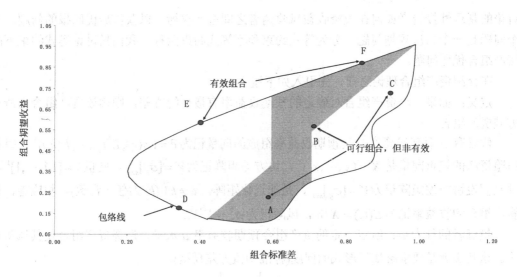

图 14-10　可行集

3. 最优资产组合的确定

在确定了有效集的形状之后，投资者就可以根据自己的无差异曲线选择效用最大化的资产组合。这个最优资产位于无差异曲线与有效集的相切点。

如图 14-11 所示，U_1、U_2、U_3 分别表示三条无差异曲线，它们的特点是下凸，其中 U_1 的效用水平最高，U_2 次之，U_3 最低，虽然投资者更加偏好于 U_1，但是在可行集上找不到这样的资产组合，因而是不可能实现的。U_3 上的资产组合虽然可以找到，但是由于 U_3 所代表的效用低于 U_2，所以 U_3 上的资产组合都不是最优的资产组合。U_2 正好与有效边界相切，代表了可以实现的最高投资效用，因此 P 点所代表的组合就是最优资产组合。

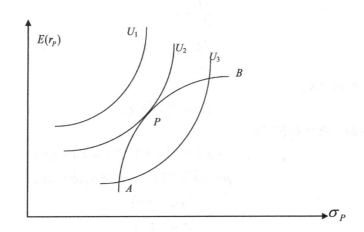

图 14-11　有效边界与无差异曲线

14.3.3　标准均值方差模型的求解

标准均值方差模型是标准的资产组合理论模型，也就是马科维茨最初创建的模型，它讨论的是理性投资者如何在投资收益风险两者之间进行权衡，以获得最优回报的问题。这个问题是一个二次规划问题，分为等式约束和不等式约束两种，我们只讨论等式约束下的资产组合优化问题。

在介绍资产组合理论之前，先引入如下概念。

定义：如果一个资产组合对确定的预期收益率有最小的方差，则称该资产组合为最小方差资产组合。

假设有 n 种风险资产，其预期收益率组成的向量记为 $\vec{e} = (E(r_1), E(r_2), \cdots, E(r_n))^T$，每种风险资产的权重向量是 $\boldsymbol{X} = (x_1, \cdots, x_n)^T$，协方差矩阵记为 $V = [\sigma_{ij}]_{n\times n}$，向量 $\vec{1} = [1, 1, \cdots, 1]^T$，并且假设协方差矩阵记为 $V = [\sigma_{ij}]_{n\times n}$，是非退化矩阵，$\vec{e} \neq k\vec{1}$（$k$ 为任一常数）。相应地，该资产组合的收益率记为 $E(r_p) = X^T\vec{e}$，风险记为 $\sigma_P^2 = X^TVX$。

投资者的行为是：给定一定的资产组合预期收益率 μ 水平，选择资产组合使其风险最小。这其实就是要求解如下形式的问题(标准均值方差模型)：

$$\min \frac{1}{2}\sigma_P^2 = \frac{1}{2}X^TVX \tag{14-1}$$

$$s.t. \begin{cases} \vec{1}^T X = 1 \\ E(r_P) = \vec{e}^T X = \mu \end{cases}$$

这是一个等式约束的极值问题，我们可以构造 Lagrange 函数：

$$L(X, \lambda_1, \lambda_2) = \frac{1}{2}X^TVX + \lambda_1(1 - \vec{1}^T X) + \lambda_2(\mu - X^T\vec{e}) \tag{14-2}$$

则最优的一阶条件为：

$$\frac{\partial L}{\partial X} = VX - \lambda_1\vec{1} - \lambda_2\vec{e} = \vec{0}$$

$$\frac{\partial L}{\partial \lambda_1} = 1 - \vec{1}X = 0 \tag{14-3}$$

$$\frac{\partial L}{\partial \lambda_2} = \mu - \vec{e}^T X$$

由式(14-3)得最优解：

$$X = V^{-1}(\lambda_1\vec{1} + \lambda_2\vec{e}) \tag{14-4}$$

式(14-4)分别左乘 $\vec{1}^T$ 和 $\vec{e}^T$ 得：

$$\left.\begin{array}{l} 1 = \lambda_1\vec{1}^TV^{-1}\vec{1} + \lambda_2\vec{1}^TV^{-1}\vec{e} = \lambda_1 a + \lambda_2 b \\ \mu = \lambda_1\vec{e}^TV^{-1}\vec{1} + \lambda_2\vec{e}^TV^{-1}\vec{e} = \lambda_1 b + \lambda_2 c \end{array}\right\} \tag{14-5}$$

记：

$$\begin{cases} a = \vec{1}^TV^{-1}\vec{1} \\ b = \vec{1}^TV^{-1}\vec{e} \\ c = \vec{e}^TV^{-1}\vec{e} \\ \Delta = ac - b^2 \end{cases}$$

从而方程组(14-5)有解(如果 $\vec{e} \neq k\vec{1}$)，则 $\Delta = 0$。此时除 $\mu = k$ 外，方程无解。解 λ_1, λ_2 方程组(14-5)，得：

$$\left.\begin{array}{l} \lambda_1 = (c - \mu b)/\Delta \\ \lambda_2 = (\mu a - b)/\Delta \end{array}\right\} \tag{14-6}$$

将式(14-6)代入式(14-4)得

$$X = V^{-1}\left(\frac{(c-\mu b)\vec{1}}{\Delta} + \frac{(\mu a - b)\vec{e}}{\Delta}\right) = \frac{V^{-1}(c-\mu b)\vec{1}}{\Delta} + \frac{V^{-1}(\mu a - b)\vec{e}}{\Delta}$$

$$= \frac{V^{-1}(c\vec{1} - b\vec{e})}{\Delta} + \mu\frac{V^{-1}(a\vec{e} - b\vec{1})}{\Delta} \tag{14-7}$$

再将式(14-4)代入式(14-2)，得到最小方差资产组合的方差：

$$\sigma_P^2 = X^{\mathrm{T}}VX = X^{\mathrm{T}}VV^{-1}(\lambda_1\vec{1} + \lambda_2\vec{e}) = X^{\mathrm{T}}(\lambda_1\vec{1} + \lambda_2\vec{e}) = \lambda_1 X^{\mathrm{T}}\vec{1} + \lambda_2 X^{\mathrm{T}}\vec{e}$$

$$= \lambda_1 + \lambda_2\mu = (a\mu^2 - 2b\mu + c)/\Delta \tag{14-8}$$

式(14-8)给出了资产组合权重与预期收益率的关系。根据式(14-8)可知，最小方差资产组合在坐标平面 $\sigma(r_P)$ - $E(r_P)$ 平面上有双曲线形式，如图 14-12 所示。而在 $\sigma^2(r_P)$ - $E(r_P)$ 平面上可有抛物线形式，如图 14-13 所示。

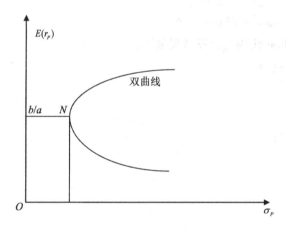

图 14-12　双曲线

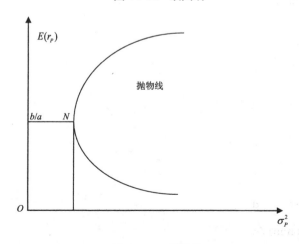

图 14-13　抛物线

至此，我们得到描述最小方差资产组合的两个重要量：

$$X = \frac{V^{-1}(c\vec{1} - b\vec{e})}{\Delta} + \mu \frac{V^{-1}(a\vec{e} - b\vec{1})}{\Delta}$$

令 $\vec{g} = \dfrac{V^{-1}(c\vec{1} - b\vec{e})}{\Delta}$，$\vec{h} = \dfrac{V^{-1}(a\vec{e} - b\vec{1})}{\Delta}$，则 $X = \vec{g} + \mu\vec{h}$

$$\sigma_P^2 = (a\mu^2 - 2b\mu + c)/\Delta$$

标准均值方差模型的 Python 计算

例：考虑一个资产组合，其预期收益率矩阵为 $\vec{e} = [0.05, 0.1]^T$，协方差矩阵是 $V = \begin{bmatrix} 1 & 0 \\ 0 & 1 \end{bmatrix}$，

预期收益率 $\mu = 0.075$，求最小方差资产组合的权重和方差。

解： $a = \vec{1}^T V^{-1} \vec{1} = [1, 1] \begin{bmatrix} 1 & 0 \\ 0 & 1 \end{bmatrix} \begin{bmatrix} 1 \\ 1 \end{bmatrix}$；$b = \vec{1}^T V^{-1} \vec{e} = [1 \quad 1] \begin{bmatrix} 1 & 0 \\ 0 & 1 \end{bmatrix} \begin{bmatrix} 0.2 \\ 0.5 \end{bmatrix}$；

$$c = \vec{e}^T V^{-1} \vec{e} = [0.2, \ 0.5] \begin{bmatrix} 1 & 0 \\ 0 & 1 \end{bmatrix} \begin{bmatrix} 0.2 \\ 0.5 \end{bmatrix}$$

$X = \vec{g} + \mu\vec{h}$；$\sigma_P^2 = (a\mu^2 - 2b\mu + c)/\Delta$

该实例计算的 Python 代码与计算结果如下：

```
from numpy import *
v=mat('1 0;0 1')
print v
[[1 0]
 [0 1]]
e=mat('0.05;0.1')
print e
[[ 0.05]
 [ 0.1 ]]
ones=mat('1;1')
print ones
[[1]
 [1]]
a= ones.T*v.I*ones
print a
[[ 2.]]
b= ones.T*v.I*e
print b
[[ 0.15]]
c= e.T*v.I*e
print c
[[ 0.0125]]
d=a*c-b*b
print d
[[ 0.0025]]
u=0.075
c=0.0125
b=0.15
g= v.I*(c*ones-b*e)/d
a=2.0
h= v.I*(a*e-b*ones)/d
x=g+h*u
print x
[[ 0.5]
 [ 0.5]]
```

```
var=(a*u*u-2*b*u+c)/d
print var
[[ 0.5]]
```

14.4　资产组合有效边界的 Python 绘制

例：输入数据如表 14-1 所示。

表 14-1　已知数据

输入各个证券的预期收益率				
	证券 1	证券 2	证券 3	证券 4
预期收益率	8%	12%	6%	18%
标准差	32%	26%	45%	36%
输入各个证券间的协方差矩阵				
	证券 1	证券 2	证券 3	证券 4
证券 1	0.1024	0.0328	0.0655	−0.0022
证券 2	0.0328	0.0676	−0.0058	0.0184
证券 3	0.0655	−0.0058	0.2025	0.0823
证券 4	−0.0022	0.0184	0.0823	0.1296
输入单位向量转置	1	1	1	1

建立 Excel 数据文件为 yxbj.xls，数据如下：

u
0.01
0.03
0.05
0.07
0.09
…
0.35
0.37
0.39

利用上面给出的数据，绘制四个资产组成的投资组合的有效边界。

为了绘制四个资产投资组合的有效边界，我们编制 Python 代码如下：

```
import pandas as pd
import numpy as np
import matplotlib.pyplot as plt #绘图工具
#读取数据并创建数据表，名称为u
u=pd.DataFrame(pd.read_excel('G:\\2glkx\\data\\yxbj.xls'))
V=mat('0.1024 0.0328 0.0655 -0.0022;0.0328 0.0676 -0.0058 0.0184;0.0655
-0.0058 0.2025 0.0823;-0.0022 0.0184 0.0823 0.1296')
```

```
e=mat('0.08;0.12;0.06;0.18')
ones=mat('1;1;1;1')
a= ones.T*V.I*ones
b= ones.T*V.I*e
c= e.T*V.I*e
d= a*c-b*b
a=np.array(a)
b=np.array(b)
c=np.array(c)
d=np.array(d)
u=np.array(u)
var=(a*u*u-2.0*b*u+c)/d
sigp=sqrt(var)
print sigp,u
[[ 0.40336771]
 [ 0.35191492]
 [ 0.3043241 ]
 [ 0.2627026 ]
 [ 0.23030981]
 [ 0.21143086]
 [ 0.20974713]
 [ 0.22564387]
 [ 0.25586501]
 [ 0.29605591]
 [ 0.34272694]
 [ 0.39357954]
 [ 0.44718944]
 [ 0.50267524]
 [ 0.55947908]
 [ 0.61723718]
 [ 0.67570488]
 [ 0.73471279]
 [ 0.7941405 ]
 [ 0.85390036]]
[[ 0.01]
 [ 0.03]
 [ 0.05]
 [ 0.07]
 [ 0.09]
 [ 0.11]
 [ 0.13]
 [ 0.15]
 [ 0.17]
 [ 0.19]
 [ 0.21]
 [ 0.23]
 [ 0.25]
 [ 0.27]
 [ 0.29]
 [ 0.31]
 [ 0.33]
 [ 0.35]
 [ 0.37]
 [ 0.39]]
plt.plot(sigp, u,'ro')
```

用 sigp 和 u 的数据可得到如图 14-14 所示 4 个资产投资组合的有效边界。

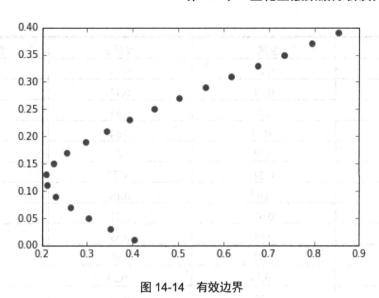

图 14-14　有效边界

　　从上面显示的数据和图 14-14 中，我们可以看出，最小风险(标准差)所对应的点是
(0.20974713，0.13)。

14.5　Markowitz 投资组合优化的 Python 应用

14.5.1　Markowitz 投资组合优化基本理论

　　多股票策略回测时常常遇到这样的问题：仓位如何分配？其实，这个问题早在 1952 年
马科维茨(Markowitz)就给出了答案，即：投资组合理论。根据这个理论，我们可以对多资
产的组合配置进行三方面的优化。

　　(1)　找到有效边界(或有效前沿)，在既定的收益率下使投资组合的方差最小化。

　　(2)　找到 sharpe 最优的投资组合(收益-风险均衡点)。

　　(3)　找到风险最小的投资组合。

　　该理论基于用均值方差模型来表述投资组合的优劣的前提。我们将选取几只股票，用
蒙特卡罗模拟来探究投资组合的有效边界。通过 Sharpe 比最大化和方差最小化两种优化方
法来找到最优的投资组合配置权重参数。最后，刻画出可能的分布、两种最优以及组合的
有效边界。

14.5.2　投资组合优化实例的 Python 应用

　　例：三个投资对象的单项回报率历史数据如表 14-2 所示。

表 14-2　三个投资对象的单项回报率历史数据

时　期	股票 1	股票 2	债　券
1	0	0.07	0.06
2	0.04	0.13	0.07

续表

时　期	股票 1	股票 2	债　券
3	0.13	0.14	0.05
4	0.19	0.43	0.04
5	−0.15	0.67	0.07
6	−0.27	0.64	0.08
7	0.37	0	0.06
8	0.24	−0.22	0.04
9	−0.07	0.18	0.05
10	0.07	0.31	0.07
11	0.19	0.59	0.1
12	0.33	0.99	0.11
13	−0.05	−0.25	0.15
14	0.22	0.04	0.11
15	0.23	−0.11	0.09
16	0.06	−0.15	0.1
17	0.32	−0.12	0.08
18	0.19	0.16	0.06
19	0.05	0.22	0.05
20	0.17	−0.02	0.07

求三个资产的投资组合夏普比最大化和方差最小化的权数。

先使用此表中的数据在目录 G:\2glkx\data 下建立 tzsy.xls 数据文件。

```
#准备工作
import pandas as pd
import numpy as np                #数值计算
import statsmodels.api as sm      #统计计算
import scipy.stats as scs         #科学计算
import matplotlib.pyplot as plt   #绘制图形
```

(1) 选取股票。

```
#取数
data = pd.DataFrame()
data=pd.read_excel('G:\\2glkx\\data\\tzsy.xls')
data=pd.DataFrame(data)
#清理数据
data=data.dropna()
data.head()
data.plot(figsize = (8,3))
```

得到如图 14-15 所示的图形。

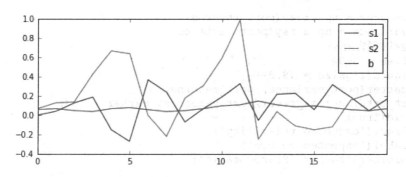

图 14-15　三个投资对象的收益率变化

(2)　计算不同证券的均值、协方差。

```
returns = data
returns.mean()
Out[8]:
s1   0.1130
s2   0.1850
b    0.0755
dtype: float64
returns.cov()
Out[9]:
         s1        s2         b
s1  0.027433 -0.010768 -0.000133
s2 -0.010768  0.110153 -0.000124
b  -0.000133 -0.000124  0.000773
```

(3)　给不同资产随机分配初始权重。

```
noa=3
weights = np.random.random(noa)
weights /= np.sum(weights)
weights
Out[10]: array([ 0.23377046,  0.51393812,  0.25229142])
```

(4)　计算资产组合的预期收益、方差和标准差。

```
np.sum(returns.mean()*weights)
Out[12]: 0.14054261642690027
np.dot(weights.T, np.dot(returns.cov(),weights))
Out[13]: 0.028007968937959201
np.sqrt(np.dot(weights.T, np.dot(returns.cov(),weights)))
Out[15]: 0.16735581536940747
```

(5)　用蒙特卡罗模拟产生大量随机组合。

给定的一个股票池(证券组合)如何找到风险和收益平衡的位置。下面通过一次蒙特卡罗模拟，产生大量随机的权重向量，并记录随机组合的预期收益和方差。

```
port_returns = []
port_variance = []
for p in range(4000):
  weights = np.random.random(noa)
  weights /=np.sum(weights)
  port_returns.append(np.sum(returns.mean()*weights))
  port_variance.append(np.sqrt(np.dot(weights.T, np.dot(returns.cov(),
weights))))
```

```
port_returns = np.array(port_returns)
port_variance = np.array(port_variance)
#无风险利率设定为 4%
risk_free = 0.04
plt.figure(figsize = (8,3))
plt.scatter(port_variance, port_returns,
c=(port_returns-risk_free)/port_variance, marker = 'o')
plt.grid(True)
plt.xlabel('excepted volatility')
plt.ylabel('expected return')
plt.colorbar(label = 'Sharpe ratio')
```

得到如图 14-16 所示的图形。

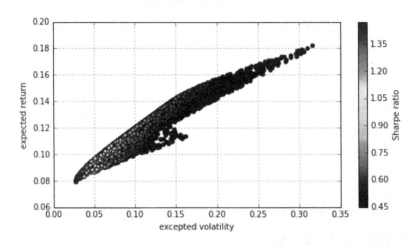

图 14-16 蒙特卡罗模拟产生大量随机投资组合

(6) 投资组合优化 1——sharpe 最大。

建立 statistics 函数来记录重要的投资组合统计数据(收益，方差和夏普比)，通过对约束最优问题的求解，得到最优解。其中约束是权重总和为 1。

```
def statistics(weights):
    weights = np.array(weights)
    port_returns = np.sum(returns.mean()*weights)
    port_variance = np.sqrt(np.dot(weights.T, np.dot(returns.cov(),weights)))
    return np.array([port_returns, port_variance, port_returns/port_variance])
#最优化投资组合的推导是一个约束最优化问题
import scipy.optimize as sco
#最小化夏普指数的负值
def min_sharpe(weights):
 return -statistics(weights)[2]
#约束是所有参数(权重)的总和为 1。这可以用 minimize 函数的约定表达如下
cons = ({'type':'eq', 'fun':lambda x: np.sum(x)-1})
#我们还将参数值(权重)限制在 0 和 1 之间。这些值以多个元组组成的一个元组形式提供给最小化函数
bnds = tuple((0,1) for x in range(noa))
#优化函数调用中忽略的唯一输入是起始参数列表(对权重的初始猜测)。我们简单地使用平均分布
opts = sco.minimize(min_sharpe, noa*[1./noa,], method = 'SLSQP', bounds = bnds, constraints = cons)
    opts
```

得到如下结果:

```
  fun: -2.9195938061882454
    jac: array([ 0.01298031, -0.00767258, -0.00054446, 0.        ])
message: 'Optimization terminated successfully.'
   nfev: 44
    nit: 8
   njev: 8
 status: 0
success: True
      x: array([ 0.05163244,  0.02181969,  0.92654787])
```

得到的最优组合权重向量为:

```
opts['x'].round(3)
Out[21]: array([ 0.052,  0.022,  0.927])
```

sharpe 最大的组合 3 个统计数据分别为:

```
#预期收益率、预期波动率、最优夏普指数
statistics(opts['x']).round(3)
Out[24]: array([ 0.08 ,  0.027,  2.92 ])
```

(7) 投资组合优化 2——方差最小。

下面我们通过方差最小来选出最优投资组合。

```
    def min_variance(weights):
  return statistics(weights)[1]
optv = sco.minimize(min_variance, noa*[1./noa,],method = 'SLSQP', bounds = bnds,
constraints = cons)
optv
    Out[25]:
        fun: 0.027037791350341657
        jac: array([ 0.0262073 ,  0.02867849, 0.02704901, 0.        ])
    message: 'Optimization terminated successfully.'
      nfev: 42
       nit: 8
      njev: 8
    status: 0
  success: True
        x: array([ 0.03570797, 0.01117468, 0.95311736])
```

方差最小的最优组合权重向量及组合的统计数据分别为:

```
optv['x'].round(3)
Out[26]: array([ 0.036, 0.011, 0.953])
#得到的预期收益率、波动率和夏普指数
statistics(optv['x']).round(3)
Out[27]: array([ 0.078, 0.027, 2.887])
```

(8) 投资组合的有效边界。

有效边界由既定的目标收益率下方差最小的投资组合构成。

在最优化时采用两个约束:①给定目标收益率;②投资组合权重和为1。

```
def min_variance(weights):
    return statistics(weights)[1]
#在不同目标收益率水平(target_returns)循环时,最小化的一个约束条件会变化
target_returns = np.linspace(0.0,0.5,50)
target_variance = []
```

```
for tar in target_returns:
    cons = ({'type':'eq','fun':lambda
x:statistics(x)[0]-tar},{'type':'eq','fun':lambda x:np.sum(x)-1})
    res = sco.minimize(min_variance, noa*[1./noa,],method = 'SLSQP', bounds =
bnds, constraints = cons)
    target_variance.append(res['fun'])
target_variance = np.array(target_variance)
```

下面是最优化结果的展示。

叉号：构成的曲线是有效边界(目标收益率下最优的投资组合)。

红星：sharpe 最大的投资组合。

黄星：方差最小的投资组合。

```
plt.figure(figsize = (8,3))
#圆圈：蒙特卡罗随机产生的组合分布
plt.scatter(port_variance, port_returns, c =
port_returns/port_variance,marker = 'o')
#叉号：有效边界
plt.scatter(target_variance,target_returns, c =
target_returns/target_variance, marker = 'x')
#红星：标记最高 sharpe 组合
plt.plot(statistics(opts['x'])[1], statistics(opts['x'])[0], 'r*',
markersize = 15.0)
#黄星：标记最小方差组合
plt.plot(statistics(optv['x'])[1], statistics(optv['x'])[0], 'y*',
markersize = 15.0)
plt.grid(True)
plt.xlabel('expected volatility')
plt.ylabel('expected return')
plt.colorbar(label = 'Sharpe ratio')
```

得到如图 14-17 所示的图形。

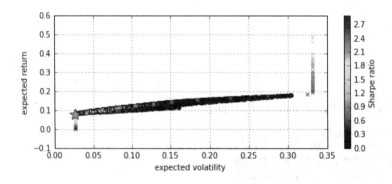

图 14-17　投资组合的有效边界

14.5.3　投资组合实际数据的 Python 应用

导入各模块：

```
##导入需要的程序包
import tushare as ts          #需先安装 tushare 程序包
#此程序包的安装命令：pip install tushare
import pandas as pd
```

```
import numpy as np                  #数值计算
import statsmodels.api as sm        #统计运算
import scipy.stats as scs           #科学计算
import matplotlib.pyplot as plt     #绘图
```

(1) 选择股票代号、获取股票数据、清理及其可视化。

```
symbols = ['hs300', '600000', '000980', '000981']
#把相对应股票的收盘价按照时间的顺序存入 DataFrame 对象中
data = pd.DataFrame()
hs300_data = ts.get_hist_data('hs300','2016-01-01','2016-12-31')
hs300_data = hs300_data['close']    #取沪深 300 收盘价数据
hs300_data = hs300_data[::-1]       #按日期由小到大排序
data['hs300'] = hs300_data
data1 = ts.get_hist_data('600000','2016-01-01','2016-12-31')
data1 = data1['close']     #浦发银行收盘价数据
data1 = data1[::-1]
data['600000'] = data1
data2 = ts.get_hist_data('000980','2016-01-01','2016-12-31')
data2 = data2['close']      #金马股份收盘价数据
data2 = data2[::-1]
data['000980'] = data2
data3 = ts.get_hist_data('000981','2016-01-01','2016-12-31')
data3 = data3['close']    #银亿股份收盘价数据
data3 = data3[::-1]
data['000981'] = data3
#数据清理
data=data.dropna()
data.head()
#规范化后的时序数据
(data/data.ix[0]*100).plot(figsize = (8,4))
```

得到如图 14-18 所示的图形。

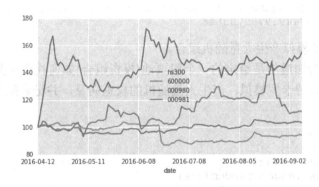

图 14-18 规范的时序价格变化

(2) 计算不同证券的均值、协方差和相关系数。

计算投资资产的协方差是构建资产组合过程的核心部分。运用 pandas 内置方法生产协方差矩阵。

```
returns = np.log(data / data.shift(1))
returns.mean()*252
Out[63]:
hs300    0.073141
```

```
600000   -0.150356
000980    1.044763
000981    0.252343
dtype: float64
returns.cov()    #计算协方差
Out[64]:
           hs300      600000     000980     000981
hs300    0.000083   0.000051   0.000088   0.000095
600000   0.000051   0.000236   0.000081   0.000048
000980   0.000088   0.000081   0.001279   0.000111
000981   0.000095   0.000048   0.000111   0.000935
returns.corr()    #计算相关系数
           hs300      600000     000980     000981
hs300    1.000000   0.363061   0.269357   0.341314
600000   0.363061   1.000000   0.146524   0.102416
000980   0.269357   0.146524   1.000000   0.101860
000981   0.341314   0.102416   0.101860   1.000000
```

从上可见，各证券之间的相关系数不太大，可以做投资组合。

(3) 给不同资产随机分配初始权重。

假设不允许建立空头头寸，所有的权重系数均在 0~1 之间。

```
noa=4
weights = np.random.random(noa)
weights /= np.sum(weights)
weights
Out[65]: array([ 0.52080962,  0.33183961,  0.12028388,  0.02706689])
```

(4) 计算预期组合收益、组合方差和组合标准差。

```
np.sum(returns.mean()*weights)
Out[66]: 0.00047895579448133873
np.dot(weights.T, np.dot(returns.cov(),weights))
Out[67]: 0.00010701777937859502
np.sqrt(np.dot(weights.T, np.dot(returns.cov(),weights)))
Out[68]: 0.010344939795793644
```

(5) 用蒙特卡罗模拟产生大量随机组合。

现在，我们最想知道的是给定的一个股票池(投资组合)如何找到风险和收益平衡的位置。下面通过一次蒙特卡罗模拟，产生大量随机的权重向量，并记录随机组合的预期收益和方差。

```
port_returns = []
port_variance = []
for p in range(4000):
  weights = np.random.random(noa)
  weights /=np.sum(weights)
  port_returns.append(np.sum(returns.mean()*252*weights))
  port_variance.append(np.sqrt(np.dot(weights.T, np.dot(returns.cov()*252,
weights))))
  port_returns = np.array(port_returns)
  port_variance = np.array(port_variance)
  #无风险利率设定为1.5%
  risk_free = 0.015
  plt.figure(figsize = (8,4))
  plt.scatter(port_variance, port_returns,
c=(port_returns-risk_free)/port_variance, marker = 'o')
  plt.grid(True)
```

```
plt.xlabel('excepted volatility')
plt.ylabel('expected return')
plt.colorbar(label = 'Sharpe ratio')
```

得到如图 14-19 所示的图形。

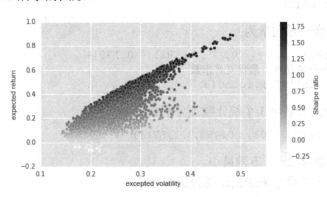

图 14-19　蒙特卡罗模拟产生大量随机组合

(6)　投资组合优化 1——sharpe 最大。

建立 statistics 函数来记录重要的投资组合统计数据(收益，方差和夏普比)

通过对约束最优问题的求解，得到最优解。其中的约束是权重总和为 1。

```
def statistics(weights):
    weights = np.array(weights)
    port_returns = np.sum(returns.mean()*weights)*252
    port_variance = np.sqrt(np.dot(weights.T,
np.dot(returns.cov()*252,weights)))
    return np.array([port_returns, port_variance,
port_returns/port_variance])
#最优化投资组合的推导是一个约束最优化问题
import scipy.optimize as sco
#最小化夏普指数的负值
def min_sharpe(weights):
    return -statistics(weights)[2]
#约束是所有参数(权重)的总和为1。这可以用 minimize 函数的约定表达如下
cons = ({'type':'eq', 'fun':lambda x: np.sum(x)-1})
#我们还将参数值(权重)限制在 0 和 1 之间。这些值以多个元组组成的一个元组形式提供给最小化函数
bnds = tuple((0,1) for x in range(noa))
#优化函数调用中忽略的唯一输入是起始参数列表(对权重的初始猜测)。我们简单地使用平均分布
opts = sco.minimize(min_sharpe, noa*[1./noa,], method = 'SLSQP', bounds =
bnds, constraints = cons)
    opts
```

运行上述代码，得到如下结果：

```
Out[90]:
    fun: -1.870564674629059
    jac: array([ 2.87091583e-02,  4.62549537e-01, -4.63277102e-05,
        2.12848186e-04,  0.00000000e+00])
 message: 'Optimization terminated successfully.'
    nfev: 37
    nit: 6
    njev: 6
  status: 0
 success: True
```

```
        x: array([ 8.45677695e-18,   0.00000000e+00,   8.21263786e-01,
     1.78736214e-01])
```

输入如下代码后：

```
opts['x'].round(3)
```

得到的最优组合权重向量为：

```
Out[91]: array([ 0.  ,  0.  ,  0.821,  0.179])
#预期收益率、预期波动率、最优夏普指数
statistics(opts['x']).round(3)
```

得到 sharpe 最大的组合 3 个统计数据分别为：

```
Out[92]: array([ 0.903,  0.483,  1.871])
```

(7)　投资组合优化 2——方差最小。

下面我们通过方差最小来选出最优投资组合。

```
def min_variance(weights):
    return statistics(weights)[1]
optv = sco.minimize(min_variance, noa*[1./noa,],method = 'SLSQP', bounds =
bnds, constraints = cons)
optv
```

得到如下结果：

```
Out[94]:
     fun: 0.14048796305920866
     jac: array([ 0.14040739, 0.14094629, 0.15554342, 0.15803597, 0.])
 message: 'Optimization terminated successfully.'
    nfev: 36
     nit: 6
    njev: 6
  status: 0
 success: True
       x: array([ 8.50485211e-01,   1.49514789e-01,   6.07153217e-18,
     6.07153217e-18])
```

方差最小的最优组合权重向量及组合的统计数据分别为：

```
optv['x'].round(3)
     得到如下结果：
Out[95]: array([ 0.85,  0.15,  0.  ,  0.  ])
#得到的预期收益率、波动率和夏普指数
statistics(optv['x']).round(3)
```

得到如下结果：

```
Out[96]: array([ 0.04 ,  0.14 ,  0.283])
```

(8)　投资组合的有效边界(前沿)。

有效边界由既定的目标收益率下方差最小的投资组合构成。

在最优化时采用两个约束：①给定目标收益率；②投资组合权重和为1。

```
def min_variance(weights):
    return statistics(weights)[1]
#在不同目标收益率水平(target_returns)循环时，最小化的一个约束条件会变化
target_returns = np.linspace(0.0,0.5,50)
```

```
    target_variance = []
    for tar in target_returns:
        cons = ({'type':'eq','fun':lambda
x:statistics(x)[0]-tar},{'type':'eq','fun':lambda x:np.sum(x)-1})
        res = sco.minimize(min_variance, noa*[1./noa,],method = 'SLSQP', bounds =
bnds, constraints = cons)
        target_variance.append(res['fun'])
    target_variance = np.array(target_variance)
```

下面是最优化结果的展示。

叉号：构成的曲线是有效边界(目标收益率下最优的投资组合)。

红星：sharpe 最大的投资组合。

黄星：方差最小的投资组合。

```
plt.figure(figsize = (8,4))
#圆圈：蒙特卡罗随机产生的组合分布
plt.scatter(port_variance, port_returns, c =
port_returns/port_variance,marker = 'o')
#叉号：有效边界
plt.scatter(target_variance,target_returns, c =
target_returns/target_variance, marker = 'x')
#红星：标记最高 sharpe 组合
plt.plot(statistics(opts['x'])[1], statistics(opts['x'])[0], 'r*',
markersize = 15.0)
#黄星：标记最小方差组合
plt.plot(statistics(optv['x'])[1], statistics(optv['x'])[0], 'y*',
markersize = 15.0)
plt.grid(True)
plt.xlabel('expected volatility')
plt.ylabel('expected return')
plt.colorbar(label = 'Sharpe ratio')
```

得到如图 14-20 所示的图形。

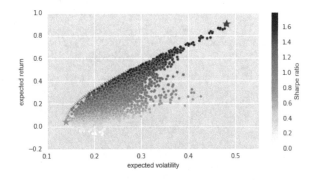

图 14-20　投资组合的可行集和有效边界

思　考　题

对本章中的例题，在网上选择数据，使用 Python 中的工具重新操作一遍。

附录 A　金融工程的 Python 工作环境

A.1 Python 工具的下载

输入如下网址：https://mirrors.tuna.tsinghua.edu.cn/help/anaconda/即可下载 Anaconda，它是一个用于科学计算 Python 发行版的套装软件，支持 Linux、Mac、Windows 等操作系统，包含了众多流行的科学计算、数据分析的 Python 包。其中包括 pandas、numpy、scipy、statsmodels、matplotlib 等一系列的程序包以及 IPython 交互环境。界面如图 1-1 所示。

图 A-1　Anaconda 安装包界面 1

点击图 A-1 中的 https://mirrors.tuna.tsinghua.edu.cn/anaconda/archive/，出现图 A-2 所示的界面。

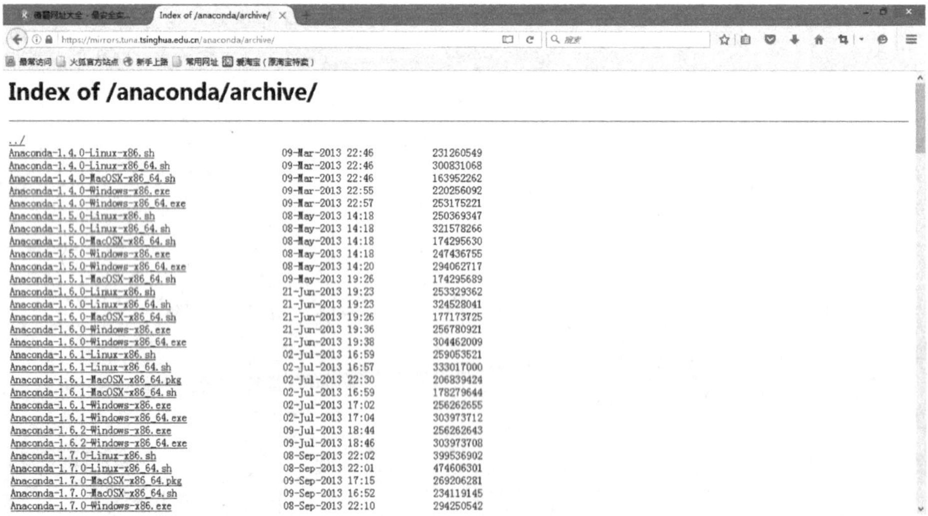

图 A-2　Anaconda 安装包界面 2

在图 A-3 中，选择 Anaconda2-2.4.1-Windows-x86.exe，即可得到用 Python 作金融经济数据分析套装软件工具。也可以选择最新的 Anaconda3-4.1.1-Windows-x86.exe(32 位)，Anaconda3-4.1.1-Windows-x86_64.exe(62 位)。请读者注意，本书的金融经济数据分析以下载的 Anaconda2-2.4.1-Windows-x86.exe(32 位)工具来说明其应用。下载界面如图 A-3 所示(该图的倒数第二行即为选择的下载对象)。

```
Anaconda2-2.4.0-MacOSX-x86_64.pkg        02-Nov-2015 22:22        287613909
Anaconda2-2.4.0-MacOSX-x86_64.sh         02-Nov-2015 22:22        251172115
Anaconda2-2.4.0-Windows-x86.exe          02-Nov-2015 22:22        337056800
Anaconda2-2.4.0-Windows-x86_64.exe       02-Nov-2015 22:22        406819096
Anaconda2-2.4.1-Linux-x86.sh             08-Dec-2015 21:00        260583576
Anaconda2-2.4.1-Linux-x86_64.sh          08-Dec-2015 21:00        277827702
Anaconda2-2.4.1-MacOSX-x86_64.pkg        08-Dec-2015 21:00        257787337
Anaconda2-2.4.1-MacOSX-x86_64.sh         08-Dec-2015 21:00        222326344
Anaconda2-2.4.1-Windows-x86.exe          08-Dec-2015 21:00        301790720
Anaconda2-2.4.1-Windows-x86_64.exe       08-Dec-2015 21:00        371393960
Anaconda2-2.5.0-Linux-x86.sh             03-Feb-2016 21:41        346405513
Anaconda2-2.5.0-Linux-x86_64.sh          03-Feb-2016 21:41        409842279
Anaconda2-2.5.0-MacOSX-x86_64.pkg        03-Feb-2016 21:55        385762781
Anaconda2-2.5.0-MacOSX-x86_64.sh         03-Feb-2016 21:41        331485310
Anaconda2-2.5.0-Windows-x86.exe          03-Feb-2016 21:45        310590880
Anaconda2-2.5.0-Windows-x86_64.exe       03-Feb-2016 21:46        365581384
Anaconda2-4.0.0-Linux-x86.sh             29-Mar-2016 16:14        348392297
Anaconda2-4.0.0-Linux-x86_64.sh          29-Mar-2016 16:14        411562823
Anaconda2-4.0.0-MacOSX-x86_64.pkg        29-Mar-2016 16:14        355703551
Anaconda2-4.0.0-MacOSX-x86_64.sh         29-Mar-2016 16:14        304288480
Anaconda2-4.0.0-Windows-x86.exe          29-Mar-2016 16:15        294659856
Anaconda2-4.0.0-Windows-x86_64.exe       29-Mar-2016 16:14        350807856
Anaconda2-4.1.0-Linux-x86.sh             28-Jun-2016 16:28        340190685
Anaconda2-4.1.0-Linux-x86_64.sh          28-Jun-2016 16:28        418188731
Anaconda2-4.1.0-MacOSX-x86_64.pkg        28-Jun-2016 16:28        360909420
Anaconda2-4.1.0-MacOSX-x86_64.sh         28-Jun-2016 16:28        309460309
Anaconda2-4.1.0-Windows-x86.exe          28-Jun-2016 16:28        298958864
Anaconda2-4.1.0-Windows-x86_64.exe       28-Jun-2016 16:28        356677104
Anaconda2-4.1.1-Linux-x86.sh             08-Jul-2016 16:19        340385173
Anaconda2-4.1.1-Linux-x86_64.sh          08-Jul-2016 16:19        419038579
Anaconda2-4.1.1-MacOSX-x86_64.pkg        08-Jul-2016 16:19        361721748
Anaconda2-4.1.1-MacOSX-x86_64.sh         08-Jul-2016 16:20        310125837
Anaconda2-4.1.1-Windows-x86.exe          08-Jul-2016 16:20        299852168
Anaconda2-4.1.1-Windows-x86_64.exe       08-Jul-2016 16:20        357765440
```

图 A-3　下载 Anaconda2-2.4.1-Windows-x86.exe 界面

Anaconda2-2.4.1-Windows-x86.exe(32 位)工具中提供了 Python 作金融经济数据分析的丰富资源：包括 pandas、numpy、scipy、statsmodels、matplotlib 等一系列的程序包以及 IPython 交互环境。要了解 Python 的其他程序包，可到 https://anaconda.org 网站上去搜索你所需要的包进行安装。

A.2　分析工具 Python 的安装

Python 在 Windows 环境中安装有很多版本。如：①Anaconda2-2.4.1-Windows-x86.exe(32 位)版本；②(Anaconda2-2.4.1-Windows-x86.exe(62 位)；③最新的 Anaconda3-4.1.1-Windows-x86.exe(32 位)；④Anaconda3-4.1.1-Windows-x86_64.exe(62 位)。本书使用的是 Anaconda2-2.4.1-Windows-x86.exe(32 位)版本。

双击下载的 Anaconda2-4.1.1-Windows-x86 应用程序，即可得到如图 A-4 所示的界面。

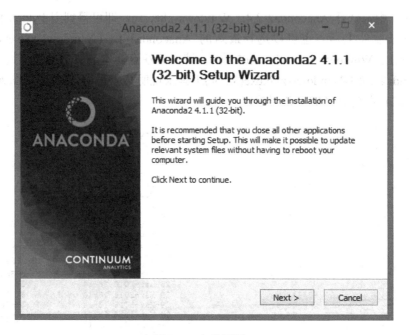

图 A-4　安装界面 1

在图 A-4 中单击 Next 按钮，得到如图 A-5 所示的界面。

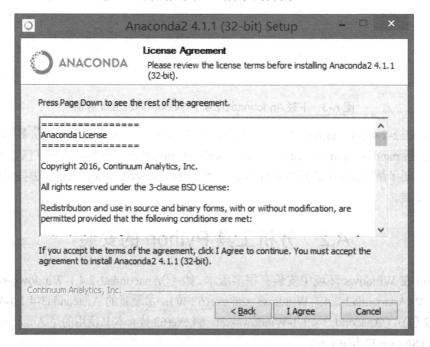

图 A-5　安装界面 2

在图 A-5 中单击 I Agree 按钮，得到如图 A-6 所示的界面。

单击图 A-6 中 Next 按钮，得到如图 A-7 所示的界面。

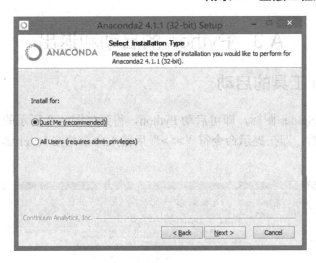

图 A-6　安装向导(选择安装类型)

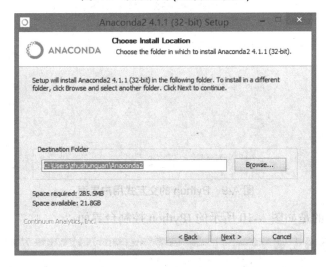

图 A-7　安装向导(选择安装位置)

单击图 A-7 中 Next 按钮，即可完成 Python 套装软件的安装，得到如图 A-8 所示的界面。

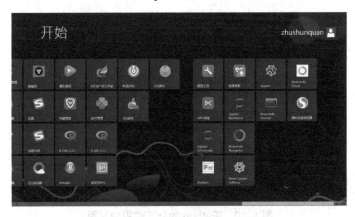

图 A-8　安装完后的界面

A.3 Python 的启动和退出

A.3.1 Python 工具的启动

单击图 A-8 中 Spider 图标，即可启动 Python，得到如图 A-9 所示的界面。Python 是按照问答的方式运行的，即在提示命令符"＞＞＞"后输入命令并按 Enter 键，Python 就完成一些操作。

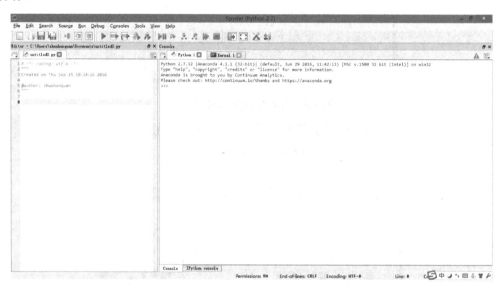

图 A-9 Python 的交互式用户界面

本书经常使用的是如图 A-10 所示的 IPython 控制台界面。

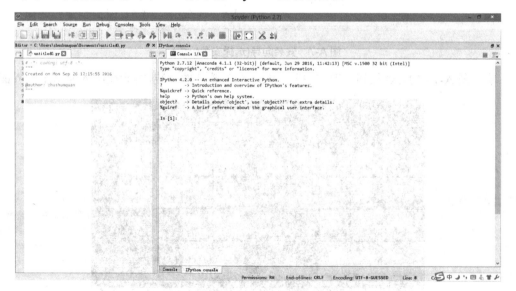

图 A-10 IPython 的交互式用户界面

A.3.2 Python 的退出

在图 A-9 中的符号 ">>>" 后同时按 Ctrl 键与 Q 键或选择 Python 交互式用户界面中的 File→Quit 菜单命令，即可退出 Python 做金融经济数据分析的交互式用户界面。

A.4 Python 分析相关的程序包

Python 进行金融分析时，具有获取数据、整理数据、模型计算、数据图形化等功能，相关的 Python 金融分析程序包如表 A-1 所示。

表 A-1 Python 数据分析程序包

程 序 包	简 介
Numpy	提供数组支持
Scipy	提供矩阵支持，以及矩阵相关的数值计算，优化和统计模块
pandas	强大、灵活的数据分析和探索工具
Matplotlib	强大的数据可视化工具、作图库
Statsmodels	统计建模和计量经济学，包括描述统计、统计模型估计和推断
Scikit-Learn	支持回归、分类、聚类等的强大机器学习库
Keras	深度学习库，用于建立神经网络以及深度学习模型
Gensim	用来做文本主题模型的库，文本挖掘可能用到
Pillow	涉及图片处理
OpenCV	涉及视频处理
GMPY2	涉及高精度运算

A.4.1 Statsmodels 程序包

表 A-1 的 Statsmodels 程序包是 Python 进行统计建模和计量经济学工具，提供一些互补 scipy 统计计算的功能，包括描述性统计、统计模型估计和推断等。主要特性如下。

(1) 线性回归模型：广义最小二乘法(Generalized Least Squares)，普通最小二乘法 (Ordinary Least Squares)。

(2) glm：广义线性模型。

(3) discrete：离散变量的回归，基于最大似然估计。

(4) rlm：稳健线性模型。

(5) tsa：时间序列分析模型

(6) nonparametric：非参数估计。

(7) datasets：数据集合。

(8) stats：常用统计检验。

(9) iolib：读 Stata 的.dta 格式，输出 ASCII、LATEX 和 HTML。

Statsmodels 程序包详细内容参见 https://github.com/statsmodels/statsmodels 主页。

A.4.2　Scikit-Learn 程序包

表 1-3 的 Scikit-Learn 程序包的功能如下。

(1)　所有模型提供的接口有：model.fit()训练模型，对于监督模型来说是 fit(X,y)，对于非监督模型是 fit(X)。

(2)　监督模型提供的接口如下。①model.predict(X_new)：预测新样本；②model.predict_proba(X_new)：预测概率，仅对某些监督模型有用(比如 LR)；③model.score()：得分越高，fit 越好。

(3)　非监督模型提供的接口如下。①model.transform()：从数据中学到新的"基空间"；②model.fit_transform()：从数据中学到新的基并将这个数据按照这组"基"进行转换。

A.4.3　Keras 程序包

虽然 Scikit-Learn 足够强大，但是它并没有包含一种强大的模型——人工神经网络。在语言处理、图像识别等领域有着重要的作用。

但要注意的是 Windows 环境下 Keras 的速度会大打折扣，因此，要研究神经网络和深度学习方面的内容，需要在 Linux 下搭建环境。

A.5　Python 数据分析快速入门

A.5.1　数据导入

这是很关键的一步，为了后续的分析，首先需要导入数据。通常来说，数据一般是 CSV 格式，就算不是，至少也可以转换成 CSV 格式。在 Python 中，操作如下：

```
import pandas as pd
#读取本地数据
df = pd.read_csv('/2glkx/data/al2-1.csv')
#读取网上数据
import pandas as pd
data_url=
"https://raw.githubusercontent.com/alstat/Analysis-with-Programming/master/2
014/Python/Numerical-Descriptions-of-the-Data/data.csv"
df = pd.read_csv(data_url)
```

为了读取本地 CSV 文件，我们需要 pandas 这个数据分析库中的相应模块。其中的 read_csv 函数能够读取本地和 Web 数据。

A.5.2　数据变换

有了数据，接下来就是数据变换。统计学家和科学家们通常会在这一步移除分析中的非必要数据。先看看网上读取数据的前 5 行和最后 5 行。操作如下：

```
# Head of the data
print df.head()
```

```
        Abra   Apayao   Benguet   Ifugao   Kalinga
0       1243    2934       148     3300     10553
1       4158    9235      4287     8063     35257
2       1787    1922      1955     1074      4544
3      17152   14501      3536    19607     31687
4       1266    2385      2530     3315      8520
# Tail of the data
print df.tail()
        Abra   Apayao   Benguet   Ifugao   Kalinga
74      2505   20878      3519    19737     16513
75     60303   40065      7062    19422     61808
76      6311    6756      3561    15910     23349
77     13345   38902      2583    11096     68663
78      2623   18264      3745    16787     16900
```

对 R 语言程序员来说，上述操作等价于通过 print(head(df)) 来打印数据的前 6 行，以及通过 print(tail(df)) 来打印数据的后 6 行。当然 Python 中，默认打印是 5 行，而 R 则是 6 行。因此 R 的代码 head(df, n = 10)，在 Python 中就是 df.head(n = 10)，打印数据尾部也是同样的道理。

在 R 语言中，数据列和行的名字通过 colnames 和 rownames 来分别进行提取。在 Python 中，则使用 columns 和 index 属性来提取，操作如下：

```
# Extracting column names
print df.columns
Index([u'Abra', u'Apayao', u'Benguet', u'Ifugao', u'Kalinga'],
dtype='object')
# Extracting row names or the index
print df.index
RangeIndex(start=0, stop=79, step=1)
```

数据转置使用 T 方法，操作如下：

```
# Transpose data
print df.T
                0       1       2       3       4       5       6       7       8       9  \
Abra         1243    4158    1787   17152    1266    5576     927   21540    1039    5424
Apayao       2934    9235    1922   14501    2385    7452    1099   17038    1382   10588
Benguet       148    4287    1955    3536    2530     771    2796    2463    2592    1064
Ifugao       3300    8063    1074   19607    3315   13134    5134   14226    6842   13828
Kalinga     10553   35257    4544   31687    8520   28252    3106   36238    4973   40140

                69      70      71      72      73      74      75      76      77  \
Abra     ...  12763    2470   59094    6209   13316    2505   60303    6311   13345
Apayao   ...  37625   19532   35126    6335   38613   20878   40065    6756   38902
Benguet  ...   2354    4045    5987    3530    2585    3519    7062    3561    2583
Ifugao   ...   9838   17125   18940   15560    7746   19737   19422   15910   11096
Kalinga  ...  65782   15279   52437   24385   66148   16513   61808   23349   68663

                78
Abra          2623
Apayao       18264
Benguet       3745
Ifugao       16787
Kalinga      16900

[5 rows x 79 columns]
```

其他变换，例如排序就是用 sort 属性。现在我们提取特定的某列数据。Python 中，可以使用 iloc 或者 ix 属性，一般使用 ix。例如需数据第一列的前 5 行，操作如下：

```
print df.ix[:, 0].head()
0     1243
1     4158
2     1787
3    17152
4     1266
Name: Abra, dtype: int64
```

要注意的是，Python 的索引是从 0 开始而非 1。为了取出从 11 到 20 行的前 3 列数据，我们有：

```
print df.ix[10:20, 0:3]
      Abra   Apayao   Benguet
10     981     1311      2560
11   27366    15093      3039
12    1100     1701      2382
13    7212    11001      1088
14    1048     1427      2847
15   25679    15661      2942
16    1055     2191      2119
17    5437     6461       734
18    1029     1183      2302
19   23710    12222      2598
20    1091     2343      2654
```

上述命令相当于 df.ix[10:20, ['Abra', 'Apayao', 'Benguet']]。

为了舍弃数据中的列，如列 1(Apayao)和列 2(Benguet)，可使用 drop 属性，操作如下：

```
print df.drop(df.columns[[2, 3]], axis = 1).head()
     Abra   Ifugao   Kalinga
0    1243     3300     10553
1    4158     8063     35257
2    1787     1074      4544
3   17152    19607     31687
4    1266     3315      8520
```

axis 参数告诉函数到底舍弃列还是行。如果 axis 等于 0，那么就舍弃行。

A.5.3　统计描述

下一步就是通过 describe 属性，对数据的统计特性进行描述：

```
print df.describe()
                Abra        Apayao       Benguet        Ifugao       Kalinga
count      79.000000     79.000000     79.000000     79.000000     79.000000
mean    12874.379747  16860.645570   3237.392405  12414.620253  30446.417722
std     16746.466945  15448.153794   1588.536429   5034.282019  22245.707692
min       927.000000    401.000000    148.000000   1074.000000   2346.000000
25%      1524.000000   3435.500000   2328.000000   8205.000000   8601.500000
50%      5790.000000  10588.000000   3202.000000  13044.000000  24494.000000
75%     13330.500000  33289.000000   3918.500000  16099.500000  52510.500000
max     60303.000000  54625.000000   8813.000000  21031.000000  68663.000000
```

A.5.4　假设检验

在 Python 中，有一个很好的统计推断包，就是 scipy 里面的 stats。ttest_1samp 实现了单样本 t 检验。因此，如果想检验数据 Abra 列的稻谷产量均值，通过零假设，这里我们假定总体稻谷产量均值为 15000，我们有：

```
from scipy import stats as ss
# Perform one sample t-test using 1500 as the true mean
print ss.ttest_1samp(a = df.ix[:, 'Abra'], popmean = 15000)
Ttest_1sampResult(statistic=-1.1281738488299586,
pvalue=0.26270472069109496)
```

返回下述值组成的元祖：

t：浮点或数组类型

t 统计量

prob：浮点或数组类型

two-tailed p-value 双侧概率值

从实际输出中，可以看到 p 值是 0.267，远大于 α 等于 0.05，因此没有充分的证据说平均稻谷产量不是 15000。将这个检验应用到所有的变量，同样假设均值为 15000，我们有：

```
print ss.ttest_1samp(a = df, popmean = 15000)
Ttest_1sampResult(statistic=array([-1.12817385,1.07053437,-65.81425599,
-4.564575,6.17156198]),pvalue=array([2.62704721e-01,2.87680340e-01,4.1564352
8e-70,1.83764399e-05,2.82461897e-08]))
```

上述输出结果的第一个数组是 t 统计量，第二个数组则是相应的 p 值。

A.5.5　可视化

Python 中有许多可视化模块，最流行的是 matpalotlib 库。可选择功能更强的 seaborn 模块。

```
# Import the module for plotting
import matplotlib.pyplot as plt
plt.show(df.plot(kind = 'box'))
```

得到如图 A-11 所示的图形。

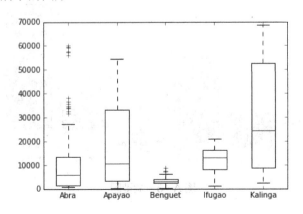

图 A-11　盒型图

现在，我们可以用 pandas 模块中集成 R 的 ggplot 主题来美化图表。要使用 ggplot，我们只需要在上述代码中多加一行，即：

```
import matplotlib.pyplot as plt
```

```
pd.options.display.mpl_style = 'default'
# Sets the plotting display theme to ggplot2
df.plot(kind = 'box')
```

这样我们就得到如图 A-12 所示的图形。

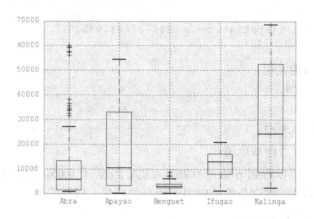

图 A-12   盒型图

可见比 **matplotlib.pyplot** 主题简洁太多。下面再引入功能更强大 **seaborn** 模块，该模块是一个统计数据可视化库。因此我们有：

```
# Import the seaborn library
import seaborn as sns
# Do the boxplot
plt.show(sns.boxplot(df))
```

可得到如图 A-13 所示的图形。

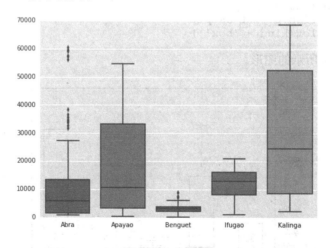

图 A-13   盒型图

思　考　题

从网址 https://mirrors.tuna.tsinghua.edu.cn/help/anaconda/下载最新 Python 工具到你指定的目录。安装到你指定的目录，并启动 Python 软件和退出。

附录 B　Python 基础知识与编程基础

B.1　Python 基本知识

在介绍 Python 之前，了解下面两个基本操作对后面的学习是有好处的。

1. 基本的输入输出

可以在 Python 中使用+、−、*、/直接进行四则运算。例如：

```
1+3*3
10
```

2. 导入模块

使用 import 可以导入模块，导入之后，就可以使用这个模块下面的函数了。比如导入 math 模块，然后使用 math 模块下面的 sqrt 函数：

```
import math
math.sqrt(9)
3.0
```

上面的语句直接输入 sqrt(9)是会报错的，那么有什么办法可以不用每次都带前缀呢？解决办法是：用"from 模块 import 函数"的格式先把函数给"拿"出来。例如：

```
from math import sqrt
sqrt(9)
3.0
```

这样每次使用 sqrt 函数的时候就不用再加 math 前缀了。然而"math 模块下面有很多函数，可不可以写一个语句，math 下面所有函数都可以直接使用？"有个办法可以一下子把所有函数都给"拿"出来：

```
from math import *
print sqrt(9)
print floor(32.9)
3.0
32.0
```

B.2　Python 容器

1. 什么是容器

Python 中有一种名为容器的数据结构。顾名思义，容器，就是装数据的器具，它主要包括序列和词典，其中序列又主要包括列表、元组、字符串等。

列表的基本形式比如：[1,3,6,10]或者['yes','no','OK']

元组的基本形式比如：(1,3,6,10)或者('yes','no','OK')

字符串的基本形式比如：'hello'

以上几种属于序列，序列中的每一个元素都被分配一个序号——即元素的位置，也称为"索引"，第一个索引，即第一个元素的位置是 0，第二个是 1，依次类推。列表和元组的区别主要在于，列表可以修改，而元组不能(注意列表用中[]方括号而元组用()圆括号)。序列的这个特点，使得我们可以利用索引来访问序列中的某个或某几个元素，比如：

```
a=[1,3,6,10]
a[2]
Out[2]:6
b=(1,3,6,10)
b[2]
6
invalid syntax (line 2)
c='hello'
c[0:3]
Out[2]:'hel'
```

与序列对应的"字典"则不一样，它是一个无序的容器，它的基本形式比如：

```
d={7:'seven',8:'eight',9:'nine'}
```

这是一个"键—值"映射的结构，因此字典不能通过索引来访问其中的元素，而要根据键来访问其中的元素：

```
d={7:'seven',8:'eight',9:'nine'}
d[8]
Out[2]:'eight'
```

2. 序列的一些通用操作

除了上面说到的索引，列表、元组、字符串等这些序列还有一些共同的操作。

(1)　索引(补充上面)。

序列的最后一个元素的索引，也可以是-1，倒数第二个也可以用-2，依次类推：

```
a=[1,3,6,10]
print a[3]
print a[-1]
10
10
```

(2)　分片。

使用分片操作来访问一定范围内的元素，它的格式为：

```
a[开始索引:结束索引:步长]
```

那么访问的是，从开始索引号的那个元素，到结束索引号-1 的那个元素，每间隔步长个元素访问一次，步长可以忽略，默认步长为1。

```
c='hello'
c[0:3]
Out[2]:'hel'
```

这个就好像把一个序列给分成几片几片的，所以叫作"分片"。

(3)　序列相加。

即两种序列合并在一起，两种相同类型的序列才能相加。

```
[1,2,3]+[4,5,6]
Out[2]:[1, 2, 3, 4, 5, 6]
'hello,'+'world!'
Out[3]: 'hello,world!'
```

(4) 成员资格。

为了检查一个值是否在序列中，可以用 in 运算符。

```
a='hello'
print 'o' in a
True
print 't' in a
False
```

3. 列表操作

以上是序列共有的一些操作，列表也有一些自己独有的操作，这是其他序列所没有的。

(1) list 函数。

可以通过 list(序列)函数把一个序列转换成一个列表：

```
list('hello')
Out[6]: ['h', 'e', 'l', 'l', 'o']
```

(2) 元素赋值、删除。

元素删除——del a[索引号]

元素赋值——a[索引号]=值

```
a
Out[8]: 'hello'
b=list(a)
b
Out[10]: ['h', 'e', 'l', 'l', 'o']
del b[2]
b
Out[12]: ['h', 'e', 'l', 'o']
b[2]='t'
b
Out[14]: ['h', 'e', 't', 'o']
```

(3) 分片赋值——a[开始索引号:结束索引号]=list(值)。

为列表的某一范围内的元素赋值，即在开始索引号到结束索引号-1 的区间几个元素赋值，比如，利用上面的语句，如何把 hello 变成 heyyo？

```
b=list('hello')
b
Out[16]: ['h', 'e', 'l', 'l', 'o']
b[2:4]=list('yy')
b
Out[18]: ['h', 'e', 'y', 'y', 'o']
```

> **注意**：虽然"ll"处于 hello 这个单词的第 2、3 号索引位置，但赋值时是用 b[2:4]而不是 b[2:3]，另外应注意 list()用小括号。

(4) 列表方法。

上面说过 list 函数，函数这个东西在很多语言中都有，比如 Excel 里面的 if 函数、vlookup 函数，SQL 里面的 count 函数，以及各种语言中都有的 sqrt 函数等，Python 中也有很多函数。

Python 中的方法，是一个"与某些对象有紧密联系的"函数，所以列表方法就是属于列表的函数，它可以对列表实现一些比较深入的操作，方法这样调用：

对象.方法(参数)

那么列表方法的调用就理所当然是：

列表.方法(参数)

常用的列表方法以 a=['h','e','l','l','o']为例：

```
a=['h','e','l','l','o']
a
Out[20]: ['h', 'e', 'l', 'l', 'o']
    给列表 a 的 n 索引位置插入一个元素 m：a.insert(n,m)
a.insert(2,'t')
a
Out[22]: ['h', 'e', 't', 'l', 'l', 'o']
    给列表的最后添加元素 m：a.append(m)
a.append('q')
a
Out[24]: ['h', 'e', 't', 'l', 'l', 'o', 'q']
    返回 a 列表中，元素 m 第一次出现的索引位置：a.index(m)
a.index('e')
Out[25]: 1
    删除 a 中的第一个 m 元素：a.remove(m)
a.remove('e')
a
Out[27]: ['h', 't', 'l', 'l', 'o', 'q']
    将列表 a 从大到小排列：a.sort()
a.sort()
a
Out[29]: ['h', 'l', 'l', 'o', 'q', 't']
```

4．字典操作

(1) dict 函数。

dict 函数可以通过关键字参数来创建字典，格式为：

dict(参数 1=值 1,参数 2=值 2,…)={参数 1:值 1，参数 2=值 2，…}

比如，如何创建一个名字 name 为 jiayounet，年龄 age 为 28 的字典？

```
dict(name='jiayounet',age=27)
Out[30]: {'age': 27, 'name': 'jiayounet'}
```

(2) 基本操作。

字典的基本行为与列表在很多地方都相似，下面的例子以序列 a=[1,3,6,10]，字典 f={'age': 27, 'name': 'shushuo'}为例。如表 B-1 所示。

表 B-1　列表与字典的基本操作

功　能	列表操作		字典操作	
	格　式	例	格　式	例
求长度	len(列表)	len(a) 4	len(字典)	len(f) 2
找到某位置上的值	列表[索引号]	a[1] 3	字典[键]	f['age'] 27

续表

功　能	列表操作		字典操作	
	格　式	例	格　式	例
元素赋值	列表[索引]=值	a[2]=1 a [1,3,1,10]	字典[键]=值	f ['age']=28 f {'age':28,'name':'shushuo'
元素删除	del 列表[索引]	del a[1] a [1,6,10]	del 字典[键]	del f ['name'] f 'age':28
成员资格	元素 in 列表	1 in a True	键 in 字典	'age' in f True

B.3　Python 函数

定义 Python 函数。

(1)　定义规则。

介绍列表方法的时候已经大概说过函数，学过数学的人都知道函数，给一个参数返回一个值。函数也可以自己定义。用如下的格式：

```
def 函数名(参数)：输入函数代码
```

函数代码中，return 表示返回的值。比如，定义一个平方函数 square(x)，输入参数 x，返回 x 的平方：

```
def square(x):return x*x
square(9)
Out[33]: 81
```

又比如，如果我们要定义一个两数相加的函数，按如下做即可：

```
def add_2int(x, y):
    return x + y
print add_2int(2, 2)
4
```

(2)　定义变参数函数。

有时需要定义参数个数可变的函数，有几个方法可以做到。

①　给参数指定默认值。

比如，定义参数 f(a,b=1,c='hehe')，那么在调用的时候，后面两个参数可以定义也可以不定义，不定义的话默认认为 b=1，c='hehe'，因此进行如下调用都可以：

```
f('dsds');
f('dsds',2);
f('dsds',2,'hdasda');
```

②　参数关键字。

上面的方法等于固定了参数的位置，第一个值就是第一个参数的赋值。而"参数关键字"方法，其实是固定了参数关键字，比如仍然定义参数 f(a,b=1,c='hehe')，调用的时候可以用关键字来固定：

```
f(b=2,a=11)
```

位置可以动，只要参数关键指出来就可以了。

B.4　Python 条件与循环

注意 Python 是用缩进来标识出哪一段属于本循环。

1. if 语句

注意一是缩进，二是条件后面有冒号：

```
j=2.67
if j<3:
 print 'j<3'
j<3
```

对于多条件，注意的是 elseif 要写成 elif，标准格式为

```
if 条件 1:
 执行语句 1
elif 条件 2:
 执行语句 2
else:
 执行语句 3
```

注意 if…elif…else 三个是并列的，不能有缩进：

```
t=3
if t<3:
  print 't<3'
elif t==3:
  print 't=3'
else:
  print 't>3'
t=3
```

2. while true/break 语句

该语句的格式为：

```
while true 即条件为真:
    执行语句
    if 中断语句条件 : break
```

例如：

```
a=3
while a<10:
  a=a+1
  print a
  if a==8: break
4
5
```

```
6
7
8
```

虽然 while 后面的条件是 a<10，即 a 小于 10 的时候一直执行，但是 if 条件中规定了 a 为 8 时就 break 掉，因此，输出只能输到 8。

3. for 语句

例如，可以遍历一个序列/字典等。

```
a=[1,2,3,4,5]
for i in a:
  print i
1
2
3
4
5
```

4. 列表推导式：轻量级循环

列表推导式，是利用其他列表来创建一个新列表的方法，工作方式类似于 for 循环，格式为：

```
[输出值 for 条件]
```

当满足条件时，输出一个值，最终形成一个列表：

```
[x*x for x in range(10)]
Out[45]: [0, 1, 4, 9, 16, 25, 36, 49, 64, 81]
[x*x for x in range(10) if x%3==0]
Out[46]: [0, 9, 36, 81]
```

如上的例子就是利用序列[0,1,2,3,4,5,6,7,8,9]，生成了一个新的序列。

B.5　Python 类与对象

1. 类与对象

类是一个抽象的概念，它不存在于现实中的时间/空间里，类只是为所有的对象定义了抽象的属性与行为。就好像 Person(人)这个类，它虽然可以包含很多个体，但它本身不存在于现实世界上。

而对象，是类的一个具体实现。它是一个实实在在存在的东西。如果上面说的"人"是一个抽象的类，那么你自己，就是这个类里一个具体的对象。

一个类的对象，也叫一个类的实例。比如，类好比一个模具，对象就是用这个模具造出来的具有相同属性和方法的具体事物，俗话说"他俩真像，好像一个模子刻出来的"，指的就是这个意思。

那么用这个模具造一个具体事物，就叫类的实例化。

2. 定义一个类

下面看一个具体的类：

```
class boy:
    gender='male'
    interest='girl'
    def say(self):
        return 'i am a boy'
```

上面的语句定义了一个类 boy，我们来根据这男孩类的模型构造一个具体的对象：

```
peter=boy()
```

现在来看看 peter 这个具体的实例有哪些属性和方法。

属性和方法都是"类"的不同表现，静态的叫属性，动态的叫方法。比如"人"类的属性有姓名、性别、身高、年龄、体重等，"人"类的方法有走、跑、跳等。

```
peter.gender
Out[49]: 'male'
peter.interest
Out[50]: 'girl'
peter.say()
Out[51]: 'i am a boy'
```

这里 gender 和 interest 是 peter 的属性，而 say 是其方法。

如果再实例化另一个对象，比如 sam：

```
sam=boy()
sam.gender
Out[54]: 'male'
Sam.interest
Out[55]: 'girl'
sam.say()
Out[56]: 'i am a boy'
```

那么 sam 和 peter 有同样的属性和方法，可见他们真是一个模子刻出来的。

B.6　总　　结

在本附录中，我们介绍了 Python 的基本知识、操作、几种主要的容器类型、函数、循环和条件、类等，这样我们就对 Python 有了一个大致的了解。

思　考　题

1. 用字典形式读入如下数据：

```
conc    state
0.02    treated
0.06    treated
0.11    treated
```

2. 编写一个函数，求数据 y=(y1,y2,…,yn)的均值、标准差。

参 考 文 献

[1] 郑振龙，陈蓉. 金融工程[M]. 3 版. 北京：高等教育出版社，2012.

[2] 宋逢明. 金融工程原理：无套利均衡分析[M]. 北京：清华大学出版社，1999.

[3] 吴冲锋等. 金融工程学[M]. 2 版. 北京：高等教育出版社，2011.

[4] 张茂军. 金融工程理论及应用[M]. 大连：大连理工大学出版社，2008.

[5] 胡利琴. 金融工程实验教程[M]. 武汉：武汉大学出版社，2008.

[6] 朱顺泉. 金融工程理论与应用[M]. 北京：清华大学出版社，2012.

[7] 叶永刚. 金融工程学[M]. 大连：东北财经大学出版社，2004.

[8] 赵胜民. 衍生金融工具定价[M]. 北京：中国财政经济出版社，2012.

[9] 威尔莫特. 金融工程与风险管理技术[M]. 北京：机械工业出版社，2009.

[10] 李飞. 金融工程[M]. 北京：机械工业出版社，2011.

[11] 朱世武. 金融计算与建模[M]. 北京：清华大学出版社，2007.

[12] 朱顺泉. 金融衍生产品[M]. 北京：清华大学出版社，2014.

[13] 朱顺泉. 基于 R 语言的金融工程计算[M]. 北京：清华大学出版社，2016.

[14] 张树德. 金融计算教程[M]. 北京：清华大学出版社，2007.

[15] 朱世武，译. 基于 Excel 和 VBA 的高级金融建模[M]. 北京：中国人民大学出版社，2007.

[16] 约翰·赫尔. 期货、期权及其他衍生品[M]. 北京：机械工业出版社，2007.

[17] 约翰·赫尔著. 风险管理与金融机构[M]. 王勇，译. 北京：机械工业出版社，2007.